小倉金之助
（1941 年，土門 拳 撮影）

われ科学者たるを恥ず

小倉金之助 著

目次

凡例

一、本書は著者の生涯をたどることができるよう、年代順に編集した。
二、雑誌・新聞に発表後、単行本に収めた文章には著者による加筆・削除などがあるため、原則として最終的に収載されたものを使用した。
三、所載雑誌名・書名は、初出と最終のものを文末に示した(『小倉金之助著作集』は除く)。
四、明らかな誤植は訂正した。
五、漢字は原則として新字体、仮名づかいも新かなづかいとした。いくつかの漢字は仮名にひらいた。
六、引用文の漢字は原則として新字体、仮名づかいは原文のままとした。
七、難読の漢字は〔　〕にルビを入れた。
八、用語で説明を要する場合、誤記である場合は〔=編注〕で示した。その際、『小倉金之助著作集』を参考にした。
九、書籍・雑誌の括弧は『　』、論文などは「　」に統一した。また、(　)内最後の句点は現在の用法に統一した。
十、「シナ」など、今日では不適切な表現があるが、原文の時代性を考慮し、そのままにした。

闘う数学者、小倉金之助

佐高　信

なぜ、私がいま、数学者の小倉金之助の著作をすすめるか。それは、小倉が私と同じ酒田出身の偉大なる先輩だからではない。もちろん、それがまったくないわけではないが、日の丸、君が代の強制など、再びファシズムの足音が激しく、そして、高くなっているいまこそ、それに抗して苦闘した小倉の著作に学ばなければならないと思うからである。

口絵に土門拳が撮った小倉の写真が掲載されているが、やはり酒田出身の土門も、この同郷の先達を深く敬愛していただろう。同郷故にではなく、Ⅲ章にあるように「ファシズムとの闘い」を続けた故にである。

小倉のこの著作集は、「われ科学者たるを恥ず」から始まる。小倉は、はげしい恥辱なしには「明治以来、日本の科学は非常な進歩をとげた」などとは書けないというのである。

この中には、こんな一節もある。

「自由民権運動の挫折とともに、多くの科学者教育者たちは、臆病で、科学の革命性を裏切るような傾向へと、堕ちていった。日本の科学・教育は、革命性を失った、〝牙のない〟科学・教育となるような危機に陥ったのである」

「従来、日本の科学者は、あまりにも時代に無関心であった」が、それがなぜ許されないことなのか。

私はここで、五味川純平の大河小説『戦争と人間』について書いた拙文を引きたい。四百字詰め原稿用紙で八千枚を超すこの労作では、「戦争と経済」の関係に多くのページが割かれている。五味川が生前、私に言った如く、まさに戦争は経済だからである。

一九四〇（昭和十五）年に東京外語の英米科を出て満洲の昭和製鋼所に入った五味川は、生産計画の基礎資料調査をやらされた。

当時は鉄や石炭をはじめ、すべての戦略物資が極度に不足していたが、関東軍はもっと出せ、もっと出せ、と督促してくる。

「熔鉱炉は算術どおりにしか動かない」のに、精神力で出せ、と言ってくるのである。

作中で、作者の分身ともいうべき伍代俊介が指摘しているように「軍人は数字を精神で膨らませ」る。軍部に協力して事業の発展を図ろうとする兄英介（新興伍代財閥の二世）に対して、その俊介は、

「昭和十五年度の戦略重要物資の日米生産高比較は、石油が一対五一三、銑鉄一対約一二、鋼塊一対約九、銅一対九、アルミニウム一対七、その他石炭、亜鉛、水銀、燐鉱石、鉛など、どれも比較を絶している。これらの算術平均値をとると、日本とアメリカは、一対七四・二になる。ソ連との比較だって、詳しいデータはないが、これに近い」

と教える。しかし、英介は聞く耳を持たず、

「資料なんぞ、扱いようでどうにでもなる」

と、うそぶくのである。

私が、数学者の小倉の鍛えられた思索に学ぼうと提唱する意味がおわかりだろう。

戦争は経済であり、もっと詮じつめれば数字だからである。それを精神で膨らませたが故に、日本は悲劇を招いた。

わが師、久野収は、小倉よりちょっと後輩の、やはりファシズムに抗した哲学者だが、その久野が一九七三年に勁草書房から刊行された『小倉金之助著作集』に寄せて、次のような推薦の辞を書いている。題して、「三〇年代を代表する科学者、小倉先生」。短文なので、それをそのまま引く。

「ファシズムと戦争の嵐をまともに受けた一九三〇年代は、狂信と集団的価値倒錯が荒れ狂った時代であった。ファシズムは、狂信的ナショナリズムであったし、戦争は、集団的価値倒錯の噴出であった。だから反ファシズムと反戦の闘いの重要な戦線の一つは、当然、理性と科学の精神をもってする狂信と価値倒錯に対する治療の闘いでなければならなかった。

小倉先生は、学界の長老的地位にいられながら、理性と数学の精神をもって、この闘いの先頭に立たれた。われわれ当時の若ものたちが、先生の論文集『科学的精神と数学教育』その他に深く感動したのは、最高の理性と科学の精神が一つ一つ、ファシズムと戦争に屈服していく状況があったからである。先生の専門的労作『数学史研究』が専門をこえて大きな影響をあたえたのも、同じ理由にもとづく。先生の完全な著作集が編まれるに際し、その開拓者精神が戦後の若ものたちに正しく継承されることに大きな希望を託したいと思う」

この著作集には、自分が思いがけないほど影響を受けたというフランスの思想家ルソーについての一文も入っていて、小倉の思想の奥行きと豊かさを示している。小倉の「生涯とその時代」をたどった阿部博行の『小倉金之助』（法政大学出版局）を併せ読まれんことを期待して、推薦の言葉としたい。

われ科学者たるを恥ず

——「明治以来、日本の科学は非常な進歩をとげた」などとはげしい恥辱なしには書けぬ——

一

私はながい間、科学（自然科学）を学ぶ一人として、また科学教師の一人として、生活をつづけてきた。いま人生の夕暮にのぞんで、ふりかえって見ると、科学者であることも、教師であったことも、恥ずかしい気がしてならない。最近、私は明治以来の科学の全貌について、再検討を加える機会に接した。調べれば調べるほど、考えれば考えるほど、私はいっそうその感を深くするのみである。

なるほど、私たちは、いろいろと細かいことを研究したり、細々しい問題について考えたりして、今までやってきた。私たちの間からは、かずかずの業績も現われてきたし、湯川秀樹博士のような人も生まれでたのであった。

けれども私たちは、何よりも大切な科学の革命性——それについては後に説く——を守り抜くことが出来なかった。われわれは臆病で、つよい独立心をもたず、権力の前に屈服してしまった。それがために私たちは、科学者としてまた教師として、太平洋戦争を食いとめるような、合法的な運動を起こすことが出来なかったばかりでなく、近ごろでは、わが祖国の植民地化をいとわないような、独立心を失った、あるいは独立心の欠如を恥ともしないような多数の人々——その中には科学者も教師も含まれている——を、眺めなければならないようになった。

科学や教育に対する、かような二つの見方の間には、きわめて大きな矛盾があり、大きな断層がある。けれども私には、自らはげしい恥辱を感じることなしに、「明治以来、日本の科学は非常な進歩をとげた」などと、書くことが出来ないのだ。なぜ私にはそのように感じられるのか。私は自らそれに答えるために、ごく大ざっぱな感想を述べてみることにした。

私は、科学史を研究する一人として、われわれが尊敬すべき先覚者をもっていることは、十分に知っているつもりである。そういう先覚者をも恥ずかしめるために、私はこの感想を書くのでは決してない。反対に、私は、尊敬すべき先覚者に較べて、私と同じように恥ずべき科学者・教育者が、あまりにも多いということを、きわめて率直に、国民大衆にむかって訴えて見たいのである。

二

わが日本の科学や科学教育における、大きな矛盾は、一体どこから生まれてきたのか。それにはもちろんいろいろの原因があって、複雑なものなのであるが、そのもっとも重大な、もっとも根本的な原因は、明治以来、絶対主義的政府が採った科学・教育政策から来ている、と私には考えられる。ほかにどんな原因があったにしても、このことに比べれば、ほとんど比較にもならないほど、小さいものだと思われる。これこそは日本の科学におけるアキレス腱なのだ。——もちろん、こういうことは、科学についていえるばかりではないのだが……。

明治維新のとき、日本の中心課題となったものは、西洋諸国から植民地化される危機をさけて、日本の独立を守っていく、ということであった。そのためには、西洋の進んだ自然科学や技術を学んで、移植するより外に、取るべき道がなかった。それはもとより当然のことである。問題は、日本の独立を守るために、これまでの封建社会から近代的市民社会へという、そういった変革の方向には向かわないで、これまでの封建主義から、一足飛びに、西洋の帝国主義に追いつこうとした点にある。従って、西洋の科学・技術を急速に移植しようとしたのも、それは近代市民文化として受入れるのではなく、富国強兵のための文明開化であったのだ。

こういう意味から、政府は外国の科学者や技術者を招いて、大学その他の専門教育機関を建てたり、優秀な青年を海外に留学させたりした。科学の育成は、政府の大きな後援の下に行われたのである。それと同時に、政府はやはり同じ意味から、初等・中等教育の面で、統一的な学校制度をたて、新しい数学・理科の教育を、大急ぎで普及することに努めたのであった。

他方、福沢諭吉をはじめ、神田孝平その他の洋学者による、絶対主義政府がゆるす限度内での、啓蒙への協力などもあって、イギリス、フランス風の民主的自由思想もようやく輸入され、近代科学思想の立場から、封建主義思想などに対する批判なども、行われるようになって、やがてその間から、自由民権運動が生まれてきた。

そのころはまだ近代科学の移植時代で、東京大学は（その前身をもつにしても）、一八七七年（明治十）に開設されたばかり、大学関係者や官僚学者の間には、まだ見るべき科学的研究もなかった時代である。

しかし自由民権運動の時期（一八七八―八五年）は、短い期間であったにもかかわらず、科学史の上でも、きわめて注目すべき時機であった、と私には考えられる。

まず第一に、江戸時代には見ることも出来なかった、民主的機構による専門的な諸学会が、ようやく設立されて、専門的研究雑誌が刊行されはじめたのは、ちょうどこの時機からであった(1)。

第二に、科学知識・科学教育の普及について、民間学者が大きな貢献をしたのは、まさにこの時機であった。はじめに多く文部省から刊行された教科書類は、進歩的ではあっても、あまりに直訳的なので、むしろ不成功におわったのである。その後をうけて、多くの初等・中等教科書が民間から出版され、ことに一八八〇年ごろからは、かなり整頓されてきたのである。

それのみではなかった。その間には数学・理科に関する諸文献が、民間学者の手によって、多く著訳された。たとえば数学書などは、とくに高級な専門書でない限り、一通りの数学書は――算術から微積分・微分方程式にいたる、かなり程度の高いものまで――東京大学関係者以外の人々によって一八八五年（明治十八）までに、一応著訳された、といっても過言ではない、と私は信じている。

自由民権運動は、教師たちにも、思想的に大きな影響を与えた。教師の間にひろく読まれた、スペンサーの『教育論』は、知育においてはペスタロッチーの開発主義、徳育においてはルソーの自然主義を主張したものであるが、スペンサーは進化論の立場から、個性の尊重、個人の政治的自由を力説し、人間にとって最も価値ある知識は、科学――心理学・社会学などを含めた数学・自然科学――である、と強調したのである。

しかしながら自由民権運動が高潮に達したとき、個人的自由を尊重する近代市民社会を喜ばない、絶対主義的官権は、自由主義的思想に圧迫を加え、立憲制の施行を目の前にして、かえって教師や生徒を、政治的盲目にする方策をとった。それどころか、公衆をあつめてする（自然）科学の通俗講演さえも、禁止されたのである。[2] しかしながら、その間にも、啓蒙的な科学雑誌が発行されたこと。そして新聞・雑誌の上では、科学思想や科学時事に関する紹介や批判[3]が、活発に行われたことなども、十分に注目すべきことだと思われる。

一八七九年（明治十二）創刊の『数理叢談』（主事は上野清）という数理雑誌は、時事や外交を諷刺した算数問題を載せたりして、自由民権思想を反映した、興味ある雑誌であるが、一八七九年三月・四月号に「国益ヲ起スノ論」と題して、官営工場批判を行い、民間工場を起すべきことを力説した、注目すべき論策が載っている。――

「……国ノ貧富ハ民力ノ強弱ニ関シテ、政府ノ力ニ頼ラザル也。縦令政府ノ……稟ニ金穀ヲ丘積シ、土木ヲ起シ、工農事業ヲ盛ニスルト雖ドモ、民力孱弱ナルトキハ、決シテ国益ヲ起ス能ハズ。故ニ民力ヲ強盛ニスルハ、国益ヲ起スノ成績（ママ）ニシテ、器械力ヲ民間ニ施用スルハ、国益ヲ起スノ源因也。然リ而シテ一般人民ガ器械力ヲ用ヒザレバ、工業之道盛ナラザル所以ト、器械力ノ効益アル所以ハ、已ニ論述セリ。……

抑モ人民ヨリ進歩スルノ国ハ、其民俗ハ自然ノ天理ニ順ヒ事業ヲナスガ故ニ、旧汚ニ陥ル無ク、自ヅカラ強盛ニ至ラシメ易シト雖ドモ、政府ヨリ進歩スルノ国ニ於テハ、之ニ反シ、其人民徒ニ人力ヲ用ヒ事業ヲナスノ積習ニ染着スルガ故ニ、賢政府アリテ大ニ百事ヲ改良スルニ係ハラズ、其弊習ヲ脱スル能ハズ。……今日ニ当ツテハ、……必ラズヤ人民ヲシテ器械ノ効用ヲ用ヒ、……以テ国益ヲ起スノ事業ヲ施サザル可ラズ。……」

この論説を読むと、私には、自由民権時代の雰囲気が、目に見えるように感じられる。ちょうど、そのころは、「明治十年代の工業史は、官営ないし半官的機械工場の圧迫にたいする、在野マニュファクチュアの執拗な抵抗」の歴史であった、といわれる時機であった（『日本歴史講座』近代編I、遠山茂樹氏「概説」）。上野清は生粋の民間学者であったので、さすがに自由民権派の立場に立っていたのである。この論説を書いたとき、彼はまだ二十五歳であった。

じっさい今日から考えれば、幼稚には相違ないが、当時の人たちは、たしかに気概があったのだ。一八八〇年（明治十三）東京府会がはじめて開かれたとき、府会では府から提出した師範学校・中学校の経費予算を、全く否定してしまったことがある。当時、議員のなかには、自由主義者として有力な人たちがいたのであった。――

「その否決の理由は、地方税の公費を以て中学校を設けざるも、その位の教育は私塾私学で十分である。又小学校も、許多の私立学校あれば、師範学校にて教員を養成するは無用である。古より碩学俊傑は、官公立の学校より輩出したる例はない、という極めて奇怪な論旨でありました。」（国民教育奨励会編『教育五十年史』）。

しかしながら自由民権運動も、絶対主義政権の圧迫の前には、意外に脆かった。運動の指導部が、下層民衆の急進的行動に同調して行けなくなり、かれらを裏切ったとき、運動はついに挫折してしまったのである。かようにして自由民権運動が挫折し、それにつれて、下からの科学知識の啓蒙、下からの科学教育の普及にたいして、官僚の力による圧力が加わってきたとき、日本における科学の行方は、どうなったのであろうか。

（1）　たとえば全国の有力な、あらゆる数学者を集めた専門の学会「東京数学会社」は、一八七七年（明治十）に成立したが、会長神田孝平の宣言は、じつに民主的なものであった。——「本会既ニ公衆一般ニ数学ノ開進ヲ以テ目的トス、乃チ亦此目的ヲ達スベキ方略ヲ撰バザル可ラズ。是ニ於テ会同相議シテ……曰ク、内外古今数学関係ノ書籍ヲ蒐輯スルナリ。曰ク各人ノ質問ヲ受ケバ必ズ之ガ答ヲ為ス可キナリ。曰ク会中不審ノ件ハ弘ク公衆ニ質問ス可キナリ。曰ク西洋数学書ヲ反訳ス可キナリ。曰ク既ニ反訳セシ者ハ之ヲ印行ス可キナリ。……曰ク毎会議スル所ハ輯録シテ印行ス可キナリ。……」けれども「公衆一般ニ数学ノ開進ヲ目的」とする、という神田の根本精神は、会員の学者気質のために、十分に実現されなかった。

（2）　いまの東京理科大学（もとの東京物理学校、一八八一年創立）は、物理学に関する通俗学術講演が禁止されたため、その代わりとして、建てられた記念品である。

（3）　ここに鋭い科学批判の一例として、産業技術に関係のない「内外切触」の理を誇りとした、和算家を批判した、中川将行（海軍教授）の論説の一節を抜いてみよう。内外切触の理というのは、沢山の三角形や円などが、内接したり外接したりしている、徒らに複雑な図形に関する理論のことである。——「……所謂難問ナルモノ、其多数ハ……内外切触ノ理ニ止マランニハ未ダ世ニ誇ルニ足ラザルナリ、否、世ニ誇ルコトヲ恥ルナリ。……我国百工技術未ダ欧州ニ若カザルモノアレバ、従テ、数学ノ其効ヲ百般ノ実業ニ顕ス所ノ区域モ小ナリト雖、其効ヲ顕スコト彼ニ劣ラザルノ日ニ逢ハンコト、蓋シ甚ダ遠カラザルナリ。決シテ内外切触ノ理ヲノミ是レ講ジ、以テ、高尚ナリ達算ナリト誇ルノ日ニハ非ルナリ。……理論ノ実業ニ益ナキハ無用物ノミ。世ニ其ノ蹟ヲ絶ツトモ公衆ニ害ナキナリ。……苟モ公衆ノ実益ヲ謀ラズ、空理空論ニ荒淫シテ無上ノ楽トナシ、学者ノ栄誉ヲ得タリトスルモノハ、愚ニアラザレバ狂。……」（『東京数学会社雑誌』一八八二年）。中川将行は当時の日本がもつ、もっとも進歩的な数学者の一人であった。

三

われわれはしばらく問題を中断し、まずここで、近代科学の性格について、反省してみようと思う。近代の科学は、それだけが孤立して成長したものではない。それは技術と密接な関連をもちながら、一方では思想や哲学を背景にして、これらはお互に影響しあいながら、進展してきたのである。そういう過程のなかで、近代科学は、伝説的な神学や封建的な因襲にたいして、長い年月の間、執拗な戦いをつづけながら、近代市民社会とともに、成長をとげたのであった。それがために、近代科学は革命的性格をもっている。非常に穏健な、そして驚嘆すべき博学な、アメリカの科学史家ジョージ・サートンは、それについて、こう説いている。——

「実際、新しい知識というものは、ただ知識的な誤りをただすばかりでなく、これまで伝わってきた偏見や神聖までも、破壊してしまうものだ。そして、確信の代わりに、苦しい半信半疑を生んで、社会の均衡を乱そうとする傾向がある。だから、そのとき、臆病な指導者たちは、このままでは（自分たちが）、やがて奈落の突端にゆくものと感じて、ブレーキを掛けて、前進運動に抵抗しはじめるのだ。……われわれはこんな反動を時々目撃するが、それは近代科学の革命的性格のためだ、と信じていいだろう。しかし、科学はつねに革命的であり、異端的であったのだ。これこそ科学の本領なので、そうでなくなるのは、科学が眠っている時だけである。」（サートン『科学文化史』Ｉ）

だから「人類のために、何か新しい貢献をした人たちは、皆〝不信者〟とか〝無神論者〟として、告発されたのだ。」(今ならば〝赤〟というところである)。「その名簿には、偉大な科学者の殆んどすべてを含んでいる。」(ホワイト『宗教と科学の闘争』)。だが、結局勝ったのは、真理を信じて、真理のために戦った人たちであった。

一方、十五・十六世紀に発達してきた(ヨーロッパの)生産力は、科学をも前線に推し進ませてきたのだが、封建科学の中心であった当時の諸大学では、伝統の擁護のために、科学の進出にたいして反抗したのであった。科学的精神は、その反抗を克服しつつ、科学を進展させながら、封建制を崩壊する武器となって働き、そして近代市民社会の建設のために尽したのである。

それなら、かような市民社会の科学は、どういう状態で発達してきたか。「十七・十八世紀のころ、物質的知識の発達は、主として少数の裕福な、不羈独立の精神をもった人々の間で、すすんできた過程であった。……この時代の哲学的および科学的思想については、大学も一役演じたが、しかし主役を演じはしなかった」と、語りながら、ウェルズはさらに言葉をつづけた。――「補助金を給された学問は、独立不羈の人々との接触による刺激がなければ、創意を欠き、革新に抗する、臆病で保守的な学問となりがちである。」(ウェルズ『世界文化史概観』)

それにヨーロッパの先進国では、科学教育を一般市民のものにすることが、容易でなかったのだ。とくにイギリスでは、まず第一に、宗教政策と戦わなければならなかった。十七世紀の後半から十九世紀の半ばまで、およそ二百年間にわたって、イギリスの国民教育は、中学校から大学まで、教師たるものは、国教に従わなければならないという、烈しい宗教政策のために、(圧迫どころではなく)ほとんど打破されたのである。その期間に数学・理科を教えた中学校は、秘密に組織された国教異端者の学校があるばかりであった。

「国教異端者の学校は、寺院や大学からの追放者を教師とした。かれらはオックスフォード大学の校庭で焼かれたミルトンの教育論に従って、近代的課程をつくりあげた。じつに潜行的な国教異端者の学校こそ、イギリス中等教育における、近代的教授の先駆者であった。」(小倉『数学教育史』)

それればかりではなかった。中学校の課程として、数学・理科を採りいれるために、イギリスでは、過重な古典主義——貴族的・紳士的教養としての陶冶——と戦わなければならなかった。そして正式に数学科がおかれたのは一八三〇年代からで、理科が設けられたのは一八六〇年代からであった。何という長い間の戦いであったろう。

フランスではどうか。フランスの数学・理科教育を、貴族と寺院の手から解放したのは、フランス大革命であった。けれども、復古王朝の政治的反動時代が来たとき、革命的唯物思想とともに、理科教育は政策によって、危険視され圧迫されるに至った。数学および理科の教育に確固たる制度を与え、課程として合理的に進むようになったのは、じつに第三共和制に入ってからである(一八七五)。

このように、近代的市民社会をもつ先進諸国では、民主主義を戦いとることによって、科学も科学教育も進展して来た、といっても、言い過ぎではないだろう(近代的市民社会として不完全なドイツの科学については、後に述べる機会がある)。

ところでわが日本では、科学および科学教育は、既成品として、上から与えられた。しかも近代的市民社会を建設するための科学・教育としてではなく、むしろ反対に、絶対主義専制による〝富国強兵〟の一環として、〝文明開化〟といった、きわめて表面的な、底の浅い形で――科学的精神を抜き去った、ただ科学の成果ばかりが、温室的に、官権の保護のもとに――与えられたのである。

もっとも後にはようやく、科学思想も多少は輸入され、自由民権運動の時代には、ある限度において、自由主義的な、独立心のある、官権と戦うことのできそうな科学者も、少しは現われて来たのである。こういう時機においてこそ、科学の革命性が守られ、育てらるべきであったのだ。

けれども不幸にして、自由民権運動の挫折とともに、多くの科学者教育者たちは、臆病で、科学の革命性を裏切るような傾向へと、堕ちていった。日本の科学・教育は、革命性を失った、〝牙のない〟科学・教育となるような危機に陥ったのである。

四

自由民権運動を挫折させた官権は、いまや急速な攻勢をとりはじめた。絶対主義内閣が成立し（一八八五年、明治十八）、「帝国大学令」が現われ（一八八六年、明治十九）てから、いよいよ帝国憲法（一八八九年、明治二十二）が、自由民権運動の屍の上にたてられた。さらに教育勅語（一八九〇年）が下って、ここに絶対主義専制への国民的再編成が、基礎づけられたのである。

こういう明治二十年代にも、たとえば文学の方面では、二葉亭四迷や北村透谷のような、深刻な苦悩をつづけた、高く評価されていい犠牲的先駆者を出したのであったが、科学界ではどうであったか。ほとんどすべての科学者は強権に抑えつけられ、すでに自由独立の魂を失った人々であった。かれらは、「帝国大学ハ国家ノ須要ニ応スル学術技芸ヲ教授シ、及其蘊奥ヲ攷究スルヲ以テ目的トス」と宣言した文相森有礼の政策に迎合したのである。帝国大学をはじめ高等教育諸機関が整備されてきたとき、彼らはただ無条件に喜んだ。科学者はいまや官僚となった。官僚的科学者の全盛を誇る時代がやって来たのである。

全く同じように、これまで「教授法ノ研究」を目標としていた師範学校が、高等師範学校となり、陸軍省から大佐山川浩を迎えて校長とし、軍隊式寄宿制度を行ったとき、日本の教育は公然と絶対主義専制の前に屈服して、独立の精神を売ってしまったのである。見よ、東京文理科大学の『創立六十年史』(一九三一年刊)には、「新日本発展の指導者として雄々しく進む本校当年の姿を偲ぶべく、この森・山川時代こそは、誠に我が六十年史の黄金時代であつた」と書かれているではないか(一方、この六十年史が刊行されたのは、ちょうど満州事変の起った時期であることを、思い浮かぶべきである)。

しかしながら、じつは「新日本発展の指導者として雄々しく進」んだという師範教育こそは、「専ら強圧的に行はれ、専ら強権に屈服せしむる方法を取つた結果、すべてが画一的に流れ、何等其の間に個性の展開を許さない。従つて青年教育者を人格的に殺して仕舞つて、皆無気力な、虚飾者、阿諛者たらしめ、徒らに知識の仕入売りの徒と化せしめた」(前掲『教育五十年史』)のではなかったか。

今ここに官僚科学者の特徴を明らかにするために、当時の東京帝国大学教授菊池大麓を登場させよう(もっとも菊池は、イギリスに学んだ、自由主義的な半面をもった数学者で、必ずしも代表的な官僚科学者の典型ではないのだが）。菊池は中等教育のために、『初等幾何学教科書』（第一巻は一八八八年〈明治二一〉九月刊行）を著わしたが、その序文にこう述べている。

「……本書ノ体裁ニ就テ一言セズンバアラザルモノアリ。蓋シ横書ノ数学書ニ便利ナルハ多数ノ数学者ノ認ムル所ニシテ、或ハ私ニ之ヲ為シ居ルモノアリ。然レドモ其ノ在来ノ慣習ニ戻ルヲ慮ルニ由ルモノカ、印行書ニ於テ未ダ此方法ヲ用ヰタルモノアルヲ見ズ。今本書ニ於テハ文部大臣ノ認可ヲ得テ、断然横書スルコトトセリ。……」

この書物は文部省編集局から出版されたのだから、横書をするのに、文部大臣の認可をえたのであろう。なぜかというに、その六年ほど前に、文部次官の地位にあった神田孝平が、数学書を横書で刊行するのは、個人の仕事なら兎に角、官版としては面白くないといって、横書の本を文部省から出すことを許さなかった、という、出所のはっきりした、信用していい話があるのだから。

しかし序文の中で「印行書ニ於テ未ダ此方法（横書）ヲ用ヰタルモノアルヲ見ズ」という言葉は、菊池が「自分はまだ見ていない」という意味なら別であるが、もしそういう意味でないなら、それは全くの誤りなのだ。菊池よりも前に、海軍の中川将行や民間の長沢亀之助たちの横書数学書が、ちゃんと刊行されている。しかも、こういう横書数学書があるのを、菊池は、どんなに遅くとも、一八九〇年（明治二十三）一月二十六日には知ったはずだ、という立派な証拠があるのだ。[1]

それにも拘わらず、その後にいくら版が重なっても、あの序文はいつまでも、あのままになっていた。多分、菊池には自身よりも地位の低い海軍教官や民間学者などは、眼中になかったのであろう。文部大臣の認可をえる半面で、身分の低い先駆者たちをまったく無視した点で、菊池は立派に官僚の特徴を備えていたのである。私は永井荷風の日記にならって、「笑うべきなり」と書き加えたいところだが、近代日本の数学といえば、まずこの菊池からと、まだ知識人の間にそう思われている今日、私はただ「この人を見よ」と、書きそえることに止めよう。

（1）明治二十三年一月二十六日に「有志数学懇親会」という会があって、菊池そのほか五十名ほどの人が出席した。その席上では、菊池も演説を試みたし、長沢亀之助の「数学書の横書に就て」という演説もあった（『数理会堂』、明治二十三年二月号および三月号を見よ。それには、その会合の詳しい記事の外に、彼らの演説の筆記が載っている）。ついでに、横書の歴史をざっといえば、明治十二年、荒川重平・中川将行（ともに海軍教授）の共書。明治十九年七月、長沢亀之助（東京英和学校教員）の訳書。明治二十年七月、長沢の訳書（スミスの代数で、非常に流行した教科書）。同年十二月、中條澄清の訳書〔ホール・ナイトの代数で、これも広く読まれたもの＝『近代日本の数学』追記〕。明治二十一年八月、数学協会雑誌。その次に、菊池の幾何といった順序である。

五

こうして科学の研究も科学の教育も、いまやすべて、官僚的・軍事的・国家主義的教育制度の枠の内で、進まなければならないようになった。〝日本科学の基本的性格が、もうここではっきりと規定された〟といってよい、と私は考える。

しかも、その前から、（民主主義国ならば、市民社会をになうべきはずの）ブルジョア階級が、日本では絶対主義勢力と対立することもなく、これと握手して、政商的役割をつとめていたのである。

またその前後から、多くの留学生は、自由主義的なイギリス、フランスなどよりも、国家主義的な

――そして国家主義的な科学をもつドイツに行くようになった。(1) また技術方面では、とくに軍事技術が偏重されてきた。この二つの事柄は、日本の科学に大きな影響を及ぼしたものではあるが、それははじめから日本科学の基本的性格にかなっていたものなので、決して異質的なものを加えたわけではなかったのだ。

もうこのころから、個別的な科学の分野で、すぐれた業績がようやく現われて来たことは、全くの事実である。しかし国民大衆の幸福のための科学・技術が、どれだけ進歩したのであろうか。国民の要求をみたして民主主義化の道を歩み、そして人間的な自由を育てていく代わりに、それを抑えつけては、アジアの後進国を圧迫する、対外的発展が企てられた。わが官権的科学・技術は、その要求の下に利用されたのである。かように強大な先進資本主義国に対して卑屈である半面、アジアの後進国に対しては、侵略をはじめようとする政府。そういう政府や権威にたいして屈服する半面、官等地位の低いものや民間学者に対しては尊大をきわめる官僚科学者。――絶対主義的官僚の国日本の科学は、こういったものの支配の下に育てられてゆく。思わず知らず、「この科学を見よ」といいたくなる。

絶対主義的官僚制の確立につれ、研究的な仕事はもちろんのこと、ある限度における啓蒙的な仕事でさえも、目ぼしいものは、殆んど全く官僚科学者の手に委ねられた。中等教育における数学・理科教科書の編集さえも、一流のものはたいてい皆かれらの独占に帰したといってよい（菊池の幾何教科書は、その一例にすぎないのである）。

官学が整頓するにつれ、目ぼしい教育機関が新しい官学出身によって占領された民間科学者たちは、いまや著述反訳さえも脅かされ、ついに生活の基盤を失うようになって来た。中條澄清の『数理会堂』

という雑誌は、教育技術の面からは特色のあった、しかし官僚学者に媚びて存在をつづけているような、民間雑誌であった。その一八九〇年（明治二十三）一月号の社説において、中條はこう論じている。

——

「数学ノ大家所謂学者社会ニ向テ大ニ望ム所アリ。世ニ翻訳著述ヲ以テ業トスル者アルハ、是レ一種ノ営業者ナレバ、学者社会ヨリ観察スレバ、実ニ児戯ニ等シク、笑フ可キコトモ少カラザルベシ。然レドモ是レ営業上已ムヲ得ザルノ事情ニ出ヅル者ナリ。学者ト雖ドモ著訳家ノ仲間ニ入リテ生計ヲ営ム以上ハ、勢ヒ此事情ノ為メニ支配セラレザルヲ得ザルナリ。然リト雖ドモ今ヤ職貴ク俸多ク、何ノ困苦モナク何ノ事情モナク、陰ニ民間一般ノ著訳者ニ仲間入リセラルル学者ノ少ナカラザルニ至リテハ、我輩ノ窃カニ怪ム所ナリトス。是等ノ学者ニ向テ我輩ハ特ニ願フ所ノモノアリ。他ニアラズ、民間著訳者ノ容易ニ著訳シ得ザルモノ、或ハ之ヲ能クシ得ルモ数多ノ歳月ヲ要スルモノ、又ハ民間書林ノ力ニテ刊行シ得ザルモノ等コソ務メテ、我ガ学界ノ為メニ御尽力アランコト是レナリ。普通数理ニシテ民間続々刊行スル所ノ書類ニ、学者ノ脳力ヲ費スハ我輩ノ取ラザル所ナリ。」

しかも、それより二年の後に、社説はまた同じ問題を提出し「……世ニ大家ト仰ガレ博士学士トシテ称揚セラルル人ノ著訳……モ、亦是レ初等数理テフ小渦中ニ旋転スルニ止マリ……。諸大家ハ宜シク世ノ所謂営業著訳者ノ為シ能ハザル所ノ書ヲ著訳セラレンコトヲ」と訴えている。ちょうどその頃は、受験準備を主とした多くの私学が経営難のために、急激に崩壊していく時機でもあった。諸君はこういう社説の間から、民間の科学者・〝営業著訳者〟の悲鳴を聞き取りえないであろうか。

絶対主義的専制の日本は、日清戦争を経て、ますます国粋化して来た。一九〇一年（明治三十四）に、ベルツ——一八七六年（明治九）以来東京大学にあって、医学界に大きな貢献をしたドイツ人——は、在職二十五年祝賀の席上、日本の学問の欠陥を指摘して、こういう警告を発したのである。——

「（西洋の学問が日本に移植されたとき、日本人は）、西洋の学問の結実のみを採ろうと欲した。……日本人は西洋人の教師から、最新の収穫を受取ることで満足してしまったのである。この新しい収穫を齎らす根元の精神を学ぶことをせずに。」（『ベルツ日記』）

これは科学的精神の必要を説いた、傾聴すべき意見であったが、官権はかような警告に耳をかすどころか、間もなく（文相菊池大麓のとき）、専制的な方法によって、日本ではじめての厳格な教育統制を行うに至った（一九〇二年、明治三十五）。小学校教科書は国定となり、中等学校の教授要目は、厳密な意味で、国家的に規定されたのである。

こうなると、かような〝国家の方針〟にたいして批判を敢えてするような、科学者も教育者もなく、教授要目は、日露戦争後になっても、殆んどそのままで、何の改善も加えられなかった、といってよい。二十年の後、第一次大戦の後になって、理科のほうには多少、（それも短い期間だけ）、改善を加えられた（一九一八年、大正七）ことがあったが、数学科のようなものは、大した変化も加えられることなしに、太平洋戦争が近づくまで、そのままに放置されたのである。終戦の直前まで二十余年の間、文部省にあって、教科書の編纂に当たっていた塩野直道氏は、次のようにはっきりと断定しているではないか。——

「明治三十五年（一九〇二）前後に確立された数学教育が、本質的に転換したのは、（昭和十年前後の）『小学算術』による、といふことが出来ると思ふ。（しかしそれが完成したときには、すでに）東亜の風雲いよいよ急を告げ……教育が完全に国粋的な方向に向ひ……。」（塩野直道氏『数学教育論』一九四七年、河出書房）

それなら当時の国家的統制によって規定された科学教育の内容は、他の点を考えずに、ただ教育そのものの面のみから見ても、はたして価値あるものであったのか。少なくとも数学については、塩野氏の意見をきくがいい――それは私見と全く同一のものであるのだが。――

「菊池（大麓）、藤沢（利喜太郎）両博士が外国に留学して、吸収した数学教育の思想は、外国に於て崩壊せんとしてゐた旧思想であった。……（わが国にも）数学教育の新潮流の芽は移植されたが、不幸その芽は伸ることなく、却つてそれと反対の旧思想による数学教育が、恰も欧米で改革運動のはじまるのと時を同じくして、わが国では、国家の方針として規定せられたのである。」

かようにして絶対的専制のもとに、教師の声は、下からの声は、長い長い年月の間、まったく封鎖されてしまったのであった。

近代科学が市民社会とともに成長するとき、科学的精神は生き生きとして働き、科学には革命性があった。ところがかような革命性を除き去って、――ベルツが警告したように――ただ科学の成果だけを、官僚たちが、いくら温室の中で保護育成しても、それでは科学はただ〝官僚の科学〟となるだけだ。そこには、ついに「創意を欠き、革新に抗する、臆病で保守的な学問」が、出来あがってしまったのである。

新しく輝かしい日本を作りあげるために、ほんとうに大切な科学者・教育者といえば、むしろ反対に、封建的遺制や絶対主義的官僚制と戦って、近代市民社会をつくる方向へ、一歩一歩前進させるような人たちであるべきだったのだ。ところが温室で育成されて、〝牙を失った〟科学者や、〝阿諛者〟と化した教育者、かれらはまったく独立心を失ったのだ。だからこそ、

「国家で統制されたものは、それが国家の運営に深い関連をもつときだけ変改せられ、後は制度でものごとが動いて行き、国民は上からの命令によつてでなくては動かず、かやうにして自由な人間の働きによる進歩は期待し得られないのである。……新しい動きが一般人の間から……盛り上る傾向の少いのは、上からの統制によることはもちろんであらうが、永い間の封建性がほとんど国民性のやうになつてゐるためであらうか」

と、かつての文部官僚、塩野氏に批判されるような始末になったのである。われわれ科学者・教育者は――私もその一人であるが――真理のために戦うどころか、真理を裏切ったのである。こうして私たちは、ただ形骸的な市民社会の建設へは参加しても、自由独立という近代市民の精神からは背進したのであり、国民大衆の幸福のために、科学の革命性を守りぬこうという科学的精神をも裏切ったのであった。

(1) イギリスのバーナルは、ドイツの科学を、次のように特徴づけている。――ドイツの科学は、フランスからの輸入に負うもので、フリードリッヒ大王の熱烈な後援によったのであるが、その後援の跡が、後々までも、ドイツ科学の強みと弱みのもとになった。ドイツ科学は、最初から官僚的な性格をもっていたが、一方、他の国々の大学が十九世紀になっても、まだ科学を軽蔑していたのに反して、ドイツの大学は科学の発展を許したばかりでなく、その発展のために、今日では世界にひろがっているような、組織上の多くの方法を提供した。十九世紀におけるドイツ科学の大発展は、国家的科学としての強みと組織とに負うているが、他方、欠陥もまた生まれてきた。第一に辛抱づよい、やや衒学的な学者気質の伝統。価値の少ない業績でも、数多く記録すること。第二に、独創性に富ん

だ、しかし正統派に属さない天才たちが、よりひどく困難に苦しむようにされたこと。

さらにバーナルは、第二次世界大戦直前の日本の科学を、次のように批評している。「日本（の科学者）の仕事の大部分は、ドイツとアメリカの双方の科学の欠陥を、さらに誇張した形でもっているように思われる。」（バーナル『科学の社会的機能』）

六

かようにして日本は、日露戦争後から産業資本主義も確立し、第一次世界大戦にいたって、独占資本主義の時代に入った。そのときから、日本の科学も、〝自由独立〟する時機に達した、と普通いわれているが、私は、それは〝牙〟のない、〝精神〟のない〝科学〟が、ただ形式的には自由独立をするに至ったのだ、という意味に解釈したい。ちょうど現在の日本を〝独立〟国とよぶように。

思えば、われわれは長い間、科学的精神を学びとらなかった。近代的市民の精神的・物質的生活における科学の役割と意義について、ろくに考えたこともなければ、近代における国民大衆が科学教育を戦いとるまでの努力の跡などについて、一度も関心をもったことがなかった。そしてただ単に科学の成果と科学者教育の形式だけを、移植したり受入れて来たに過ぎないのであった。

ただいま述べたような諸問題が、心ある人たちの課題にのぼってきたのは、第一次大戦の直後からであった。それは民主主義の世界的思潮が、日本にはいって来て、人間解放の叫びが高くなったとき、いくぶんなりとも、ヒューマニスティックな教育の姿に帰ろうとする運動が、教育界の一部にはじまった時期からであった。

考えてみると、絶対主義的官僚制に抑えつけられて、日本の科学界では、こういった課題が、明治維新以来、半世紀のあいだ、ほとんど問題にされなかったのである。じっさい日本の科学が、一部の人たちによって、新しい近代市民社会の精神と、やや本格的な意味で、結びつけられるようになったのは、ようやく昭和時代に入ってからであろう。それは、しかし間もなく、軍事的ファシズム――これも絶対主義的専制と独占資本主義のなかから、生れてきたものである――の台頭によって、貴い犠牲者を出しながら、官権の力によってほとんどまったく刈り取られてしまったのである。

軍国的ファシズが荒れ狂った時期の科学・科学教育については、ここに語るに忍びない。否、一口で、はっきりといっておこう。要するに　われわれの殆んどすべては権力の前に屈服したのである。もちろん私もまたその一人であったのだ。

それなら戦後はどうか。

民主主義の波に乗って、日本学術会議が成立した。そしてその第一回の総会〔一九四九年、昭和二十四〕では、次のような宣言を行ったのである。

「……われわれは、これまでのわが国の科学が、とりきたった態度について強く反省し、今後は科学が文化国家ないし平和国家の基礎であるという確信の下に、わが国の平和的復興と人類の福祉増進のために貢献せんことを誓うものである。……そもそも本会議は、……科学の向上発達を図り、行政、産業及び国民生活に科学を反映浸透させるものであって、学問の全面にわたり、そのになう責務はまことに重大である。さればわれわれは、日本国憲法の保障する思想と良心の自由、学問の自由及び言論を確保するとともに、科学者の総意の下に、人類の平和のため……万全の努力を傾注すべきことを期する。……」

しかもかように立派な宣告を行った学術会議は、今や一歩一歩退却しつつあるかのような現状ではないのか。

思えば、明治十年代に、自由民権運動の指導者たちがその範を示して以来、日本の歴史は妥協と裏切りの歴史のように思われる。日本の科学史もまた、ついに裏切りの歴史となるのであろうか。

〔付記〕これはただ一片の感想であって、学術論文ではない。もう少しまとまった私見に接したい諸君は、拙文「資本主義時代の科学」(〔中央公論社版〕新日本史講座、第十四回〔一九五三年三月〕)を参照せられたい。

(『改造』一九五三年一月号所載)

(『一数学者の回想』一九六七年、筑摩書房、収載)

I

「家」の重圧に抗して

一八八五～一九一〇

小学校卒業写真，4 列目左から 3 人目が金之助．1898年

小学生のころ

だんだんと年を取って、孫も大きくなる。この間は、上の孫を初めて幼稚園に私が連れて行きました。そんな事から、いろいろ自分の幼少の時代が回顧されますので、今日は小学生の頃のお話をいたしましょう。

私は、山形県の酒田港に生れました。その当時の酒田と申しますのは、船舶の出入によって、北海道と新潟或は大阪方面とを結び付け、また米とかその他の貨物の集散地になっておりましたので、回漕業を中心とした、可成り栄えた港町であったのです。そして私は、かような船問屋の子供として生れたのです。ところで、私が小学校に入ります頃、その頃は酒田の隆盛な時代でありましたので、私共の住んでおった船場町という港町は、花柳界なんぞとも一緒になっていて、淫蕩の風の漲ったというような、そういった気分の町であったのです。で、私は四五歳の頃から、帆前船の船長さんなどに誘われて、そういった料理屋なんかによく連れられて行って、酒なんぞを飲まされた事を、今でもうすうす記憶しております。そうして、「結構なお酒ですねえ」などと云ったとかで、花柳界の姐さん達から銀貨、その当時としては可なり価値の高かったものでしたが、そんなものをいたゞいて帰った事もありました。

そういった気分でしたから、私の環境は、およそ学問などとは非常に縁遠いものであった訳です。それに加えまして、小学校が町の北東にあり、私の家は港口で南西にありましたので、家から学校までは非常に遠かったのであります。そんな関係からか、小学校に行くのが非常に嫌だった。祖母さんの話によりますと、どうしても学校に行くのが嫌だというので、家の小僧さんに負んぶして無理に連れて行かれたそうです。そうすると、何時の間に拾ったものやら、大きな石ころを拾って、小僧さんの頭を叩いたので、小僧さんも大いに閉口したということですが、それほどにも私は学校へ行くのが嫌だったのでありました。

ところで明治二十七、八年は日清戦争の際でありますが、その最中に酒田港付近は、大きな地震の為に徹底的に破壊されたのであります。三千戸ばかりの家のその半数以上が焼失しました。かように徹底的な打撃を受けたところにもってきまして、二十八年の戦後の投機的な事業が全く失敗に終りましたので、酒田港の繁栄は一朝にして衰え、それより以後再び元の隆盛を見るという事は、殆んど不可能になったという、そういう状態に立至ったのであります。私の家のあった船場町などは、殊に寂しい町へと、一変したのでありました。

それは丁度、只今の制度で申しますと、私が尋常五、六年の頃でありました。その頃から三年も続けまして、和島与之助という先生が、私共の級をお持ち下さる事になったのです。和島先生は、酒田から六キロメートルもある農村から、毎日出勤しておられました。当時三十四、五歳の方であったと思われます。その先生の熱心な教育態度は、私の一生を通じてその感化の極めて著しいものがあったのであります。

先生は、いわば訥弁の雄弁とでもいうべき方でした。ゆっくりと考えて、ポツリポツリと強い言葉で、云わば文章語風にお話をなされるのが常でした。ある時先生のお宅に伺いますと、「この間、山形の教育会で研究発表をやってきたが、二十分間与えられた時間で、序論だけ喋べっておったら、もう時間がなくなってしまった。」といって大笑いをされたことがありました。そう云った先生でありますから、私は先生が修身の時間に、教育勅語を約一年半に互ってお話なさった事を記憶しております。「父母ニ孝ニ」という事を、三時間くらいも熱心にお話下さったのであります。

先生の態度は、高飛車に出ないで、生徒と一切の行動を共にするという風でした。それで体操の時間に、一人の生徒が笑ったりなどすると、その一時間は全部の生徒が気をつけの姿勢を取らされた。しかも先生ご自分も、生徒といっしょに一時間も気をつけをやって居るのであります。教室でも、何か生徒が悪戯をすると、お話を止められて二十分も三十分も沈思黙考の状態を採られたのであります。それは宛も生徒と共に謹慎するという風でした。このような先生の態度によりまして、私達は小学校を終える頃には、何か非常に力強い感銘を受けるようになったのでありました。

先生は、人を叱る時分でも、頭ごなしに叱るというような事はありませんでした。私より一年後のクラスの、只今東大の哲学教授の伊藤吉之助君、あの伊藤君のクラスが、廊下をドシンドシンと歩いて通った事がありました。先生は丁度、私共の級でお話をされている最中でしたが、すぐに伊藤君のクラスの生徒を呼び止めて、こういう事をいわれたそうであります。「『燕雀何ぞ大鵬の志を知らんや』と、貴方がたは云われるかもしれないけれど、一方で授業のある時に、その廊下をドシンドシンと歩く事が良いか悪いかは、貴方がたが反省すれば分るだろう」。そういう風に、外の級の生徒を叱られたという話でありました。

先生は、時々生徒に長時日にわたる宿題を出され、生徒の自由研究にうったえられたのであります。その研究のレポートを持って参りますと、それを厳密に調査されまして、非常に長い批評の言葉を書いて返されたのであります。

今から考えてみますと、先生は精神科学を長所とされ、自然科学方面には比較的不得意であったかと思われるのでありますが、それでも先生の算術や理科の教授は誠に立派なものでありました。それというのも、先生の熱心さ、その真面目さに打たれるのであったと思います。化学の実験などでは、小学校としては随分危険だと思われるような実験さえも先生は示されました。算術などでは、速く計算するとか、答をすぐに出すとか、そういった態度で無しに、ゆっくりと考えて、正確な解をする、そういう態度であられたようであります。

先生は、御自分で判断の出来ない、或は理解の出来ないと思うような事は、率直に云われました。私が、ある友人と二人で、休みの時間に小説を読んでおりましたのが、先生の目に触れました。そうしますと、次の時間に先生は、小学生が小説を読む事の可否について語られました。その態度は必らずしも小説を読む事を否定する態度ではなかったように記憶しております（後に私は中学校の寄宿舎で、小説が全部舎監から取上げられるという、悲しむべき事実を知ったのでした）。

ある修身の時間に、勅語の講義の中で、「夫婦相和シ」という事で、ある年長の生徒が笑い出した事があります。その時に先生は、「夫婦相和シ」について、三時間も四時間もお話し下さった事を記憶しております。先生の態度は真剣そのものであり、純な魂で、良心的なものの考え方を徹底的に生徒の胸の中に打込まずには居られないという様子でした。

私共が小学校を去ると同時に、先生は新設の女学校に転じられました。それから数年ならずして先生は、相当の晩学なのにも拘わらす、日本大学にお入りになって研究を続けられました。それから又、郷里の女学校にお帰りになりましたが、その当時の酒田の実業の不振を慨歎せられまして、商業学校の設立を唱導されたのであります。先生は商業会議所の頭取とか、町長とか、その他の酒田町に於けるいわゆる有力者を訪問して、諄々として商業学校設立の急務を説かれ、これによって郷里の実業の不振を救おうとお考えになったのでありました。先生は、勢力ある人に頭を下げるとか、権門を訪れるとか、そのような先生では全然ないのであります。その先生が、只今のような態度に出られて、商業学校の設立の急務を叫ばれたのでありますから、それを知った私共は、実に驚かざるを得なかったのであります。しかしながら、不幸にして先生の願いは、時期尚早と見なされて、容易に容れられなかった。

不幸にも先生は、その設立運動からきました過労によりまして、急な大病に罹られました。大患を聞きました時、私は丁度郷里に帰っておりましたので、先生の御病床を訪れますと、先生はも早口をおききになる事も殆んど不可能で、紙の上に「遺憾」という二字を書いて私に示されました。その後数日にして亡くなられたのでありました。

先生の逝去後、間もなく、商業学校設立の声が高くなりまして、数年ならすして県《ママ》〔町＝編注〕立の商業学校が酒田に建設されたのでありました。先生はまことに死を以て商業学校建設の任務を果されたものと考えられます。

私は先生から、先生の教育上の御意見とか思想とかを承った事はありません。また先生は、容易に安価な流行思想などに影響される方とも思われません。しかし、先生が、身を以てお示し下さった教育態度、真面目、熱心、良心的、――そういった事は、私共の一生を通じて忘れる事が出来ないものがあるのであります。

私に大きな影響を与えました第二の師友は書物であります。その当時は、私の家が船問屋として、まだどうやらやって行けました頃なので、物質的には多少恵まれた境遇に育ち、書物なども、自分の欲しいものを少しは手に入れる事が出来ました。

巌谷小波山人のお伽噺は、可なり沢山読んだ筈ですが、どうもこれぞという感銘が残って居りません。尾崎紅葉の「青葡萄」を読売新聞で読んだ記憶が残っていますが、これがまあ私の読みました最初の小説でしょうか。

その頃、偶然の機会から徳富蘇峰先生の随筆集を手にしまして、――ある船長さんから貰ったように思われます――それを四へんも五へんも読みかえした事がありました。今日でも、「何の為に花を観る」といったような文章を暗記して居る位であります。

しかし、その当時の私の興味は、文学書にはありませんでした。私の興味は主として科学的なものにあったのであります。只今の記憶によりますと、冨山房から出て居た『化学新書』という二十銭本がありました。この本を読み出したところが、最初に蠟燭の実験が書いてあります。その本の示す通り実験をしてみますと、立派に書物通りの面白い結果が得られたので、これが私の非常に大きな好奇心を惹く事になりました。そこで僅かばかりの金銭でもって、フラスコとか、レトルトとか、試験管とか、幾種かの薬品を買いまして、一人で化学の実験をする事になったのであります。

初めの内は、薬種屋で硫酸や硝酸のような劇薬を売って呉れませんので、出入りの鍛冶屋さんから分けて貰いましたが、後には薬種屋の主人も、私の心持を理解して呉れまして、大抵の劇薬を売って呉れたばかりでなく、色々と化学上の指導もして貰えるようになったのでした。そこで二三の友を集めて、化学研究会を作ることになりました。

ところが、その化学をだんだんとやっていきますと、中に化学方程式が出て参ります。たとえば、水素の符号はHであるとか、酸素の符号はOであるとか、そういうものが出て参ります。それは日本の字でないのですから、ある人に尋ねたところ、それは英語というものだという事を教えられましたので、にわかに私は、英語の塾を開いている夜学の先生に通いまして、英語を学ぶことになったのであります。ところが又、化学方程式には、Xの入った方程式が出て参ります。それは何の事か、その当時の算術では私には分らなかった。それは代数というものである事を教わりました。そこで、代数の本を買いまして、分らぬ乍らも独学で読み出したのであります。

かようにしまして、小学校を終る頃には、簡単な定性分析をはじめ、ごく簡単なリーダーの一冊や、一次方程式くらいのところまでは、読みあげる事が出来るようになりました。

ところで私は代数をやったものですから、正数負数の概念を持っております。それで学校の算術の中でも、とかく負数の概念を使って問題を解く事があったのであります。ある時、和島先生にその解がみつかった時に、先生は、「貴方は代数を使っておるが、算術の中で代数を使って良いものか、悪いものかは自分には分らない」と、いわれた事があります。

かようにいたしまして、化学から英語、代数へと進んで行って、今日の言葉でいうならば、自学自習とでもいうような教育の方法を自らにして学び得たという事は、私の一生にとって非常に幸福であったと思います。

その頃読みました本の中で、今日でも記憶しておりますものに、横山又次郎博士の『地球と彗星の衝突』があります。これは全く面白い本でした。夏の夕に、店の番頭さんの一人と、この問題について何遍も何遍も議論したことを、今でも覚えて居ります。

私は、野原を散歩します毎に、草の葉を取ってそれを食べながら、その甘いとか辛いとか、酸っぱいとかそういう味によって、草木の分類をしようなどという、そういう幼稚な試みをした事もありました。又、今まで人の食べない草木でも、それを食物にする事が出来ないかというような事を、考えたこともありました。大地震の後でありますから、何か石のように凝固する液体を木に塗って、耐火家屋とか、耐震家屋とかいうものが造れないものだろうかと、いう風に、後で知りましたセメントのようなものを、想像しておった事もありました。

今から考えて見ますと、私の揚合には、すべてかような、いわば科学的なものの見方とか考え方とかいうような事は、何よりも先ず冨山房の二十銭本の『化学新書』から導かれたのではなかったかと思われます。そういう事を思い出す毎に、少年の手に渡るものは、必ずしも立派な本とか、或は大家の書かれた著作とか、そういうもの許りでは無しに、偶然の機会に、どんなつまらない、どんな誤まった書物が子供の手に入るかもしれないのでありまして、その影響が極めて多いのではないかという事を考えます。それで科学の普及とか科学の大衆化とかいう事につきましては、余程慎重に考え直さねばならないのではないか、そういう事が痛切に思われるのであります。

私はその後、中学に入り、後には自然科学、特に数学の専門として立つようになりました。その間には、いろ〳〵精紳的な感化影響を受けた方々もありますけれども、幼少の頃、和島先生に受けた強い精神的感化に及ぶものが無いような気がいたします。

私は一方、化学書によりまして広く科学への道を聞かれたと同時に、他方先生の強い人格的な精神的な感化を受け得ましたことを、一生の幸福としております。

（『婦人公論』一九四一年六月号所載）
（『わが師わが友』一九四二年、筑摩書房、収載）

中学生のころ

今日は私の中学時代のこと、それも特に数学、理科を中心としたお話をいたしましょう。私は、一八九八年に十三歳で山形県立の一中学校に入り、そこに四年間おりました。それでこれからのお話は、一九〇二年の春まで、つまり十九世紀の末から二十世紀の初めにかけての四年間のことです。

県立中学校といっても当時は、設備もごく不完全で、先生達も正当な中学教師の免許状を持っているのは約半数ぐらい、国語や漢文の教師などは、その地方の人で、方言まるだしで教えていたのものです。しかも私が入学する三、四年前はもっとひどく、国語の教師が、国語を教える調子で、幾何を教え、試験には、「定理5を証明せよ」などという問題を出したと聞いています。

私は、小学校高学年から化学に特に興味をもっていました。それで、中学では学校以外に化学、物理を中心に、その補助学科として、数学と英語を勉強しようという方針を立てました。しかし困ったことに、当時は手ごろな物理、化学の参考書がほとんどなかったのです。それで私は、まず高等学校あたりの教科書を読んでみましたが、物足りないので、わかりもしないのに、翻刻されたばかりのOstwaldの(英訳)*Outlines of General Chemistry* などを買い込んで一所懸命に読みました。それには、かなりの英語の力を必要とするので、横浜のフェリス女学院を出た方に、時間教授をお願いしました。教材はイソップ物語でしたが、学力があまりに違いすぎるので、へとへとになり、半年くらいでやめてしまいました。

しかし幸いにも、この中学校にはめずらしく、英語だけは割合によい先生がそろっていました。私は、内村鑑三の『外国語の研究』を読んで強い刺激を受け、試験の答案にも内村口調の翻訳をやって、激賞されたことがあります。また、『英語青年』という週刊（？）雑誌を愛読したのもこの頃です。この外に愛読したのは、東大系統の『東洋学芸雑誌』で、主として理科方面の記事が沢山載っていたものです。

数学では、一年で地方の和算家の老人に算術を教わりました。この先生は、「こんなことは、お前達にわかるもんか」という調子で、理論の説明をいっさいはぶき、ただ問題を解きさえすればよいという風でした。私は、小学校の時から独習していた代数の方程式で、算術の難問を解き、いつも良い点をもらいました。生徒も生徒、先生も先生で、こういった教育が十九世紀末に残っていたのは、驚ろくべきことだと思います。一年ではその他に、「幾何初歩」という科目がありましたが、これは理科の先生が、先生自身何が何やらわからずに教えていたようです。二年になると、菊池大麓の『初等幾何学教科書』を学びました。この本は、当時のイギリスの教科書よりも、もっと厳密で、いわばユークリッドの本流に帰ったとも言うべきもの、学術書としては価値があるが、中学の教科書としては、不適当な本でした。まず最初に、「平角〔二直角〕は、相等しい」という定理がでてくる。これを厳密に証明する。その際には、式は用いずに、すべて言葉で述べなければならない。この調子では、幾何というものは、どういうものかほとんどわかりませんでした。ことに四年でやる比例のところなどは、きわめてむずかしいものです――またここが、ユークリッドの学問的にきわめて価値あるところなのです――が、有難いことに先生は、教科書の証明によらず、ぜんぶ代数計算でやってくれました。

（私は不思議な縁で、この菊池の『幾何』を、後に東京物理学校でもう一度教わりましたので、この有名な本の長所と短所とについては、人に負けないくらいくわしく知っているつもりです。）

代数は、二年からチャールス・スミスの『代数』を長沢亀之助の訳で教わりました。これは、その当時の代表的な教科書でしたが、実はイギリスで受験的な教科書として流行したものを、そのまま輸入したものでした。皆さんがご覧になれば驚ろかれるでしょうが、めんどうな形式的な計算が多く、まるで因数分解中心の教科書みたいなものです。したがって、私のように数学を物理・化学の研究に直接役立てようと考えている学生にとっては、きわめて不都合なものでした。これには、今日になっても忘れることができぬ一つの思い出があります。二年の終りに長い病床から解放された私は、一つの化学の問題に熱中しはじめました。パラフィン族の沸点と炭素の数との関係をあらわす公式を見出そうというのです。けれども、そのころの代数には、グラフもなければ、函数概念もなく、科学の公式の意義などについては、全く教えられるところがなかったのです。そこで、あれやこれやとずいぶん苦心したのですが、とうとう解くことができずに終ってしまいました。私が後に、中学教育の数学の中にグラフや函数概念を入れることを強く主張するに至った遠因の一つは、ここにあると言っても大した過言でないつもりです。あれが三十年の後に、Nernst の *Theoretische Chemie* 八版、一九二一年、の中で、S. Young というイギリスの化学者が、一九〇五年に発見したその実験公式を見つけました。それによりますと、私が問題にした時期は Young の発表より以前であることになり、感慨無量でした。この公式は、今日なら新制高校で十分に理解し得るものです。

代数についてはまたこういう思い出もあります。三年か四年のある時、先生は、「$\frac{1}{x}$において、正数 x をだんだん小さくして 0 に近づけると、この分数はだんだん大きくなり、遂に x が 0 になった時、無限大になる」という説明から、「$a\times 0$は何故0になるか」という問題を出され、「$a\times\frac{1}{x}$すなわち$\frac{a}{x}$においてxをだんだん大きくとると、この分数はだんだん小さくなる。したがって、xが無限大になった時、すなわち、$a\times 0$は0になる」と。先生は、いかにも得意げでした。その時私は、腑におちないので、手を挙げて黒板にこう書きました。$0=b-b,\ a\times 0=a(b-b)=ab-ab=0,$

「先生、これではいけませんか？」

私は、家庭が商売をしていた関係で、上級の学校への進学は許されませんでした。それで、中学にいる間だけでも——この中学への進学さえも家は問題があったのですが——自分の好きな学問を勉強しようと決心し、物理、化学、そのための数学、英語ばかりをやっていたのです。そして、三年の終りに寄宿舎を出て下宿をしてからは、嫌いな科目である体操、図画、国語などは、ほとんど授業にも出ず、早引きをして帰ったり、この時間のある日は、一日中休んだりしたものです。

このような事情でしたから、私は、皆さんのように入学試験のための勉強をしたことが全くありません。また私の一生を通じてみましても、入学のための数学の試験は、中学に入る時受けたのが唯一ので、不思議なことに、本当の試験らしい試験を経験せずに今日に至ったのです。

（一九五九・一・三〇）

（『受験の数学』一九五九年四月号所載）

二十年代
——職業・結婚・恋愛などについて——

人間の一生は、ある意味では二十年代にきまるともいわれます。心理学上の研究によりますと、家庭の事情や経済状態などが変らないとすれば、その人の一生に出来る仕事の〝質〟は、およそ二十五歳から三十歳位の間までにきまる。その間にろくな仕事も出来ない人は、同じ条件の下では、四十になっても五十になっても、いい仕事は出来ないだろうといわれているのです。そういった意味で、二十年代というのは、皆さんの一生にとって極めて重大な時期なのであります。私はいま、みなさんに寄せる言葉を求められていますが、私はおよそ半世紀に近い日露戦争の中で二十歳を迎えた老学究として、自分の二十年代に歩んだ道を回想しながら、少しばかり人生に対する態度について語ることに致しましょう。

明治初年に、札幌農学校の教師であったアメリカ人のクラークは、学校を去るに臨み、学生達に「ボーイス。ビー・アンビシャス」と叫んで別れを告げたとのことです。それは〝子供らよ。大きな志、大きな抱負を持て〟という意味であって、ここにアンビシャスというのは、低級な野心——すなわち立身出世的な利己主義、俗人的な我利我利亡者の意味ではありません。クラークの場合には、それは若々しい情熱を持った開拓者精神《フロンティア・スピリット》を指すのであります。開拓者精神こそは今日の日本の青年諸君にとっても、最も必要な精神であって、私はクラークと共に、今日諸君にむかって再び「ボーイス。ビー・アンビシャス」の言葉を送りたいと思うのです。開拓者精神がいわゆる野心とどんなに異るかは、野心家の代名詞といわれるスタンダールの『赤と黒』の主人公ジュリアン・ソレルの精神が、開拓者精神とはおよそ違った、むしろ正反対のものであったということを、諸君は読み取り下さることでしょう。

　職業というのは、才能や興味への自覚をもとにして、出来るだけ広い視野に立って決定すべきものですが、いろいろの事情のために、中々自分の思うようにはいかないものです。私の体験を申しますと、私は二十一歳のとき一時学業を廃して家業（廻漕業）に従事し、家業と学問（数学）研究との間の矛盾に悩みましたが、ようやく二十五歳になって、遂に数学を職業とすることに決心したのでした。いまはその四年間を冷静に反省してみますと、学問の専門的研究の立場からのみ考えますならば、家業に従事したことは、ずいぶん大きなマイナスであったと思います。けれども当時としては家庭の事情に従う外仕方がなかったし、また家業に従事したことは、私の人間的成長のためには、相当大きなプラスをなしています。それは私の視野を広くし、物の見方や考え方を広め、ひいては私の学問の上にも影響するところが意外に大きいものがあったのではないかと、自分では考えているのです（私はまた二十四歳の時、島崎藤村の「われらは〝人〟としてこの世に生れて来たものである。ある専門家として生れて来たものではない」という言葉に、感激したものでした。この言葉が当時の若い私にとっては、開拓者精神の炬火となって、その後における私の思想の、相当大きな一面をつくっていると思います）。

　よく考えてみますと、職業の選択も、人生における冒険に他ならないのです。いろいろな困難に陥ったり、幾度か失敗を重ねるのもいいでしょう。その困難や失敗の体験をいかに生かすか、その間に人間的にいかに成長させるか、それが問題なのであって、失敗それ自体は問題でないのです。一生誠実に努力を重ねても効果が空しかった、何の成績も上らなかった、というようなことも、起りましょう。それは確に全然失敗なこともあるでしょうし、また場合によっては効果が上らないとみえるのは認識の誤りであって、効果の上っているのが見えないのかも知れません。いずれにしても人間が、誠実に努力を重ねて効果が空しかったとしても、私は悔いるところはないと思います。それでいいのではないかと思います。

今よりおよそ六十年前に北村透谷は叫びました。――

「吾人は記憶す、人間は戦ふ為に生れたるを。戦ふは戦ふ為に戦ふにあらずして戦ふべきものあるが故に戦ふものなるを。戦ふに剣を以てするあり、筆を以てするあり。（中略）戦士陣に臨みて敵に勝ち、凱歌を唱へて家に帰る時、朋友は祝して勝利と言ひ、批評家は評して事業といふ。事業は尊ぶべし、勝利は尊ぶべし。然れども高大なる戦士は斯の如く勝利を携へて帰らざることあり。彼の一生は勝利を目的として戦はず、別に大に企図するところあり。空を撃ち虚を狙ひ、空の空なる事業をなして、戦争の中途に何れへか去ることを常とするものあるなり。斯の如き戦は、文士の好んで戦ふところのものなり。斯の如き文士は斯の如き戦に運命を委ねてあるなり。文士の前にある戦場は、一局部の原野にあらず、広大なる原野なり。彼は事業を齎らし帰らんとして戦場に赴かず、必死を期し原頭の露となる覚悟して家を出るなり。」

実際二十六歳で自殺した透谷は、島崎藤村がいったように、「彼の生涯は結局失敗に終つた戦ひだつた。（中略）しかしその惨澹とした戦ひの跡には拾つても拾つても尽きないやうな光つた形見が残つた。彼は私達と同時代にあつて、最も高く見、遠く見た人の一人だ。そして私達のために、早くもいろ〳〵

な支度をして置いて呉れたやうな気がする。」透谷はこうして死んだのです。戦いに破れたのです。しかし彼こそは日本の近代文学において、何人よりも先に、開拓者精神に殉じた人ではなかったでしょうか。

今度は結婚と恋愛の問題に移りましょう。私は古い家族制度による幼い時分からの許婚と結婚しました。私達は結婚後、自分達の生活を考えるよりも、何時でもまず、家を中心として考えるように習慣づけられました。それで幸いにあまり大きな喧嘩もしなかったし、他人からみては、比較的成功した結婚と思われるかも知れませんが、少くとも恋愛的な情緒に乏しかったことは争いえない事実で、婦人が経済的にも漸く解放されようとする今日、許婚制度などは封建性打破の名の下に葬り去られるべきものです。結婚の動機は恋愛からというのは当然のことです。そして恋愛こそは極めて大きな力を発揮する。恋愛が人間の運命を決定するのはよくみられる現象ですが、その極めて著しい例としてキュリー夫妻のことをあげましょう。

夫のピエールはもう既に優れた物理学者となっていましたが、職業的にはまだ私立学校の貧しい教師にすぎませんでした。彼は、大学生で実験室に通っている貧しいポーランド生れのマリーに恋し一八九五年に結婚しましたが、その結婚には「白の式服も、金の指環も、披露の御馳走も、宗教上の儀式さえもなかった」のです。翌九六年にマリーは中等教員の試験に合格しその翌九七年に長女が生れ、間もなくマリーは大学の学士となりました。翌九八年七月にはポロニウムの発見、十二月にはラジウムの発見となり、ラジウムの大研究が一応完成したのは一九〇二年で、一九〇三年にはノーベル賞をもらっています。マダム・キュリーは家庭生活と科学者の生活の二つを同時に果しました。貧しい妻として母として科学者として働いたのです。

しかし恋愛は盲目といわれるだけに失敗し易いのですが、柔軟《フレックシブル》な精神によって、私たちは恋愛の失敗から、かえって人間を成長させることが出来るのです。かような柔軟性の模範的な一例として、ゲーテをあげることができましょう。ゲーテの生涯こそは、自分で語っているように「あるがままの私自身を育て上げて完成させることが、私の一生の望みであり、目的であった」のでした。その結果として「彼は教養において、地位において、事業において、世間的体験において、性的関係において、およそ人間として味いえる最も奥深いものを味い得た人」となったのでした。しかしそれは運命が特に彼一人だけに、機会と好運とを与えたのではなく、彼の努力と精進とが、その機会と好運を逸しなかったのだと、いうべきであります。

戦後の今日は、わが国でも人権がようやく高く認められ、婦人も経済的に精神的に独立の出来る時代に向って進んで参りました。かような時代においても、恋愛はその性質上秘密を必要とする面があるのは当然ですが、しかし青年男女同士の恋愛は、出来るだけ秘密のない明朗なものでありたいと思います。経済の自由や精神の自由を目指して進まなければならない青年男女にとって、恋愛は自由の意志に基づくものであり、結婚も、離婚も、未亡人の問題も、婦人解放の問題も、すべては人間成長の一階段として、自由の立場から考えなければなりません。

ところが、現代でも恋愛には、いろんな暗い影が伴って、それは封建的な徳川時代よりもあまり進んではいないかのような感を起させます。青年男女諸君は理想的な社会の建設に努力しなければならない。そのために諸君は必ず何等かの意味で、社会改造のために、強く団結して戦わなければなりません。平和の問題、憲法擁護の問題、……かような問題について、志ある青年男女諸君の堅い結束が絶対に必要です。しかしながら、皆さんは独善的態度をとってはなりません。自分の精神の自由を唱えるものは他人の精神の自由も認めて、その間に自由な討論を盛にしなければなりません。言論の圧迫こそは、日本をファシズムか、暴力革命に導く道に他ならないのですから。

最近アンセルというフランスの司教は、次のような趣旨の論文を発表しました。――「どんな理由であっても予防戦争を始めたものは戦争犯罪者である。予防戦争を生み出すおそれのある同盟条約は無効であって、なんの価値もないものである。どんな人でも、国民を予防戦争に引きつれていこうとする政府には服従しなくてもよいのである」。すなわちアンセル師は〝政府に対して服従しなくてもよい権利〟について論じたのであって、これを中心としていろいろの論争が行われていますが、私はかような論争が公然と行われ得る国をうらやましく思います。

とかく日本人は物事を徹底的に考えたり、論究したりすることがなく、途中で権力や権威に盲従したり、屈服したり、妥協したり、結局自分の良心を誤魔化してしまう人が多いのです。これでは日本の自主的独立が得られないばかりでなく、男女の精神の自由も、恋愛の自由も得られないで終ると思います。

青年男女の皆さん、現実における生活条件がどんなに苦しくどんなに困難であっても、どうぞ抵抗と団結を新しいモラルとして、若々しい情熱を以て進んで下さい。

（一九五二・四・一四）

（『私の人生訓』一九五二年、誠文堂新光社、収載）

五〇年前入会のころ

——東京数学物理学会の思い出——

私が日本数学会の前身東京数学物理学会にはいったのは一九〇七年（明治四〇年）六月で、ちょうど今から五〇年前であった。そのころの私は東京に定住してはいなかったが、熱心な会員の一人であったので、ここに入会から一九一一年の春仙台に住むまでの、四年間の思い出を語って、八〇周年お祝いの言葉といたしたい。

私は東京大学数学科の出身ではないが、前に同大学の化学科に一年ほどいた関係上、物理の方には知っている先生たちが多く、会に出席してもあまり孤独感を抱かなかった。それに物理の方は、田中館愛橘さんと長岡半太郎さんが、いつも、陣頭に立っておられたのに、数学の方では、藤澤利喜太郎さんも坂井英太郎さんも例会には殆ど見えなかった。吉江琢児さんはいつも、高木貞治さんと中川銓吉さんもよく見えておられた。

また発表論文の数からいえば、数学も物理の半分くらいはあったのに、なぜか本会は物理が主で、数学が添え物のような感じが濃厚であった。ただ物理の方では大学や天文台・気象台などに関係のない人たちの発表がほとんどなかったのに、数学の方ではいくぶんか趣きを異にしていた。和算家を別として福澤三八さん、三上義夫さん、澤山勇三郎さんのような、大学には全く無関係な数学者も時々見えられた。

いま一九〇七〜一九一〇年間の本会記事に載った、数学と物理の論文数と著者数をあげてみよう。また（紙数の制限上）数学の論文だけに限って、著者名と論文数をあげると、次のようになる。

一九〇七　遠藤利貞（二）　川北朝鄰（一）
　　　　　林　鶴一（一）　中川銓吉（四）
　　　　　刈屋他人次郎（二）　内藤丈吉（一）
　　　　　福澤三八（一）
一九〇八　林　鶴一（二）　吉江琢児（一）
　　　　　三上義夫（一）　小倉金之助（二）
一九〇九　林　鶴一（二）　中川銓吉（一）
　　　　　窪田忠彦（二）　小倉金之助（三）
一九一〇　澤山勇三郎（一）　林　鶴一（二）
　　　　　三上義夫（二）　貝原良介（一）
　　　　　窪田忠彦（一）　小倉金之助（三）

		1907	1908	1909	1910
数　学	論文数	12	6	8	10
	著者数	7	4	4	6
物　理	論文数	20	27	10	15
	著者数	12	15	7	14

論文の内容は、数論・代数が極めて少いし、解析も多くはなく、幾何がもっとも多い。代数や解析の不振は、すぐ前に活動された高木さんや樺正董さんなどの休憩と、藤原松三郎さんの留学にもよるだろう。そしてこれまで不振であった幾何が、前面に出てきた時期であった（物理学者の側からも、貝原さんの三重直交等温面の研究が現われた）。中川さんが留学から帰られたことも、原因の一つであろ

う。

それに一九〇七年は関孝和の二〇〇年忌に当るためか、本会記事にも川北さん、遠藤さんの論文が載ったが、この期間はじつに和算史の転換期であった。旧和算家の仕事が終って、林さんの〝和算における行列式〟や、三上さんの〝円理は関の発明か？〟が、問題にされる時代が来たのである。

それなら当時の日本における主な数学論文は、本会記事だけで尽されたというべきであろうか？　じっさい一九〇八年にライプチヒで印刷中であった三上さんの *Mathematical papers from the Far East*（一九一〇）は例外としても、私たちは中川さんの非ユークリッド幾何学の論文（東京大学紀要、一九一〇）や、福澤三八さんの函数論の単行書 *Vier mathematische Abhandlungen*（東京、一九〇七）のほかに、〝京都大学紀要〟を忘れてはならないだろう。この期間の京大紀要には次の人々の数学論文が載っている。

河合十太郎（一）　三輪桓一郎（一）
吉川実夫（一）　和田健雄（二）
西内貞吉（一）

しかし、ごく大体から見れば、この一九〇七〜一九一〇年の期間においては、数学の国際的発表機関といえば、本会記事の外にはなかった、といっても、たいした言い過ぎではないだろう。そこに現われたのが、一九一一年における東北数学雑誌の刊行であった。

もう一つ記憶に残るのは、そのころ行われた本会の通俗講演のことである。もっともこれは物理方面の話が多かったが、ただ一つの異例として、私が入会した一九〇七年の十二月五日に、「関先生二百年記念講談会」というのが、神田一ツ橋の高等商業学校大講堂で開かれた。藤澤さんの座長で、菊池大麓さん、狩野亨吉さん、林鶴一さんの講演があり、聴講無料のためか、非常な盛会であった。

こんなことを回想しながら、また一方で、東京数学会社創立八〇周年の今年こそは、和文最初の西洋数学書柳河春三の〝洋算用法〟（一八五七）刊行の一〇〇周年に当ることなどを思い浮べると、いまさらながらわが国における数学の歩みについて、深く反省せずにはおられなくなる。

（一九五七・七・二六）

（『数学』一九五七年十二月号所載）

荷風文学と私

私のような自然科学方面の老人が、荷風の文学について語るのは、はなはだ僭越のように思われよう。けれども私は、青春時代における人生の危機を、荷風の小説を力として切りぬけた、とも言えなくないのであって、荷風に負うところ大なるものがあると、衷心から信じている。それで今ここに、主としてその事実について、ありのままに述べてみたいのである。もっともそれは、今から四十年ばかりも前のことで、その当時の私の読み方・味わい方は、恐らく小説の読み方ではなく、文学の味わい方でもなかったであろう。私のような主観的な見方をされては、作家その人にとってははなはだ迷惑なことであるかも知れないが、そういった点については——ただ昔の思い出ばなしとして——お許しを願いたいとおもう。

私が荷風文学に親しみだしたのは、明治三十九年のころからであるが、特にそれに熱中したのは明治四十二年から大正元年ごろまで（荷風が満で三十歳から三十三歳のころ）、私が満二十四歳から二十七歳のころまでのことである。

私は日本海に面した東北地方のある港町の回漕問屋に生まれ、幼にして父を失い、母は分家となったので、ただ一人の男児として祖父母のもとに成長した。当時の封建的な伝統的家風に従えば、当然家業見習に従事すべきところであったが、少年の頃から化学に興味を持った私は、中学四年のとき、祖父の許可をえずに東京に出て、無理をおしきって東京物理学校に学び、日露戦争の最中に卒業して、さらに東京大学の化学選科に学んでいたのである。ところが当時六十四歳の祖父は病のために家業をみることも困難となり、私もまた著しく健康を害したので、やむをえず、明治三十九年の春、大学をやめて郷里に帰り、家業に従事しようと考えるようになった。こうして郷里において家業を見ながら、間もなく結婚したのが、それは二十一歳のときであった。しかしその頃は家業もすでにはなはだしく不振に陥った時期であったし、ことに冬季には用事も少なく、時間の余裕が十分にあったので、再び科学書を読みだした。それればかりか、それまでほとんど関心を持たなかった小説の類をも、日頃懇意にしていた書店に出掛けては、濫読しはじめたのである。

ちょうどその頃広く読まれていたのは、漱石の『吾輩は猫である』、『坊ちゃん』、『草枕』や、二葉亭の『その面影』、『平凡』などであったが、そういった作品は私の要求を満足するものではなかった。私の心の中は、家族制度・家業の引きつぎに対する懐疑やら、科学の研究に対する不満やらで一杯なので、何といっても、社会批判にわたるもの、反逆の精神を鼓吹するもの、少なくとも何らかの意味での、人間の解放を志す作品が欲しかったのである。さればといって木下尚江の『良人の告白』などは、あまりにも文学的価値に乏しかったし、結局、私を捕えたものは、自然主義の文学でなければならなかった。——独歩の『独歩集』、『運命』。藤村の『破戒』、『春』。花袋の『蒲団』……。なかでも独歩の『牛肉と馬鈴薯』や『正直者』や『女難』などは、私の最も愛読した作品であった（ただ藤村の『破戒』には、当時は案外に打たれなかった。それはその頃の私にとっては、何らの見聞をも持たなかった特殊階級の問題を、主題としたものだからであろう。また『春』も楽屋落ちの気味があって、文学青年ならざる私には、最初はあまりぴったり来なかったのである)。

私がはじめて荷風の小説――後に『あめりか物語』と『ふらんす物語』に収められた諸短篇――に接したのは、ちょうどその頃で、その印象記風な新鮮味に捕えられたのであるが、本当に打ち込んだのは帰朝直後の作品からであった。当時は自然主義文学の全盛時代で、いくぶん単調の気味があったところに、香気のきわめて高い、新しい色彩にあふれた荷風の文学が出現したのであったから、青春時代の私が、そういった点に共鳴したのは当然であったろうが、しかし私に一層深い感銘を与えたのは、そのなかにみなぎる社会批判であった。

そのころ家業に従事しつつあった私に、ようやく判然としてきたのは、家業が自分にとって全然不向きなことであった。しかもそれはさらに進んで、わが郷里における回漕問屋の将来についての疑問となってきたのである。

そこで、これまで興味を化学に集中してきた私は、今や方向を転じて、実験を要しない――家庭にあっても独学のできる――数学を専攻することに決心した。その結果として、明治四十一年以来、東京数学物理学会において、少しずつ貧しい論文の発表をはじめたのであった。けれども、かような二重生活の状態で、果たして数学の研究ができるものだろうか。思えばこの両三年の間こそは、私にとってははだしい不安の時期であり、それは正に一生の危機であった。四十二年の九月には、商用のために新潟に赴き、三月ばかりを同業者の宅に送ったが、これ以上家業をつづけるのは、到底耐え得ることはできなかった。私は断然家業を捨てて、職業的数学者たるべく、最後の決意を固めたのである。

ちょうど私のこの危機に出現したのが、帰朝後の荷風の小説であった。荷風は、一方武士的で漢学に長ずると同時に、他方洋学の素質もある、知識人の家庭に生まれたのであったが、彼は年少にしてすでに、堅苦しい封建的武士的な家庭の雰囲気に対して、先ず反逆しはじめたのである。「私は乃ち父母親戚の目からは言語道断の無頼漢となった。……私は父母と争い教師に反抗し、猶且つ国家が要求せず、寧ろ暴圧せんとする詩人たるべく自ら望んで今日に至ったのである。」(『歓楽』)

かくて『悪感』(四十二年)、『監獄署の裏』(四十二年)、『祝盃』(四十二年)、『歓楽』(四十二年)、『見果てぬ夢』(四十三年)、等々が続々と公にされ、日本の社会に対するはげしい批判が行われたのである。私は雑誌に出るのが待ち遠しく、書店に出掛けてはこれらの作品を読み、心の中に生気の蘇るのを感じた。反逆の精神——それは何物にも増して、私に勇気を与えてくれたのであった(しかし『新帰朝者の日記』(四十二年)や『冷笑』(四十三年)などは、全体としては、あまりぴったり来なかったが)。

思えば明治四十二年九月、易風社版の『歓楽』が刊行されたとき、新潟の回漕問屋の二階で、いくたび繰返し繰返し読んだことだろう。

「博徒にも劣る非国民、無頼の放浪者、これが永久に吾々の甘受すべき名誉の称号である。……」

——この叫びを、私は一生忘れ得ないであろう。その年の七月『中央公論』誌上に発表された「牡丹の客」は、暑中休暇で帰郷中の友人たちと会食の折、批評の的となったが、過小評価する人たちが多かった。私は極力この作を弁護したので、「なるほど、『牡丹の客』は、細君を持った人でなければ、解らない味のものだね」などと、友達にからかわれたこともあった。

女と一緒になりたいばかりに、学問を捨てて俳優になろうとする長吉と、家業を捨てて学問に就こうとする私とは、いろいろの意味で正反対の人間ではあったが、ただ一つ共通点を持っていた。私は『すみだ川』(四十二年)の結末を幾度か読み返したことであったろう。

「自分(蘿月)はどうしても長吉の身方にならねばならぬ。長吉を役者にしてお糸と添はしてやらねば、親代々の家を潰してこれまでに浮世の苦労をしたかひがない。通人を以て自任する松風庵蘿月宗匠の名に恥ると思つた。(中略)蘿月は色の白い眼のぱつちりした面長の長吉と、円顔の口元に愛嬌のある眼尻の上つたお糸との若い美しい二人の姿をば、人情本の戯作者が口絵の意匠でも考へるやうに、幾度か並べて心の中に描きだした。そして、どんな熱病に取付かれてもきつと死んでくれるな。長吉、安心しろ、乃公《おれ》がついてゐるんだぞと心に叫んだ。」

もちろん蘿月の実行力もはなはだ怪しげなものではあるが、かような一人の同情者さえも持たなかった私は、どんなにかこの小説から、勇気を吹き込んでもらったことだろう。

さきほども物置を探していると、古い『中央公論』明治四十三年一月号が出てきた。それを見ると、次のような作品が並んでいる。

徳田秋声「昔馴染」　中村星湖「雪国から」　森鷗外「杯」
正宗白鳥「俗医の家」　島崎藤村「スケッチ」　小栗風葉「無為」
永井荷風「見果てぬ夢」

思えば今より四十年のむかし、明治四十二年の大晦日に、私は店の帳場に坐り、年末の金銭の支払をしながら、この雑誌を読んだことを、唯今でもありありと覚えているが、これらの小説中今もなお記憶しているのは、ただ荷風のものばかりである。

やがて間もなく、明治四十三年の春、二十五歳になった私は、母校（東京物理学校）の講師となって上京し、その翌年には新設の東北大学の助手として、妻子と共に仙台に移住することになった。ところが、その翌年（大正元年）にはついに祖父を失うに至ったので、いよいよ家業の廃止に決定し、間もなく祖母もまた郷里を引きあげて、仙台の家に同居することになった。かようにして家業の引きつぎに関する多年来の問題は、ここで一応解決を告げることになったのである。

ここに至るまでの間、封建的な家族制度や、家業の引きつぎと、学問の研究との間の矛盾のために、また家業を廃して学問を職業にしようとする不安のために、煩悶を重ねた苦闘の時代に、私の同情者となって、よく私を激励し、私を絶望から救ってくれたのは、何よりも荷風の文学であった。それは妥協をゆるさない、新しいモラルと力とを与えてくれ、実践の方針と方向とを私に暗示してくれたのであった。

さて創立当時の東北大学は、リベラリスト沢柳政太郎先生を総長とし、新興の意気がみなぎっていた。ことに数学教室では、多分に自由主義的な、そしてある程度まで反官僚的な林鶴一先生の主宰の下に、私たちはよく働いてはよく飲んだ。私にとっては、職業的数学者としての生活上の不安は、まだ十分に解除されなかったが、しかし一歩々々安定へと近づきつつあることが感じられてきた。

一方において、荷風は明治四十三年に慶応義塾文学部の教授となり、『三田文学』の主幹となったが、彼の作風はしだいに、江戸町人的な官能と遊芸の世界に遊ぶような、『新橋夜話』（大正元年）、『妾宅』（元年）、『戯作者の死』（元年）、『恋衣花笠森』（二年）……へと移ったのである。なぜに荷風はかような道を選んだのであろうか。それについては後に、幸徳秋水等のいわゆる「大逆事件」に関する感想を語った折に、彼は告白している。——

「明治四十四年慶応義塾に通勤する頃、わたしはその道すがら折々四谷の通で囚人馬車が五六台も引続いて日比谷の裁判所の方へ走って行くのを見た。わたしはこれまで見聞した世上の事件の中で、この折程云ふに云はれない厭な心持のした事はなかつた。わたしは文学者たる以上この思想問題について黙してゐてはならない。小説家ゾラはドレフュス事件について正義を叫んだ為め国外に亡命したではないか。然しわたしは世の文学者と共に何も言はなかつた。わたしは何となく良心の苦痛に堪へられぬやうな気がした。わたしは自ら文学者たる事について甚しき羞恥を感じた。以来わたしは自分の芸術の品位を江戸戯作者のなした程度まで引下げるに如くはないと思案した。その頃からわたしは煙草入をさげ浮世絵を集め三味線をひきはじめた。……」（『花火』大正八年）

不幸にして当時の私は、かような荷風の真意を知るよしもなかった。それどころか、そのころの私は、ドレフュス事件も、否、社会主義のイロハさえもほとんど全く知らなかった、といってよいだろう。それに、年わかいそのころの私は、いわゆる純真な学生あがりではなく、多少なりとも、商人生活の一端を経験してきた人間であった。私はただ数学の研究と教室の事務以外には、飲んだり遊んだりすることに興味を持つようになってきた。しかもかような享楽主義のバイブルとしては、最も手近かな荷風文学が選ばれたのであった。私はかような荷風文学の悪用に対して、三十七八年後の今日でも、全く恥かしく思っている……。

さて荷風文学が私に及ぼした影響を思うとき、作家の年齢と若い読者の年齢との関係が問題となる。古典は別として、現代の作家については、（若い）読者自身よりも少しばかり年長の作家のものが、一般的には最も親しみやすい、と私には思われる。青春時代の私にとっては、老作家の作品はあまりに縁遠かったし、またかなり年上の作家（たとえば独歩や藤村）などは、敬意を表しながらも、何か先生格で、心から親しむ気分にはなりえなかった。一方、自分と同年輩か（たとえば志賀、武者小路、谷崎）、自分より若い作家（菊池、芥川、……）のものは、何か人生の経験が足らないような気がして、はじめから批判的に読む傾向があった。ところが荷風は私よりも六歳上の、最も親しみやすい、いわば兄さん格にあたるのである。

しかも少年時代における荷風の家庭と私の家庭とは、教養上、全く対蹠的なものを感じさせるばかりでなく、荷風と私の専門や興味の間にも、著しい相違があるにもかかわらず、明治の末期から大正のはじめにかけて、荷風の成長と私の成長の間には、明らかに平行的な類似性を見出すことができる。それは家庭における（何らかの意味での）封建性に対する反逆の精神の現われにほかならないと思う。荷風は自ら「博徒にも劣る非国民、無頼の放浪者」となることによって、真の詩人・文学者たろうと決心し、そこから出発を始めたのであった。人間としての私は、日本のいわゆる倫理や道徳によってではなく、荷風文学の反逆性によって救われたのである。実際荷風の作品こそ、私の一生中の最も決定的な日において、運命を支配する力を私に与えてくれたのである。

第一次世界大戦のはじまる頃から、私はだんだん多忙となるにつれて、荷風文学からもようやく遠ざかりはじめたが、それでもなお荷風を読むために、大正五年頃まで『三田文学』を毎号購入したばかりか、荷風が三田を去ってからも、雑誌『文明』の上で「腕くらべ」を読んだし、また『花月』という雑誌をも、方々探しまわって何冊か手に入れた覚えがある。大戦の直後、大正九年からおよそ二年の間、パリに滞在する機会をえたときには、『断腸亭雑藁』を鞄に入れて出発したのであったが、私が見ることのできたパリは、『ふらんす物語』に描かれたパリとは、相当違った世界であった。

昭和のはじめ、わが国における社会的風雲が、ようやく急になろうとするころから、私は思想上に一転機を来たし、専攻とする数学の方向や方法や内容についても、著しい変化を遂げるようになり、その必要上から、古い数学文献の収集をはじめることになった。それにつれて他の読物の種類もだんだん変わってきて、小説の類はどうしても縁遠くならざるを得ないようになった。けれども昔なじみのものだけに、荷風文学は一つの例外をなしている。

今日でも私の貧しい蔵書のなかには、初版の荷風物が十四点ばかりある。すでに老境に入った私は、終戦後とかく病気勝ちなので、病床で荷風を読む機会が多くなってきた。『腕くらべ』、『おかめ笹』、『雨瀟瀟』、『つゆのあとさき』、『濹東綺譚』などと共に、『歓楽』は、今でも愛読書の一つである。――ただ若い日に、あれだけ熟読した『歓楽』の易風社版を、蔵書の中に見出しえないのを憾みとするが……。

今年もまた初春以来の長い病床生活から、ようやく起き上がったばかりの私は、荷風の日記や随筆を読むことを日々の楽しみにしている。

「わたくしは既に中年のころから子供のないことを一生涯の幸福と信じてゐたが、老後に及んでますます此感を深くしつゝある。これは戯語でもなく諷刺でもない。竊に思ふにわたくしの父と母とはわたくしを産んだことを後悔して居られたであらう。後悔しなければならない筈である。わたくしの如き子が居なかつたら、父母の晩年は猶一層幸福であつたのであらう。（中略）父は二十余年のむかしに世を去られた。そして、わたくしは今や将に父が逝かれた時の年齢に達せむとしてゐる。わたくしは此時に当つて、わたくしの身に猫のやうな陰忍な児のないことを思へば、父の生涯に比して遙に多幸であるとしか思へない。若しもわたくしに児があつて、それが検事となり警官となつて、人の罪をあばいて世に名を揚げるやうな事があつたとしたら、わたくしはどんな心持になるであらう。……」（『西瓜』昭和十二年）

不幸の児と自称するこの「無頼の放浪者」の内に、なにか哲人の面影を見るとおもうのは、果たして私ばかりの錯覚なのであろうか。

（一九四九・六・一〇）

（『文藝春秋』一九五〇年二月号所載）

（『一数学者の回想』一九六七年、筑摩書房、収載）

一二の教育問題に就て

○近頃学生の志望につきて色々の議論がある、それは沢柳氏が雑誌『学生』に於て、「今の学生はたゞ金の儲かりそうな方面の学問のみを志望する、即ち多数の学生は医学や工学、法学をやる、従て理科とか文科とかをやる人は少い、これは国家の為に悲しむべき現象である、一国の倫理教育等を支配する人々に、多くの立派な人間が出ない様では困る」という様な議論を、述べられたに始まる、次で吉田熊治氏は、この問題の現今我国の教育上、実に忽《ゆるがせ》にすべからざる旨を述べて、暗々裡に、沢柳氏の説に賛成して居るらしい。

然るに山路愛山氏は「今の学生の傾向はむしろ自然である、昔武権の時代に、野心ある青年は多く武士を志望した、今の金権の時代に、学生が多く、金儲けを志望とするは、理の当然である、こんなことに驚く教育者の方が、余程時代遅れなのである」という説を述べられた、この外色々の議論もあるが、先ず大概は以上の二説か或はその変形と見ても、よかろうと思う。

○僕はむしろ山路氏の説に従いたい、数の統計を取って議論する場合には、沢柳氏の説は愚論である、生活難を背景にせる近代生活に於て、学生の金儲志望は当然である、併し中には物好きな学生もあって哲学をやるとか天文学をやるとかいうものもあろう、その場合に、父兄は余り其の志望を矯めないで、子弟の好きなことをやらせるがよかろう、また中学の教師なども、そんな生徒には成るべく便利を与えて、興味を助けてやる様にしたい、――併し統計に従えば、今の中等教師には、生徒の興味を助けてやる様な人間があまり居ないらしい、実際教師の方が頭も古く才識も欠けて居る場合が多い。
○それで学生は自分の好きなことをやるがよい、自分の嫌いなのにわざ〳〵文科理科をやる必要もなければ、また医科工科をやる必要もなかろう、たゞ時代の影に蔽われて、自然に医科工科の志望者が増加するとすれば、これは致し方がない、――「道徳や貞操は、飯が食べてからの装飾です」と言うた木賃宿の哲人は中々えらいと思う。
　要するに人は自分の好きなことをやるがよい、人が何と言うても昔の本に何と書いてあっても、畢竟自分は自分だ、自分の「趣味」と「便利」とに従って、動くより外に致方はない。
○今の教育では余り思想を束縛して居るではないかと思う、校長も教師も生徒も、圧迫と束縛との下に半分死にかゝって居る、帳簿の整理と教科書の丸暗記とが、教育の生命でもあるまい、自由の空気を吸うた頭でなければ、自由には働くまい。
○僕は小学校中学校女学校等で修身を教うることなく、また歴史などの中で倫理的批評を加うることなく、教育して見たらば面白かろうと思う、つまり一切の権威や伝習を除き去った教育が欲しい、また家庭にあっても、神仏に権威を付けずに、たゞ美術的文学的に、考えて飾って置いても置かないでも勝手にしたいと思う。
　斯様に人が作った得手勝手な批評、独断、空想を一切小供の頭に注入しなかったらば、余程完全な人が得られるだろうと思う。
○こう言うとまた例の歴史と習慣とを排する僻論かと眉をひそめる諸君もあるかも知れぬが、僕はそんなに歴史と習慣とを厭うものではない、たゞ其の大なる蔭に蔽われて、人の思想の枯死するを恐れるのである、例えば僕は目下或る学校で数学を教えて居るが、その講義の中には歴史を多く教えて居る、普通数学の講義には歴史が殆んど全く這いって居ないが、僕の方針はこれに反対である、僕はその歴史を教えて生徒の研究心を盛ならしめようと考えて居る、新たなる思想を啓く為めに旧思想の歴史を語るは、趣味深いことである。

○僕はその講義の一節をこゝに引き、敢てこれを教育家、特に女学校の諸先生に捧げる。

「僕はソフヰーフォンコワレウスキーに於て、最も意義深き近代生活を見る、彼の女は北欧に生れた婦人解放問題の一種の解決者であった、彼の女は不偏の恋を敢てした、彼の女の脈管には野獣の血が流れて居た、——そして彼の女は世界の歴史が有する最大数学者の一人であった。彼の女はイプセンの国に生れた、けれども彼の女の色彩はノラよりもヘダよりも尚お一層強烈であった、矛盾せる強き近代人、病める大なる超人の姿を、僕は彼の女に於て視る、——奔放なる感情と冷静なる智識との相伴随し相矛盾する処に、生の深い々々謎がある。」

○愚劣なる批評を加えざる智識、これを生徒に授けなくては駄目だ、五六十歳の老人が道徳の眼鏡を掛けて、枕草子や源氏物語の字句と文法とを講義するのを聞いたらば清少納言も紫式部も、あまりの悔しさ、情けなさに、泣き出すかも知れない。

（天長節の朝柏木に於て）

（『木鐸』一九一〇年十一月号所載）

Ⅱ

科学の大衆化をめざして

一九一〇～一九三六

アインシュタイン東京帝大講演記念，3列目右から4人目が小倉，1922年

東北帝国大学数学科助手

林鶴一先生のことども

今日林先生の一周忌を迎えるに当たって、昨年の松江行きを回想し、追想し、追慕の念の切々として胸に迫るものあるを覚える。

私は明治三十九年の秋以来、先生に師事し、三十年に亙って、先生の並々ならざる恩顧を蒙ったものであるが、特に東北大学の初期満六年間（明治四十四年―大正六年）は、数学教室の助手として、親しく先生の指導の下に働いていたのである。今懐い出るままに、二三の感想を述べて、先生を偲ぶの情を表わしたい。もっとも少しは何か批評がましい言葉も出るかも知れないが、先生は多分例の調子で、「小倉また何か余計なことを書いているな」位のところで、御許し下さるだろうと思う。

先生の仕事は、およそ数学と名の付く限り、ほとんど一切の範囲に亙っている。それはひとり純粋数学の研究家・教授・大なる著述家たるのみに止まらなかった。先生は現代的なる数学教育の最大なる指導者であると同時に古い和算ないし和算史の最大なる研究者の一人であった。実用数学の先駆者である反面においては、数学の基礎論にも興味を寄せられていた。――私はここに『哲学雑誌』へ寄稿の諸論文や、ポアンカレの『科学と臆説』などを回顧したい。仙台時代の田辺元博士に寄せられた先生の厚意[1]も、また忘れられてはならないものだと思っている。

先生はどこからあれだけの教養を得られたのであろうか。私の仙台時代に、私は数学に無関係と思われるような読書については、ついに一度も先生から聞いたことがなかった様に覚えている。どうも先生の教養は、主として数学そのものの研究心――数学に関係あることならば、何でも調べてみたい、一切のことを知りたいという精神――から、あの驚嘆すべき努力を通じて結果し来たったものではないかと、私には思われるのである。もっとも晩年には、科学史料を求めるために、随分見聞の範囲を拡大されたし、また漢籍などにも親しまれたようであるが……。

かような先生が晩年の心境は、どんなものであったろう。ある日先生は、「専門の論文を書いているものが、必ずしも本当に、数学を理解しているのではないよ」と、語られたことがあった。

先生は外面的には豪放磊落に見えたが、内面的には綿密精細な人であった。すべては計画的に、漸進的に。そして、それにあれだけの精力と熱意とを以て当たられたのである。

先生の残された最も価値ある仕事の一つは、『東北数学雑誌』の発行であった。しかし専門数学雑誌発行の企を、私は明治四十二年頃に、先生から何遍も聞かされていたのである。その当時は先生の「数

東北帝大数学科図書室にて，左から掛谷宗一，小倉，林鶴一，藤原松三郎，1914年

学叢書」（大倉書店）がよく売れた際であり、先生は雑誌の経済的独立を、差当たりこの方面に求める積りであったらしい。しかしこの計画が未だ最後の断案に達しない中に、東北大学に赴任されることになり、それは明治四十四年に『東北数学雑誌』として出顕したのである。

先生はこの雑誌を、どんなに愛されたことか。また数学教室の諸先生方が、いかによく協力一致して、この雑誌のために働かれたことか。

——それは誠に、ほほ笑ましい思い出の種である。雑誌の基礎もようやく確立した頃になり、それは大学会計上のある理由によって、先生の独立経営から大学の手に移されることになった（大正五年四月）。その際に、先生はどんなにか、この移管を惜まれたことであったろう……。

——昨年十月十一日御通夜の夕にも、奥様から、この時のお話が出たのであった。

この雑誌こそ、一般数学者に開放された、日本最初の国際的発表機関であり、わが数学の発達に重大なる影響を与えたものであったが、しかし創刊時代の私にはそんなことを意識するよりも、むしろ雑誌の仕事が面白かった。毎号印刷の日が待たれ、発送の手数さえも楽しみだった。

先生は青年時代に、多数の問題を解いて、孜々として勉強された。(2)「高等学校時代に、クリスタルの大代数の問題を、ほとんど皆解いた」と、慥か先生から聞かされたこともあるし、また先生と同郷の岡部勇氏は、次の興味深いエピソードを伝えている。(3)

「河合(十太郎)氏は、(先生に)学校(三高)の課程以外に大に勉強する様勧められ、主として三角法に力を入れ、一日百題宛解く様命ぜられた。容易な部分では一日百題も努力次第で何とか片附けられようが、これが何時までも続く筈はない。難解な所では一題解くにも却々の時間を要する。さしもの勉強家の先生も遂に匙を投げて、百題の不可能を愬へられると、河合氏は咎められず「今後は出来るだけやれ」と云はれた。これに力を得て、また続行するといふ有様であつた。

或時ロックの大三角法の消去に関する問題を解いて居られた時のことである。或る問題を解くのに、三日三晩考へられたが解らないので、河合氏からヒントを得る為め、氏の前に出られると、「これはすぐ出来るから、もう一度考へよ」と師の云はれる儘に、再び机に向つて三日間、遂に力尽き、この問題の前には已むなく降参の態で、再び師に教を乞はれると、「もう一日考へよ、すぐ出来る」とのことであつたが、これが為め考えること一週間、遂に大判用紙三枚を費して、解を得られるに至つた。少くとも「すぐ出来る」筈はないと、師に「すぐ出来る法」の教示を乞はれたが、河合氏自身試みられても、すぐには出来ない。「こゝに紙三枚を費して解が出来てゐます」と提出されると、氏も先生の熱心に打たれ、益々信頼を厚くせられたとのことである、……」

事実、私達からは中々むずかしそうに見える問題も、先生の手にかかると、難なく平易な方法で解かれたことは、はなはだしばしば見られたところである。――ここに数学研究における先生の特徴があった。

理論化学専攻の志から、故あって数学の研究に転換した私は、問題を解くことも下手であったし、いわゆる「問題」なるものに対して、余り興味も持たなかった。先生から見たならば、手の付けようもない偏頗的な存在であったろうと思う。そんな為めであったであろうか、確か明治四十二年頃に、私はクラインの名著『高等幾何学講義』――この本には詳しい証明などを省いた個所が多いのである――を読んで、これを激賞したところ、先生から「クラインを読むと豪傑になるよ」と、冷かされたことがあった。

その後にも時々、「自分にもよく解らないような、高尚らしい、新しがりの講義をするな。学生には基本的知識の確立が一番大切なのだ」とか、「自分の力倆の及びもしないような論文を、よく消化もせずに紹介するな」というような教訓を受けたものである。

先生は良き常識と高き識見の持主ではあったが、一面においては、旧式な政治家らしいところがあった。この点が、ヒューマニストたる三上義夫学兄の許し得なかったところであろう。それにしても、史料批判を長所とする三上兄との、和算史に関する論争には、先生も随分神経を痛められたらしい。

それにつけても思い出す。大正十三年に私が『数学教育の根本問題』を公にした後に、はじめて先生にお目にかかったところ、面のあたり、「何のためにあの本を出したのか」と、激しく詰問された。私はただ驚いて「なぜ悪いのですか」と反問したが、先生はこれきり沈黙されたことがあった。『数学教育史』出したときには、大いに私を励まして下されたが、それでも、近い将来に現われるはずの続編ともいうべきものに対しては、よほど気を廻しておられたようであった。

あれだけの大先生でさえも、「科学批判」の意味を虚心に受入れられなかったところに、日本科学界の大なる不幸が潜んでいることを、私は深く悲しまざるを得ないものである。

先生は時には独裁的であり、また妙に官僚的なところもあった。しかし客観的に考えてみれば、先生の優れた進歩的側面は、何よりもまず、先生の民主主義的あるいは自由主義的傾向に基づいていたのだと思われる。——先生自身は、「主義」という言葉を、あんなにも嫌われたにかかわらず——。

思えば日清戦争の直後に学窓を出られた先生は、急激に発達しつつある日本資本主義社会と共に、進展し始めたのである。日露戦争後に起こった政治的・思想的解放運動は、先生——故あって京大の助教授を去った後、地方の中等教師を経て、高師の講師となっていた当時の先生——の思想上にも、何等かの形で反映したに相違ない。私が初めてお目にかかった時代の先生は、私の眼には正に「青年の友」として映じたのであった。先生の政治的意見を伺ったことは稀であったが、それでも大正二年には、憲政擁護運動に左袒されたことを、今でも私はハッキリと覚えている。

もしかような角度から見るならば、先生があれだけの努力を傾注された「数学叢書」の編集も、『東北数学雑誌』の創刊も、また「日本中等教育数学会」の建設も、これらはいずれも皆、学問上における一種の革新的解放運動であり、当時の数学界に蟠れる官僚的半封建性との闘争であったとも、考え得られよう。私はかような先生の壮年時代において、先生の傍近く師事し得たことの幸を、終生忘れる能わざるものである。

（1）M. Fujiwara, *Obituary Note: Tsuruichi Hayashi*,『東北数学雑誌』、第四一巻第二冊、一九三六。

（2）明治二十年九月二十五日発行の『数学雑誌』松岡文太郎氏主宰第二一号に、「ABC三角形ノBC辺ノ一点Dヨリ二直線ヲ引キ此三角形ヲ三等分スルノ法ヲ求ム」という問題の解義が掲載され、その解答者の中に、林鶴一という人がいる。当時われわれの林先生は、数え年で十五歳、中学生であった。多分上の「林鶴一」は林先生その人であろう。なお松岡文太郎氏は本誌の藤森良蔵氏の恩師なることを添えておく。

（3）岡部勇氏、「六十余年の御生涯」、『養正会報』、昭和十年十二月。

昭和十一年十月四日

林先生一周忌の当日

（『高数研究』一九三六年十二月号所載）

大正初年の思い出

東北大学理学部新設の際、助手となって働いていた私は、その翌一九一二年（大正元年）三月から、第三臨時教員養成所の講師を嘱託されましたばかりに、いまでも養正会の客員の名を汚しております。しかし、もう今日では、私のように、波木井九十郎・林鶴一・岡田良知・林五郎という、歴代の会長の方々にじっこんな、会員諸君も少くなったことと思います。けれども名簿をみますと、私が教えた「三臨五回」の諸君は、現にまだ十名もおられ、しかも諸君の風貌は只今でもひとりひとり、はっきりと覚えておりますので、その当時の思い出を語りましょう。

私は波木井先生からのお話でしたが、Charles Smith, *Treatise on algebra*（一八八八年版からの翻刻）の後半をテキストにして、代数をやったのでしたが、そのとき使った原本が幸いに手元にありますので、いまその本を開いてみますと、大体、級数の収斂発散の辺からはじめて、一般の二項定理、部分分数、指数定理と対数、種々の級数の和、不等式、整数論、不定方程式、確率から、最後の行列式にいたるまで、――不要と思われるところは省きながらも――かなり忠実にやったものらしい。所々に「省略」としたり、原書の誤りの訂正やら、いろんな書込み（とくに不正確な証明の修正、無限級数・無限乗積・連分数についての諸注意、二項級数の近似状態を示した数個の曲線、それに歴史的事柄など）がしてあり、四十余年前、また二十代のわかい日がしのばれます。

三年の二学期でスミスの代数が済みましたので、第三学期には私の方からいろんな問題を出して、ゼミナールみたいなことをやりました。数名の諸君の発表がありましたが、そのなかで小森重三君がやった「グラフの研究」は、私に大きな示唆を与えてくれたものでした。

おわりに、ちょっと近況をお伝え申しましょう。終戦以来、私は病床にある日のほうが多いような状態なのですが――佐藤重朗君が「岡田先生追悼」の中でいわれましたような、柳に風折れなしでもないでしょうが――幸いに今年の夏からいくぶん元気を恢復し、昨今はたいてい毎日起きていて、旧稿を集めた『数学教育論集』の校正に没頭しております。この書物は多分、年内に刊行されるかと思います。

末筆ながら養正会の御発展を祈ります。

（一九五八・一〇・七）

（『養正会報』第四四号所載）

文部省教員検定試験 数学問題の批判及び其の改良私見

文部省検定試験がわが中等教員養成上大なる意義を有するは言を待たず。従てその制度及び問題のいかんに対して十分なる研究を積むべきことは、これその任にある検定委員諸先生のみならず、いやしくも教育に興味を有する人々の必ず努むべきところなり。予はこの種の問題については全く門外漢にして何等の経験をも有せざるものなれども、年々歳々その数学科試験問題――試験制度についてはここに論ずべき限りにあらず――を一読するごとに、国民の一員としてははなはだ不満足の感に打たれざることなし。元来かくのごとき研究は、数学界または教育界における先覚諸先生または実際中等教育に従事せらるる諸兄によりて、盛に発表せらるべき性質のものなり。しかも予の狭き見聞の範囲内においては、不幸にして未だ十分まとまりたる批判に接したることなし。

もちろん門外漢の感想が、専門家の眼より見て、ほとんど一笑にも附するの価値なきものしばしばなることは、予の知れるところなり。しかれどもわが検定委員諸先生は、予が常に直接間接に教を仰ぎつつある尊敬すべき恩師なり。またわが先輩畏友諸兄の多くは、実際この試験を経て実地教育の任に当たらせらるる人々なり。由てもし予の感想にして誤謬に過ぎずとせば、これら諸君子の高教によりて予の迷夢を醒ますを得べきを信じ、あえてこの不完全なる一篇を草す。

こは数年来抱懐せるところの卑見にして、すでに一昨年これを某科学雑誌に寄稿したるに、故ありてその掲載を拒絶せられたるものなり。卑見果たして迷夢に過ぎざるか。願わくは江湖の諸君子、予の不遜を責むることなくして、幸に御垂教の栄を賜わらんことを。

一　従来の試験問題の瞥見

予はまずここに便利のため現行試験問題の概要を述べんとす。数学科の検定試験は、これを四段階に分かちて受くることを得。

一　(1)算術　(2)代数　(3)幾何　(4)教育
二　三角法
三　解析幾何
四　微分積分

しかしていずれの段階の試験を受くるにも、その前の段階の試験に合格するを要す。また微分積分の試験に合格したるものにして初めて完全なる中等教員なるべきも、この全部の試験を経たるものはその数きわめて少なく、多くは第一階または第二階の試験に合格するに止まる。

一　(1)算術　算術問題の内容は、わが国現行の中学校〔旧制＝編注〕、師範学校の算術教科書とほとんど同様にして、そのいわゆる難問題に日常算術、省略算を加えたるものなり。このほかに口頭試験あり。いわゆる難問題は代数を用いて解くを許さず、数の概念に関する問題のごときはほとんど見ることを得ず。

(2)代数　だいたい二項定理までの範囲に行列式の初等的性質を附す。ほかに口頭試験あり。

(3)幾何　中等程度の初等幾何学にしていわゆる近世幾何学に触れざる部分を主とし、円錐曲線、近世三角形幾何学または幾何学原論に及ぼさず。問題の多くは解式書に見ゆるがごときいわゆる難問題なり。作図題、軌跡問題はほとんど毎回現わるるものなるが、代数的解法、三角函数の使用等は禁ぜらる。ほかに口頭試験あり。

(4)教育　数学科のみならず総ての学科に共通なる問題なれば、きわめて大意にして一般的なり、従て特に数学教授法というにはあらず。

二　三角法　中等程度の平面三角法なるも、三角方程式の吟味等やや仏国流の趣あり。また応用として三角形の解に関する計算問題を提出す。しかれども球面三角法、複素数、その他いわゆる代数解析に属する事項を含まず。

三　解析幾何　平面解析幾何学の内二次曲線までの範囲より提出せらる。但し三線坐標、射影的性質、相反原理等はほとんど含まれざるがごとく、また全く立体幾何学に触るることなし。

四　微分積分　微分方程式を含まざるも、簡単なる幾何学上の応用を含む。また全く力学、物理学等に触れず。

二　従来の問題の批判

さてこれを事実に徴するに、以上各学科の問題はその種類、性質毎年ほとんど同様にして、十数年以前と今日とにおいてほとんど変化なきに近し。ただ微分積分科において近年やや理論的に傾ける問題の提出を見るに至れるのみ。

これによりて見れば、仮令第四段階に合格せりとするも、比較的初等の数学一斑に通ぜるや否やを保証する能わず。何となれば今日の検定試験においては、数の概念、複素数、初等方程式論、級数、連分数、初等整数論、公算〔確率＝編注〕論、幾何学の基礎、球面三角法、射影幾何学、画法幾何学はほとんど全く除外視せらるればなり。また簡単なる一般教育学のほかに、受験者の常識を判定するの道なし。加之、物理学、力学、測量等のごとき数学と密接の関係を有する学科に関しては、何等の試験をも施さざるなり。しかも実際の事実としては第三、第四段階を受験する人々比較的僅少なるをもって見れば、わが中等教師の資格は第一、第二段階のみの合格によりてだいたい得らるるものと見なして大過なかるべし。従て吾人はこの点について吟味するところなかるべからず。

それ第一、第二段階においてきわめて特色あるは、すなわち算術および幾何におけるいわゆる難問題なり。代数を用うれば極めて容易に解き得べき性質の問題を故意に算術風に解せんこと、推理力を増進せしむると同時に、ある特種の興味を喚起するに足るといえども、これによりて中等学校算術授業時間の大部分をさくがごときは、教育上大に非議せざるを得ず。またこの種類の問題をもって算術科検定試験問題の一半を占めしむるがごときは、旧時代の思想にして、必ず打破せざるべからざるものと信ず。極端なる融合主義にはあるいはなお疑点の存するものあらんも、少なくともこの種の問題は代数によりて解くも差支なしとせざるべからず。教育上における数学は系統的一般的方法を採らざるべからざるなり。

幾何学のいわゆる難問についてもまた同様なり。これらは特殊の技巧を弄するにあらずば多くはこれを解くこと能わず、しかもその性質多くは単独的のものにして系統的一般的ならざるを通例とす。もとよりこの種の問題の研究は興味に富み、斯学の上より観察すれば重要なるを失わざること、たとえばペテルゼン、ルモアーヌ、ブロカール、ノイベルセ等の事業に徴して明らかなり。しかれども純学術の研究と教育とは自ら別問題に属す。幾何学の難問を中等学校において多く教授するがごとき大に不可なり。ことに検定試験において短時間内にその解答を要求するがごときは、受験者の知識を判定するゆえんにあらずして、単に解義集を熟読暗記せるや否やを試験するに終わるものにあらざるなきか。

吾人をして自由に語らしめよ。算術、代数、幾何、三角法に関する現行の検定試験のごときは、中等程度の教科書を終わりたるものが、一、二年間僅少なる参考書と問題解義集に精通すれば、他に何らの知識をも要せずして合格するがごとき性質を帯べるものにして、進んで高等数学を修めたる者にとりては、算術、幾何等はかえって困難を感ぜざるを得ず。これ予一個の想像にあらずして、受験者ならびに良く事情に通ぜる人々の異口同音に評するところなり。

三角法以上の数学を知らず、また物理学等に関して常識を有せざるものが、検定試験に合格し易く、数学、物理学の一般を学修せるものにとりて、かえって困難なりというごときは、矛盾か滑稽か皮肉か、実に吾人の解する能わざるところなり。

しかも不幸にして、かくのごとき検定試験問題は大多数の中等教師が研究の標的となり、これがためにいわゆる難問題の解義を中心とせざる図書雑誌の出版はすこぶる困難となれり。かくて真正の意味における数学研究の道は妨げられ、数学教育の勃興は阻害せられたり。

三　予の希望

今仮りに中学校卒業生が、算術より三角法までの数学のみを研究して、検定試験に合格したりと想像せん。この合格者は直ちに中学校に教授するも、形式に囚われて国民教育の精神を失える、わが国現在の教科書を使用する限り、その文字通りの講義に差支えなかるべし。またこの合格者は、算術、幾何のいわゆる難問について多少の経験を積みたるをもって、高等専門学校の入学受験者を主眼とせるがごとき、現下の中等教育においては、あるいは重宝なることもあるべし。しかもかくのごとき教師は、吾人の理想を去るはなはだ遠きものなるを特筆せざるべからず。

それ中等教育の目的とするところは健全なる未来の国民の養成にあり。しからば中等教師は必ずしも単に一学科の専門家たるを要せず。むしろ常識に富み、種々の学科に関して多少の知識を有し、ただその中についてある学科に秀ずるを可とす。

これがために数学教師は少なくとも、算術、代数、幾何、三角法以外に、全数学の一般（必ずしも深く知るを要せず）に通じ、その応用に着目し、力学、物理学等、数学に密接の関係ある学科のだいたいを了解し、また数学の基礎、数学史等についても相当の理会を有せざるべからず。

これによりて考うれば、中等教育における数学科の目的を貫徹せしむるがためには、従来の教授方針の是非がすでにはなはだしき疑問なり。いわんやその教師が算術、代数、幾何、三角法のみに没頭し、受験的難問題の解釈のみを事とするがごときは、単に数学の教授それ自身より観察するも遺憾とせざる能わず。

それ数の概念に関する明確なる理解なくして、算術を教うべからず。方程式論の知識なくして、中等程度の方程式を完全に説明すべからず。極限の正確なる観念は、中等教科全般にわたりてきわめて重要なり。幾何学の教師が幾何学公理の研究に対して盲目なるがごときは、実に危殆なりといわざるべからず。これらは単に一、二の例に過ぎずといえども、わが検定試験問題がその精神においてははなはだ欠くるところあるを示すものにあらざるか。いわんや近時の最も有力なる教授方針としての融合主義は、中等教師をして少なくとも解析幾何、微分積分、綜合幾何、画法幾何等に対して相当の素養あるべきを要求するものにあらずや。

以上述べたるところによりて、検定試験問題の範囲および性質に関する吾人の要求は、大よそ決定せらる。その方針とするところはすなわち次のごとし。

一、数学一般特に初等数学全体にわたり、いわゆる難問題を除きて試験を行なうこと。それがためには解析幾何、微分積分に関する程度は、従来よりも少しく低下するも差支なし。

二、数学の応用に注意し、それに関係ある学科のだいたいを試験すること。

三、教師としての常識をも判定すること。

四　ドイツにおける検定試験の実例

この趣旨に基づける改良私案を提出するが前に、吾人はまず参考のために、現代において最も進歩せるものとの評ある、ドイツ国中等教員検定試験の一般傾向を観察せんとす。

ドイツにおける文科中学および実科中学は、だいたいわが中学校と高等学校の初年級とを兼ねたるがごとき性質を有するをもって、その教師の学力が、平均わが国の現状に比較すべからざるはもちろんなり。次に各連邦公国等のいかんによりて、あるいは論文試験および口頭試験によるもあり。あるいは論文、筆記、口頭の三試験によるもあり。その制度および問題の種類またはなはだ異なるものあり。しこうしてそれらの多くはわが国現行の制度と根本的に性質を異にするもの多きをもって、直接には吾人の参考に供する能わざるもの多し。しかれどもその中比較的我が制度に類似せる点において注意すべき一、二の例を掲げて、その試験の精神の存するところを験せん。

第一例　バイエルン

まず一八七三年より一八九四年までは次の制度によれり。

1　初等解析学、代数（方程式論を含む）。2　平面幾何、立体幾何。3　平面三角法、球面三角法、球面天文学上の応用。4　級数論、微分積分学。5　解析幾何学および射影幾何学（二次曲線および二次曲面）。6　画法幾何学および応用。7　解析力学。8　物理学。

9　哲学、歴史等に関する一般的知識。

次に一八九五年より近年までは次のごとし。

筆記試験

1　代数解析、代数学（三次、四次方程式を含む）。2　平面幾何、立体幾何。3　平面三角法、球面三角法。4　微分積分。5　二次曲線の解析幾何学および総合幾何学。6　画法幾何学。7　一般的知識。

口頭試験

1　筆記試験中の事項について。2　物理学について。

宿題（論文）

〔原論文には試験問題を数頁にわたって載せたが、ここには削除する。〕

…………　…………　…………

さらに近年以来は次のごとく改正せり。

一（十二時間）

1　平面幾何。2　立体幾何。3　画法幾何。4　平面および球面三角法、測量および天文学上の応用。5　代数。6　初等数学の基本原理。

二（十二時間）

1　平面および立体総合幾何。2　平面および立体解析幾何。3　微分学。4　積分学。5　微分方程式論初歩、微分幾何学初歩、函数論初歩。

三 （十二時間）

1 実験物理。2 実用物理。3 解析力学。4 理論物理。

四 （一時間）

最初の三群一、二、三のある事項に関する口頭試験。

（注意、これらの試験においては特に応用および歴史に注意すること。）

第二例 バーデン

一 1 哲学。2 ドイツ文学。

二 A 1 高等解析学初歩。2 平面の解析幾何および総合幾何。3 球面三角法。4 天文学大意。

B 1 算術の基礎、幾何学の基礎。2 解析、代数、函数論初歩。3 空間の解析幾何および総合幾何。4 解析力学。5 画法幾何。6 数学史一斑。

三 宿題（わが国における高等文官試験におけるがごとし。）

第三例 ヘッセン

一 1 哲学および教育。2 ドイツ文学。

二 A（下級の教員志願者）、1 初等数学。2 平面解析幾何。3 微分積分。

B（上級の教員志願者）、Aにおける学科のほかに 4 高等幾何学。5 高等算術。6 高等代数および解析。7　解析力学。

三　1　画法幾何。2　工業力学における数学特に図式静力学。3　測地学、誤差論。

〔以下原論文を数頁削除する。〕

…………　…………　…………

さてこれらの問題を一読するに、その程度の高尚なること（一、二の例外を除きては）、わが検定試験問題に比較すべからずといえども、その多くは真に受験者の学力を検定し得べき性質のものなり。換言すれば、比較的一般なる理論より自然に誘出せらるべき性質のもの多く、わが国検定試験における算術、幾何のごとく、特殊の技巧を弄するか、しからざれば全然その解法を暗記するにあらざれば、短時間内に好成績を挙ぐること能わざる種類のものにあらざるを見る。

五　改良私案

これより予は一の私案を提出せんと欲す。予は上に述べたる方針に従い、わが国中学教師の学力程度を参考し、余り急激ならざる改正案の一を示すに止まる。従ってこの案は予の理想を十分に満足せしむるものにあらずといえども、これを実行する上において困難少なきを信じて疑わず。

予備試験

一　(1)　算術および代数

(2)　平面幾何、立体幾何および画法幾何学初歩

二　(3)　平面三角法、球面三角法および応用

三　(1)　解析幾何学初歩および総合幾何学初歩

(2)　代数解析および微分積分学初歩

力学初歩および物理学一斑

本試験

四　初等数学の基礎　数学教授法　数学史一斑　哲学概論

五　数学実験（近似計算、挿入法〔補間法＝編注〕、計算尺、方眼紙の使用、ノモグラフィー、面積計等の内より）

六　口頭試験（初等数学の簡単なる事項の実地教授）

備　考

1　問題は一般的知識を試むべく、いわゆる難問題を避け、なるべく常識的なるを要す。

2　各学科の連絡を図り、あまり専門的なるか、あまり孤立的なる問題を避くると同時に、応用に注意すること。

3　教育学は従来の通り別に行なうこと。

説　明

一　(1)　算術と代数とを合併して一科目となす。従来の算術難問題は代数にて解くも可なり。方程式論、公算〔確率＝編注〕論等の一班をも含ましむ。

(2)　幾何問題においては、特殊の技巧を弄せざれば解き能わざるものを、なるべく除くこととし、

また作図問題のあるもののごときは、代数計算を用いるを許すものとす。またいわゆる近世幾何学に関する簡単なる事項、作図不能問題の説明等を入れて可なり。画法幾何は中等程度の用器画法の幾何学的理論を説明し得る程度において試験す。

(3) 平面三角法のほかに球面三角法の大意を加え、かつ測量、球面天文学上の簡単なる応用を入るることとす。

二 (1) 解析幾何および総合幾何は二次曲線の性質を主とし、簡単なる立体図形をも入るること。また初等幾何、画法幾何あるいは代数、三角法との連絡に注意すること。

(2) 代数解析においては複素数、極限、級数、連分数、初等函数等の内より問題を提出し、算術、三角法との連絡に注意するを要す。微分積分は初歩に止め、簡単なる微分方程式を加うべく、特に幾何学、力学、物理学の応用に注意すべし。

三 力学、物理学は高尚なるを要せず。

四 初等数学の基礎とは数の観念、初等幾何学を意味す。数学教授法、数学史、哲学概論は専門的なるを要せず、ただ常識を判定し得るに止むること(現行の教育試験問題は術語の解釈のごときものにて、効果のはなはだ少なきものなるべし。これを補充するがために、予は数学科において上の三科目の大意を採用せんと欲す)。

五 従来の算術における省略算、三角法における応用(計算)をここに移し、なお方眼紙、計算尺、面積計、その他実用解析、実用幾何に関する問題の内より、実地試験をなすことあたかも物理実験のごとくすべし。簡単なる物理実験を加うるも可なり。

六　口頭試験は従来のごとくにて可なるも、知識の試験と言わんよりはむしろ教授者としての資格に注意するを要す。従て問題はきわめて卑近のものたるを要す。

（一九一四・一〇）

（『現代之科学』一九一七年二月号所載）

〔追記〕この論文は大正三年に東京物理学校雑誌に寄せたものであるが、批判的論文なるの理由によって、その掲載を拒絶された。後に故一戸直蔵博士主幹の『現代之科学』大正六年（一九一七）二月号誌上で、はじめて公にされたものである。

幸いにも、その後数年ならずして、大正十年から、検定試験は改正されて、よほど卑見に近いものとなってきた。それは確かに、争うべからざる厳然たる事実である。しかし私は、その二十余年前の拙論が、全面的には、今日においてもなお未だ存在の意義を失なわないことを、遺憾とする。ここに採録して、読者の再批判を仰ぐゆえんである。

（『科学的精神と数学教育』一九三七年、岩波書店、収載）

実用数学の提唱

理論数学と実用数学との交渉

――大正八年（一九一九）五月十八日、東京物理学校同窓会講演会において――

一

これから申し上げます事柄は、日本現在の数学界を背景とするものであることを、あらかじめお断りいたしておきます。私の話は平凡なわかりきった事柄です。なぜ今さらそんな陳腐なことをもち出すのか。その理由を考えますのは、私のもっとも苦痛とし遺憾とするところでございます。

さて私がここに〝理論数学〟と呼びますのは、絶対的に正確なものを対象とする数学のことで、実用数学と呼ぶのは、〝近似数学〟（すなわち近似的に正確なものを対象とする数学）と、〝応用数学〟（すなわち他の科学に応用された数学）とを、総称したものであります。たとえば「任意の円の周と直径との比は常に一定である」とか、また「その比すなわち円周率πは超越数である」とかいうのは、理論数学に属することで、「πを小数第五位まで正しく計算せよ」というのは、実用数学に属することなのであります。

もちろんこれらの区別は、ある場合にははなはだ困難なことで、厳密にはかような区別ができるかどうかが、すでに疑問であります。あるいは近似数学は応用数学の一部分であるとの説もございましょう。あるいはまた応用数学の中にも理論数学があるとの議論もございましょう。けれども今日はこの区別を常識的に解釈しておくにとどめて、話を進めることにいたします。

一般的に申しますと、われわれに提出される数学上の問題の解の形は、多くの場合において、つぎの三段にわかたれます。第一段は存在の証明です。すなわち与えられた条件を満足するような解が、果たして存在するや否やの研究です。第二段はその解を求めることです。かんたんな問題では、第一段と第二段とが同時におこなわれることもありますが、それは便宜上のことです。さて解がえられたところで、そのつぎになるべく速やかに計算する方法なり、作図する方法なりを考える。問題の性質によっては、その近似値なり近似画法なりを、手取り早く見出す方法を考える。これがすなわち第三段でございます。

この第三段は、多くの数学者によって、軽視される場合が多いのです。しかしながら、どんなに完全な解が第二段において与えられても、それを実地に計算するのに、一〇〇年も一〇〇〇年もかかるようなことでは、たとえその問題が、理論的には解けたとはいえ、実用的には解けたとはいえない、と思われます。アポロニオスの接触問題のようなものでさえ、実際画くとなると、ボビリエおよびジェルゴンヌの解法では、六〇個の直線と七二個の円周を画くことが必要ではありませんか。

ましで今日の解析学では、ご承知の通り、いざといえば無限級数のような形で問題の解を与える。その級数が収斂〔束＝編注〕するや否やの研究、もし収斂しなければ総和可能であるか否かの研究などは、なかなかやかましいが、どれだけ速やかに収斂するのか、すなわちある与えられた精密度を持たせるためには何項まで取ればよいのか、またその級数の収斂をもっと速やかにする変形法はどうか、というような方面の研究は、いたって乏しいのです。

それのみならばまだしもよろしいが、ある数学者になりますと、「そんな第三段のことを考えるのは数学者の恥辱である。えらい学者は、そんな下等なことに頭を使うべきでない」と、申される人さえあると、きいております。これは飢えたる者にパンを与えないで、高尚なカント、ヘーゲルの哲学を説くのと同一筆法でありまして、深く人生のいかなるものなるかを考える人びとの、とるべき道ではなかろうと思われます。

二

私の考えはあるいは間違いであるかも知れません。もし私の考えが誤まっていないと致しますなら、私は理論を尊重すると同時に、実用方面に対しても大きな努力を惜しまなかった、ラグランジュ、ラプラース、モンジュ、フーリエ、コーシー、ガウス、ヤコビ、リーマンなどのような、一九世紀の中葉に至るまでの偉大な数学者に、敬意を払わざるをえないのであります。

一九世紀の後半から現代に至るまでは、おそらくは数学史の上で、もっとも光彩を放った時代でありましょう。批判的精神にみちた森厳な学風と、抽象的な公理主義を基礎として築かれた壮麗な系統とは、たしかに人類の誇りに値するものと思われます。私は現代の数学を讃美し、謳歌するものです。私はカントルとともに数学の自由を唱え、ヒルベルトとともに公理主義を理想とするものです。しかしながら理想を離れて現実を顧みるとき、われわれは愕然として目覚めなければならないものがあるのです。

天文学のごとき応用数学については、いちいち申し述べるまでもございません。近年非常な発達をなしつつある工学、統計学、経済学などにおいて要求する数学の知識は、驚くべく多大なものがあるのです。しかも現代の数学者は多くはこれらと没交渉である。これらの実際方面において多く要求するものは、さきに申し上げた第三段の数学であり、しかも数学者のある人びとは、第一段にとどまって、第二段さえも軽視する傾向を取りつつある。実際家は数学の根本知識に乏しいために、満足な解決を与えることができず、思いきったほど乱暴な仮定のもとに計算を始めたり、真偽のはなはだしい怪しいことをやって平気であったり、または不十分なことに気がつきながら改良ができずに終わることも多いのです。ところが一方、数学者のほうでは、実際家などとはまったく没交渉に、高遠な理想を逐うている。時には実際家の相談を受けても、平素その方面に無頓着であったために、実際上の意味がわからず、せっかくの数学の手腕をもってするも、いかんともいたし方がない。それでけっきょく実際家はこれを数学者にゆずり、数学者はこれを実際家にゆずり、問題は依然として未解決のままに終わる。純粋数学者はこれを当然のこととして、意に介しないかもしれません。しかしながら、これを一国の経済の上から考え、これを世界の文化の上から考え、これを人生の意義の上から考えますとき、これをもって、まことに悲しむべき現象といわないで、果たして何でありましょうか。

三

欧米では、応用数学は古い時代から重んじられておりました。比較的近年まで軽視せられつつあった近似数学も、近年来は非常に注目されるようになりました。フランスのドカニュ、ドイツのルンゲ、イギリスのホイテッカーなどは、その主な人びとであって、ちゃくちゃく、近似数学研究の歩を進めております。しかし公平な判断に訴えますなら、実用数学は理論数学に比べて、その進歩の程度がいまだはなはだ劣っているように、見受けられるのです。ことにわが国におきましては、私のきわめて狭い見聞の範囲内では、数学者——と申しましても、その数は、アメリカのような、数学上から見てはあまりいばれそうもない国の数学者の約十分の一に過ぎませんが——といえば、たいてい理論数学者であって、実用数学を生命としようとする方々は、きわめて少ないのです。

それはなぜでしょうか。私はその理由を研究することが、わが国文化の性質を知る上において、きわめて重要なことでなければならぬと、信じるものです。

この度の〔第一次〕大戦において、欧米の数学者の中には、数学をもって国家のためにつくした人たちが、たくさんおりました。たとえばアメリカの例を挙げますなら、二人の有名な数学者モールトンとヴェブレンの主宰のもとに、弾道学の研究に従事した青年学者一七名を数えることができるのです。忠君愛国をもって誇りとするわが国の数学者に、かようなことを果たして期待しえるのでしょうか。

それのみではございません。わが国においてもっとも実用数学に重きをおかねばならぬ諸学校の先生たちが、多くは実用数学を顧みず、実用数学を軽蔑し、実用数学を教授することをもって、身の恥とされるような態度に出られることを、私はしばしば見聞しております。それはなぜでしょうか。それはわが国の将来の発展上、大いに憂うべきことではありますまいか。

私はこれらの現象の原因の中には、有力な先輩諸先生のある方々が、少なくとも胸のなかで、「数学の見地から見れば、実用数学はつまらぬものである、下等なものである。そんなくだらぬことをやる暇があるなら、われわれは高遠純粋な数理の研究に没頭するであろう」とお考えになり、その意見が直接間接に広く一般に影響したものが、必ずなければならぬと、推察するのであります。私はこの推察が誤りであろうことを祈ります。もし不幸にしてこの推察が適中いたしますなら、私はその先輩諸先生に対して、二〇〇年の間鎖国主義をとった日本と、海外発展主義をとったイギリスの現状を比較せられんことを望むのであります。

私は学問の本質上、学問の中に「つまらぬ学問、下等な学問」というものは断じてないと、信じるものです。もしその学問の進歩がはなはだ不十分でありますなら、これすなわち将来開拓すべき余地の多いことを示すものです。もしそれ「数学の立場から見て、実用数学がつまらぬものである。下等なものである」というなら、これすなわち実用数学の将来が、はなはだ有望であることを、意味するものではありますまいか。この未開の大原野こそ、今後大いに開拓せらるべき運命のもとにあることを、暗示しているものではありますまいか。

四

ツルゲーネフの小説『処女地《バァージン・ソイル》』の巻頭に「処女地を耕やすには表面をかする耙《まぐわ》ではいけない。土に深く喰い入る犂《すき》を使わなければだめである。」という言葉がございます。私は実用数学の開拓に際して、まず三つの根本的大方針を定めなければならぬと、考えるものであります。

I　まず第一は、領土の拡張です。数学応用の範囲いかんということは、意義があるようで実は非なるものです。われわれは、できうるだけ応用の範囲を拡張すべきであります。

力学、天文学、物理学方面のことは、いうまでもありません。数学は統計学、保険学の方面において、経済学の方面において、医学、美術、建築の方面において、運動学、器械学、図式力学の方面において、大なる成功をなし遂げました。数学は結晶学において、理論化学において幾何学において、測地学、写真測量術、地図製作法において、有望な未来を有します。地球物理学、気象学方面の調和解析は、非常に重大な問題であるにかかわらず、いまだ十分な解決を見ません。その他生物測定学、遺伝学の方面において、生理運動学、生理光学の方面において、精神物理学の方面において、その他いずれの科学に対しても、数学は大きな未開の領土を持ちえることと思われます。現に今度の世界的大戦争は、弾道学および航空学に関する数学に対して、非常な刺激を与えたではありませんか。

さて、この開拓においてもっとも深い注意を要するのは、数学者自身が、よくその〝応用すべき事柄の意義を知らねばならない〟ということです。実際上の意義を知らないで、いたずらに数式を弄ぶのは、ほとんど無意味に近いことで、ツルゲーネフのいわゆる表面をかする耙に過ぎません。われわれが要求するものは、土に深く喰い入る犂でなければならぬ。〝事実の真実の真相に触れた数学〟でなければなりません。もし「お前のいうことは空想にとどまる。そんなことがとうてい実行できるものでない」と、仰せられる方々がございますなら、私はポアンカレ、ピアソン、パレート、ロバート・ボール、クレモナ、ギッブス、ハミルトン、シュスター、オットー・フィッシャー、ヘルムホルツ、ウルバンなどの名を挙げて、お答えしたいのであります。

さらにもう一言つけ加えたいのです。理論は理論としてそれ自身に価値を有します。しかしながらその美わしい応用が発見されたとき、その理論がさらに燦爛たる光を加えるのは、争うべからざることです。かような例は、われわれの常に遭遇するところですから、私はただここに、近年相対性原理の発見によって、非ユークリッド幾何学と四次元幾何学とがいっそう重要な地位を占めるに至ったことを、注意するにとどめておきます。

II　第二は、近似数学の本体ともみなすべき、いわゆる〝実用解析学〟〝実用幾何学〟の研究です。今日では計算を便利にするために、いろいろの計算機や諸種の表が作られております。挿入法《インターポレーション》（補間法）やノモグラフィーの効用は、いまさら喋喋するまでもありますまい。積分も代数方程式の解も、ある微分方程式の解も、あるいはかんたんな近似計算によって、あるいはかんたんな作図によって、あるいは器械によって求められるようになりました。このように、さきに申しましたいわゆる第三段の数学が、ようやくその歩を進めつつあることは、まことに喜ばしいことといわねばなりません。

しかしながらペリーがいわれたように、「われわれはユークリッド時代のような多くの時をもたない」時代に生まれたのです。われわれは無用の時と労力とを省いて、これらをいっそう有効な考察と研究に捧げなければなりません。この無用の時と労力とを省くのが、近似数学の使命なのです。それですからもし理論数学が精神の糧でありますなら、近似数学はその糧を購うべき費用を供給するものでございます。

こういう立脚地から考えますと、近似数学は今ようやくその存在の権利を認められたに過ぎません。その前途はきわめて有望ですが、進むべき路は嶮しい。われわれは、われわれ自身のために、否むしろ世界の文化のために、われわれの子孫のために、人類の将来のために、大きな忍耐と努力とによって、近似数学の徹底をはからねばなりません。この意味において、われわれは、もし微分積分学の創造者たるのゆえをもって、ニュートン、ライプニッツを尊敬するならば、少なくともこれと同じ程度において、対数の発見者たるのゆえをもって、ネーピア、ブリッグスを尊敬すべきであると思われます。

Ⅲ　第三は、実用数学の理論的基礎の研究です。

この問題を考える前に、われわれは一八世紀後半の数学が、なぜあのように厳密な形式をとるに到ったかを、顧みる必要があると思います。一九世紀初頭までの数学者の頭にあった極限の考えや、級数の取り扱いは、実に乱暴なものでした。乱暴だからこそ彼らは数学を大胆に使用することができ、もって大きな事業を残したのです。アーベルとコーシーとはわれわれに反省を促がしました。反省の結果がすなわち厳密な数学となって現われたのでした。

実用数学は大胆であり乱暴である。ここにその長所があると同時に短所があるのです。われわれは実用数学の勃興を叫びますとき、一面において、大いに反省せざるをえない。すなわち実用数学の基礎となるべき、確乎たる理論を立てなければならないのであります。

われわれはディリクレの原則のような、数学史上に有名なものを持ちきたるまでもありません。日常われわれが統計表を作るに用いるいろいろな挿入法の根拠には、ずいぶん怪しいものがあるのです。私は挿入法の理論的基礎を築くことが、非常に重要な問題で、その結果は、実用上においてはもちろん、函数論の上にも大きな影響を及ぼすものであることを信じます。(1) われわれはこれに類似したもっとも美わしい一例を、すでにフーリエ級数において見ているではありませんか。

そのほかにも、誤差論のごとき、統計学のごとき、ペリオドグラム・アナリシスのごとき、その理論的基礎を要求するものは、至るところにあるのです。しかも、〝実用数学の理論的基礎の研究は、すなわち理論数学を豊饒にする〟ゆえんであり、また数学の大建築をますます完備させるゆえんであると信じます。(2)

五

ただいま申しましたことが、私ひとりの空想にとどまらないことを証明いたしますために、数学発達の歴史を顧みたいと思います。

ニュートンの微分積分学が、その根本思想を力学から求めたことは、争うべからざる事実です。ポテンシャルと熱の伝導と弦の振動とが、偏微分方程式論の上にいかなる貢献をしたか、また近くは積分方程式論の成立にいかなる示唆を与えたか、これらの例を数えてきますなら、ほとんどその尽きるところを知りません。われわれはどんなに公平に判断するとも、ポアンカレとともに、「数学者は物理学者に対して、単なる公式の供給者であってはならぬ。両者の間にはいっそう親密な協力が成立しなければならぬ。数学的物理学と純粋解析学とは、ただ好誼を通ずる隣りあった強国たるのみならず、互いに相融合してその精神を一にするものである」と、結論せざるをえないのです。ポアンカレは、さらに「物理学の理論がなかったならば、われわれは偏微分方程式を知らなかったろう」と、申しております。

以上のことは、ひとり解析学のみにとどまりません。歴史は絵画、建築などにおける陰影法、配景法が、射影幾何学の祖先であることを語ります。幾何光学と剛体力学とは、今日の直線幾何学の母でした。地図製作の問題なしに、微分幾何学は果たして今日の発達を見るをえたでしょうか。

ポアンカレはさらに述べています。「人間の想像がどんなに多様であっても、自然はその千倍も豊富なのである。これを追跡するには、われわれはこれまで閑却された路を拓かなければならぬ。この路が、新しい光景を展開する山の頂に、しばしばわれわれを導くのである。これがもっとも大切な点なのである。」それですから、「自然を認識しようとする希望が、数学の発達に、もっとも永久的でしかももっとも有効な影響を及ぼしたものであることを思わない人びとは、科学の発達史をぜんぜん忘却したものでなければなりません。

もし〝物理学〟という言葉を、非常に広い意味に解釈しますなら、私がいいたいのは、「物理学の革命あるごとに、数学の革命がこれに対応しなければならない」という、ボレルの言葉につきております。

そして私はヒステリシスの理論を基礎として、線函数の理論を建てられたヴォルテラ、ならびに分子物理学を背景として、新しい意味でのコーシーのモノジェニック函数の理論を建てられたボレルに対して、敬意を表したいのであります。

六

私はこれまで実用数学について多くを語りました。諸君の中のある方々は申されるかも知れません。「お前は功利主義者か、お前は実用主義者か、お前は実用あればこそ真理であると思うのか」と。もしかような疑問を発せられる諸君がございますなら、私の不敏のために、かような誤解を招くに至ったことを、恥じざるをえないのであります。

〝実用のみを目的とする科学の存在は、不可能なのです。〟私は応用があればこそ真理である、と主張するのでなく、真理であればこそ応用がある、と信じるものです。

ただ私は数学をもって、人生のあらゆる方面において、いっさいの科学の上によって、その活用を遂ぐべき運命を荷なったものであると信じます。それでこのような一大偉人を、ただ純粋数学という一小孤島に閉じこめて、あたかも大ナポレオンをセントヘレナに幽閉しておくような観があらしめ広く人生一般の上にその大手腕を振わしめないことを遺憾といたしますので、とくにこの点を高調するのであります。

なお一歩進んで、私はつぎのように申したいのです。数学は数学それ自身のために研究される価値のあるものである。〃「数学のための数学」も、「実用のための数学」も、ともに研究すべき価値がある〃、ものである。〃その一方を軽視し、度外視し、犠牲としてはならぬ〃。否、〃かえってこの二つを分離せず、一方に到達する最良の方法をして、同時に、他方にも到達する最良の方法たらしめねばならない〃、と信じるものです。私はヴォルテラとともに「根本思想の三形式、すなわち幾何学的・解析学的・物理学的思想こそ、不朽のものである」と、確信するものであります。

数学の理想は「数学のための数学」にある。(3) けれども「数学のための数学」は、知識的遊戯に堕するおそれがある。私はあえて、〃人本主義の上に建てられた「数学のための数学」、「生のための数学」によって目覚めた「数学のための数学」を、主張する〃ものであります。

七

最後に私は、わが中等教育上の数学について、とくに一言申し上げたいと思います。

中等教育の目的が、近き将来における国民の養成にあることは、いうをまたないところです。近き将来における国民の養成上、もっとも重大な条件は、人生と時代とに触れた教育主義でなければならない、ということです。しかるにこの条件は、数学の理想と必ずしも一致するものではなく、ある点において一致し、ある点において衝突する。数学の先生は、ここに理想と現実との矛盾に直面しなければならないのであります。

しかしながら私はこの場合に、教授者は断じて数学の理想を棄てて、教育の根本精神に服従すべきものであることを、主張いたします。(4) もしこの主張にして誤りでないとしますなら、〝中等教育の数学は、科学的に、現実の物を考え、物を取り扱う方法を教えることをもって、第一義としなければならぬ〟。換言すれば、実用数学の精神をもって、第一義としなければならないのであります。したがって教授の方法は、心理的であり、自由でなければならぬ。ベルグソンのいわゆる「生命の絶えざる進化流動」に逆らってはならないのです。これに逆らうことはすなわち滑稽であり時代錯誤であります。真正な数学教授者たらんがためには、純粋数学者が愛好する、厳密な論理と確乎たる形式とは、忍んでこれを棄てなければならぬ。数学教育上いっさいの問題は、この立場から解決せらるべく、また解決せられなければならない、と信じるのであります。

最後に、私は中等教育の数学科は、教科書の編著者も、教授者自身も、ともにしばらく数学の専門家たることを忘れ、〝人本主義の戦士として立つ時において、初めて完全な効果を見る〟ものであると、確信して疑わないものでございます。

(『東京物理学校雑誌』第三三一号、一九一九年六月所載)

〔追記〕第一次大戦の直後におこなったこの講演は、思想が未熟で雑炊的であるが、私の数学観を正直に語った、もっとも初期のものである。

(1)(2) 今日から見れば、これらの言葉はまったく予言的であった(追記)。
(3) その考えの正否は別として、この講演では、数学の理想という言葉を、こういう意味にとっている(追記)。
(4) この言葉の意味は、この講演ではくわしく説明されていない。これだけでは誤解されるおそれがあるが、後の「数学教育の意義」(一九二三)は、明らかにこの講演につづく系列のものである(追記)。

（『数学教育論集』一九五八年、新評論、収載）

A君へ

A君。

僕は今日「日本中等教育数学会」第一回の総会て決議された中学校数学科教授要目を見て、非常に悲観せざるを得なかった。生温るい教授者の態度を眺めては、彼等に向って「ソンナことで新しい日本を生み出し得ると思うか」と詰問してやりたくなって来た。その積りで此手紙を読んでくれたまえ。

A君。

世の中にはいつでも漸進主義改良主義と躍進主義改進主義とが対立して居る。その漸進主義という奴は、実行し易いものでもあり、現在と妥協し易いものでもあり、誠に重宝なものさ。けれど僕は今の数学教育に、そんな微温的な改良を加えた所で、果して何の効果ありやと質問したくなるネ。

僕等は対称式、交代式の必要を論ずべきで無く、因数分解の一章其れ自身の効果を疑うのだ。今の時代は函数やグラフを如何なる程度まで入れるかを議論すべき時では無く、何故に中等数学の根本思想として函数を採用せざるかを疑うべき時だと思う。無縁の根がドーとか、平方根の符号がドーとか、丸で話にならぬじゃないか。問題はモット根本的な所にあるのに、根本を忘れて徒に枝葉を論ずべきで無かろうじゃないか。

コー考えて見れば、問題はツマリ「数学教育の目的如何」という所に落ちて来るネ。

僕は中等教育の一分科としての数学は、道楽的数学者及び職業的数学者――数学研究者及び数学教授者――の為めの数学であってはならぬ、その背景として人生や時代を有する所の数学でなければならぬと思って居る。それは文部省と学校とのみに委任すべきものではない、そこには社会と民衆とがあらねばならぬ。そこには教壇と試験場とのみあってはならぬ、そこには家庭あり商店あり工場あり農場あり医局があらねばならぬ、そこには詩人あり美術家あり哲学者があらねばならぬ。而もその指す所は、過去並びに現在の日本の為め世界の為めの数学でなく、少くとも将来の日本の為め世界の為めの数学であらねばならぬ。先ずコーだネ。

A君。

ヨク人は言うよ。「数学の真理は永劫の真理である、ユークリッドの幾何学は今日に於ても真理である。真理であるが故に今日ユークリッドの幾何学を教うるに何の差支があろう」と。これなぞは立派に時代の錯誤の標本じゃないか。僕等の求める真理は空間に対する真理でなく、教育上の真理である。静的真理にあらずして動的真理である。ユークリッドの幾何学に古典の美わしい趣味を求めるのは宜しいかも知れぬが、之によって現代人の生きた血肉を作ろうとするのは野暮の骨頂じゃないか。

又コー言う議論も屡々聞くじゃないか。「中学校の数学は数学の土台である。それでこれまでの所に少し改良を加え、余り理論的な所や形式的な所に多少の手加減をすれば宜しい。ナニ応用などは専門教育に任せるか又は卒業後に自然と覚える迄のこと。兎に角土台をシッカリやらねば駄目だ」と。これなぞは所謂温情主義という奴さ。よく考えて見たまえ。この「数学の土台を作る」の一句こそ、民衆の数理思想を妨害する堤防じゃないか。そんな事は数学専門家以外の誰に尋ねても直ぐに解るよ。

一体僕は数学ほど人間の本能に触れた学問は少いと思うネ。野蛮人を見ても子供を見ても歴史を考えても解るじゃないか。所がいつの間にか数学の天才が顕れて、これをば俗離れをした立派な芸術品に作り上げてしまった。その芸術は選ばれた者のみが味い得る芸術であるのに、横合から妙に形式的な論理一点張りの解らず屋が飛び出して来て、これを中学校でも教えることにしたのだ。一体立派な芸術品などういうものは、中学校でヒドク恐がられて居るものなのに、数学ばかりは不思議な訳さ。そんな訳で公平に考えて見れば、今の数学教育は一種の天才教育さ。これは皮肉でも何んでも無いよ。

所でだ、「数学の土台を作る」とは数学の型に嵌め込むことさ、それは型に嵌まれば嵌まる程、一般民衆に遠ざかるじゃないか。

僕は確に信ずるネ。国民の要求する数学は、数学的に科学的に事物を見、考え、取扱い得る根底にあるのであって、決して数学や科学の堅い固い型に嵌め込むことでは無いと。思考の傾向を正確にし系統的たらしめんとする形式的淘冶などと言えば、誠に奇麗に聴えるけれど、そこには甚だしい危険が伴って居るじゃないか。僕は「厳格に考えること」の必要を叫ぶと同時に、「自由に考えること」の必要を叫びたいネ。「数学の土台」が頭の中から自由を奪う様では、却って人の子を賊《そこな》うものじゃないか。

所でA君。君は所謂数学教授者をドー見て居られる。僕は思うネ。彼等は溌剌たる聡明を欠く。彼等には服従と訓練とがあって、自覚と独立とが無い。所が縁は妙なもので、数学の形式主義と彼等の形式主義とは一種の握手をしたのだ。そして二十世紀の教育をして依然としてユークリッドの奴隷たらしめて居る。文部省検定試験と高等専門学校入学試験と遊戯に近い時代の錯誤の所謂難問題とを標的として居る彼等によって、個性の発達を助長し独立の思想を養うべき教育方針は、見事に裏切られて居るじゃ無いか。ソリャー中には解ってる人も居るサ。解って居ながらヂットして居るのは、ローマンローランの言草じゃないが、世の中で一番の悪人だよ。

A君。僕は数学研究者に対しても言いたい事があるネ。ソリャー真の研究者が自分の仕事に対して感ずる歓喜と自負とは確に当然の権利さ。立派な芸術家だからネー。けれども彼等は之を民衆に対して強いる権利がある筈はないのだ。況んや今日の数学教育の最大なる弊害は、その余りに専門的な所にある。人として生き民衆として働く為めに必要な数学を軽視し、却って数学的貴族の芸術癖を満足せしめんとするに専らな所にあるじゃないか。

だから、数学者にして人生批評家にあらざる限り、時代思潮の理解者にあらざる限り、新文明の先駆者にあらざる限り、彼等の著せる教科書や彼等の作れる教授細目をば、民衆に対して権威を帯ばしめることが出来ないと、評することは果して無理であるだろうか。

A君。

愛国者ラッセルを生んだ英国は実に羨ましいではないか。

（一九一九・一〇・二四）

（『考へ方』一九一九年十二月号所載）

グラフの思い出[*1]

高橋〔三蔵〕君――

君が主宰する『初等数学研究』の発刊の辞に、松岡〔文太郎〕先生の『数学雑誌』云々とあるのを読んで、君と毎日行き来していた本郷元町時代（明治三十五―三十八年）を思い出した。それに関連して、僕はもう少し意味のある「グラフの思い出」を君に語りたい。なぜなら、僕はグラフ普及のために、ただ少しばかり働いたに過ぎないのに、広い世の中には、グラフというと僕を連想するような人たちもいるようだから、僕は自分の思い出を語って、そういう人たちの誤解をとき、同時に、わが国における数学教育改造運動史の、比較的正確な資料への一助としたいのだ。しかしこれはまったく個人的な話に過ぎないのだから、君は僕らの親しい先輩諸先生や、ほかにもとくにこの方面に尽力されたと思われる方々、たとえば浦口善為先生などのお話を、君の雑誌へなりと載せるように尽力してはくれまいか。かような史料は、数学教育史上きわめて重要なものと僕は信じているのだ。

さて僕は加藤悟郎君の著『グラフの研究』（大正十五年、大阪開成館）の序文に、こう書いたことがある。

「……函数観念を具体化するものとしてのグラフ――解析幾何の一部分としてではないグラフ――が、中等学校数学において、何時頃から始まったか(1)、その歴史を調べることは、今病床にあり、かつ手元に参考書を持たない私のなし得るところではないが、しかしそれは百年も前から、クレーローの系統を引いた代数の中においてではなかろうかと思われる。[*2] 現に私が二二―二三年前に東京物理学校で教わった、あの古いボッスの代数、およびその当時長沢亀之助氏が訳したクリスタルの小代数[2]などには、グラフの精神が相当あざやかに表わされていたのである。しかるに当時の有識者――今でも高等学校や高等専門学校の教師の大部分はそうだろうと思うが[*3]――は、かような考え方、かような取り扱い方に対して、好意を持たなかった。それで函数といえば微積分で学ぶもの、座標といえば解析幾何で学ぶものと考えられ、小学校や中学校の生徒にとってもっとも重要な観念が、まったく伸ばされずに捨てられたのである。しかるに今や小学校でさえも、グラフを数えるようになったことを思えば、実に今昔の感に耐えないものがある。」

高橋君。君のよく知っている通り、僕は明治三十九年の春、東大の化学の選科をやめてから、数学書を読み出した。明治四十一年から四十二年（一九〇八―一九〇九）のころには〔郷里で〕クラインの *Elementarmathematik*（第一巻の初版は一九〇八）や、*Mathematische Unterricht an den höheren Schulen*（一九〇七）を通じて、フランスやドイツの数学教育改造運動に注意を寄せ、[3] ボレルの教科書のドイツ訳（代数は一九〇八）を読んで、だいぶグラフ通になっていたのだった。

また僕は *Encyklopädie der mathematischen Wissenschaften* によって、ノモグラフィー（計算図表学）の存在を知り、ごくかんたんな計算図表については、場合場合になんとか自己流の証明を試みたものに相違ない。『東京物理学校雑誌』第一七巻所載の「攻学会」という記事の中に、僕が「二次方程式のディスクリミナントの幾何学的説明」について、話をしたとあるが、そこではノモグラフィーに触れた記憶がある。そのころ Schilling, *Über die Nomographie* を少しばかり読みかけたが、どうもよく解らなかったことを覚えている。

このようにして僕は明治四十四年（一九一一）の春仙台に赴いた。東北大学でもグラフなどは別に重要視されていなかったが、僕はここで――数学教室にはなく、物理学教室の方にあった――ペリーの *Practical Mathematics*（古い方、すなわち一八九九年の）に動かされた。大正二年だったかに、大学の開学式が催されるので、数学教室の陳列品を作るために、高等工業学校の製図の人を頼んで、おもしろそうないろいろのグラフを――外国の本からぬいて――大きく描いてもらったりした。そのとき汽車運行のダイヤグラムが大学の研究室に珍らしそうに掲げられたことなども、今から思えば滑稽の感じもする。しかし大正三年ごろには、今は故人となられた小島鉄蔵君が、微分方程式の図的解法を研究しておられたように思う。

僕は第三臨時教員養成所の教師を兼ねていたが、大正二年の晩秋から大正三年の三月まで（一九一三―一九一四）、三年生の諸君にセミナリーをやった。小森重三君というのが、グラフ研究をやることになったので、僕は標準曲線のことなど指導しながら、たくさんのグラフを描かせた。小森君は大いにグラフに興味をもたれ、君の発表は確かに全級学生の注目するところとなった。この成功が、僕にグラフ教授に興味をもたせる一つの原因となったのだ。

またちょうどそのころ、物理学校出身の三浦惣市君（今は故人となられた）が、岩手県の福岡中学から旅行の途中、仙台の僕の宅に立ち寄られた。三浦君はグラフに興味を持ち、長時間それについて話し合ったことがある。また僕がザンデンの『実用解析学』（一九一四）から強い刺激をうけたのも、ちょうどそのころで、高橋君、君もその時は仙台におったのだ。
もうそのころになると、少しずつグラフを採り入れた中学校教科書も現われて来た。[*4] しかし大正五年（一九一六）に菊池大麓先生から僕への私信によると、先生は中学校で座標や函数を教えることを排斥しておられた。また大正七年（一九一六）の末に、中等教育研究会主催の全国師範学校、中学校および高等女学校数学科教員協議会の席上で、藤沢利喜太郎先生は、

「……幾何は理論の学問であるところに効果がある。グラフなどが幾何の厳密に影響するならば、聴き捨てならぬことと信ずる。根拠の浅い考えから、幾何の教授法に時々種々の方法が用いられた。……そんなあさはかな流行が、日本の中学校の教授細目に影響を及ぼすということは、慨嘆に堪えぬのである。……」

と、講演されるような状態にあったのである。

高橋君。さて僕は大正六年（一九一七）の春、大阪に移った。まもなく当時大阪の今宮中学校におられた三浦惣市君から、君が苦心の作

三浦惣市・奥山純一共著『中等教育グラフ』（大正六年出版）

を示された。この書は八三頁の小冊子であるが、その内容はだいたいにおいて、表の図化に一一頁、算術問題の解法に二七頁、方程式の解法に四一頁ばかりが取られている。僕の知るかぎりでは、この書物こそ日本における、グラフ専門の最初の単行本であるのだ。[*5]

僕はこの本をさほど優れた著述とも思わなかったが、ほかにはまったく本がないので、早速これを大

インド洋上にて，1920年１月

阪医大予科一年級の学生諸君に、〔微積分にはいるまでの〕参考書として持たせることにした。[*6] ところが、意外にも僕の学生の中から、グラフに対する非常な特志家があらわれることになったのだ。高橋君。それは君も知っている人で、現に大阪帝国大学医学部の生理学講師をやっている古沢一夫君なんだ。すなわち大正七年の秋から、当時予科二年生の古沢君は、僕の指導のもとにRunge, *Graphical Methods* を読み、図による微積分、微分方程式の解法と、かんたんなノモグラムを研究し、ほとんど独力で、たくさんのグラフを描いてくれたのだった。僕はこの事実によって、これらの材料が医大予科の興味ある有益な教材となりうるという自信をえたのである。[4]

このようにして、僕にグラフ普及の志を起こさせてくれたのは、実に小森、三浦、古沢の三君なのである。この方面における僕の仕事が、もし多少なりとも有益であったとするなら、君は僕の三恩人に注意を払われたいものだと思っている。

僕は確信をえた。そこで大正八年（一九一九）の新学年から、予科の数学課程を統一して、教材に実用解析学と統計法の概念を加えることにした。[5] 藤森良蔵君の日土講習会や、長野県中等学校数学教員協議会で、[6] ノモグラフィーの概念に触れたのも、物理学校同窓会で実用数学を論じたのも、[7] みな、そのころである。そして津村文次郎君と『グラフと其応用』（大正九年）を共著にすることにして、僕は外国に留学の途についた。

大正十一年の正月に帰ってみると、留守の間に谷村豊太郎博士の『理論応用計算図表学』(大正九年)が出版されていた。僕はその四月から、予科三年生に、実用解析学と自然科学における数学の応用を講義し、その夏には物理学校主催の講習会で、東京、高松、鳥取の三市において、『図計算と図表』を講じた(その筆記の校訂はその翌年出版された)。

大正十一年は新宮恒次郎君の『グラフ教授』が、大正十二年は松下俊雄君の『グラフの応用』が出版された年である。事実、これらの著作を通じて、グラフはいっそう広く小学校および中等学校に普及するようになったのだ。僕は大正十二年に、日本中等教育数学会の総会で、「数学教育の意義」について語ったが、その席で浦口善為先生から、先生の手で Lipka, *Graphical and Mechanical Computation* の訳稿が完成したことを承わったのを、記憶している。

もうそれ以後のことは、比較的新しいことなので、今さら君に語るまでもあるまいと思っている。高橋君。ちょうどここまで書いた時、君からのはがきが届いた。君もこれからますます忙しくなるだろう。十分自重しながら、健闘をつづけてくれたまえ。僕もこれから困難な仕事に取りかかろうとしている。

＊1　雑誌『初等数学研究』の編集者に寄せた手紙。

(1)　『カジョリ初等数学史』(四七九―四八二ページ)〔共立出版復刻版四四七―四五一ページ＝編注〕の記載よりも、もっと古いものを僕は今さがしている。

＊2　〔追記〕この推定は誤りであった。直接クレーローの系統を引いた代数書の中には、グラフはまだ現れなかった。後の拙著『数学教育史』を見よ。

(2) たしか『新著代数学』という本であった。君もこの本を読んだろう。僕はこの本を本郷元町の下宿で読み、グラフから強い感激を受けたが、ほかには何が書いてあったのか、いまは少しも記憶がない。〔追記〕この本の上巻は明治三十四年成美堂(いまの河出書房の前身)から発行されたものである。ついでに書き添えておく。私がこの書物で、方眼紙に描かれたグラフを、はじめて知ったのは、物理学校で正式に解析幾何を学ぶ一年前であった。またそのころは〝グラフ〟という言葉が、まだ通用していなかったように思う。

*3 〔追記〕大正十三年のころ、私を訪ねてきたある高等学校教授は、解析幾何の時間に、係数が数値で与えられた二次曲線の図を、黒板に丁寧に描いて見せたことが一度もない、と告白していた。

(3) 僕が持っているベーレンドゼン・ゲッティングは一九一一年(明治四十四)の再版だから、これはよほど後に〔仙台に移ってから〕読んだものに相違ない〔森外三郎先生の訳『新主義数学』は大正四年に文部省から出版された〕。

*4 〔追記〕林鶴一先生の『代数学教科書』(大正二年、一九一三)。

*5 〔追記〕もっとも訳書には、山内(後の近藤)鷲君が訳された、アメリカのシュルツェの『図表代数学』(大正五年出版)があった。

*6 〔追記〕そのほか河上肇博士の『貧乏物語』などからも、興味あるグラフの資料を求めた。

(4) 大正七年の末か大正八年の初めに、大阪医大の旧卒業生で医学士になりたい人びとのために、補習的な講習会を開いたことがある。その際僕は十五時間ばかり統計法を講義したが、これが僕を統計法に導いた最初の動機である。

(5) 「大阪医科大学予科数学科課程について」『日本中等教育数学会雑誌』第一巻、(大正八)六三頁参照。

(6) 「数学のための数学と生のための数学」『考へ方』第二巻(大正八)参照。

(7) 「理論数学と実用数学との交渉」『東京物理学校雑誌』、第二八巻(大正八)。

(一九三二・一〇・一二)

(数学研究社『高等数学研究』第二巻一一号、一九三二年十一月所載)

〔追記〕この手紙を書いたのは、まさに『数学教育史』の執筆をはじめようとしている時期であった。なおこの手紙の背景となっている私の経歴については、『数学者の回想』(河出文庫)および『一数学者の肖像』(現代教養文庫)

を参考せられたい。

（『数学教育論集』一九五八年、新評論、収載）

科学思想の普及に関する二三の感想

近頃相対原理の名が高いにつれ、物理学や数学に縁の遠い人々も、時間、空間、ユークリッド幾何学、ニュートン力学などと云い出す様になった。相対原理とさえ銘を打てば、其内容の如何に係わらず、著述でも講演でも盛に持てはやされる。遂には活動写真や「相対性理論劇」までが出来た。これ等の現象は或は只一時の好奇心から起ったものかも知れない。けれども之を動機として、科学思想が多少なりとも普及されるならば幸のことである。それで今科学思想の普及に就て、二三の方面から少し許り考えて見ることは、必ずしも無意味なことではあるまいと思う。

一

先ず第一に科学思想の普及とは如何なる意味であるかを、明かにする必要がある。私の信ずる所では、科学思想の普及とは、一般人が科学的の見方を理解し、科学的に物を考える様になることである。科学的の精神と方法とに触れることである。

私は茲に科学的精神の何物たるかに就て、詳しく吟味する余裕を持たない。けれども二三の誤解され易い点について、特に注意する所ありたいと思う。

科学的精神の特徴は因果の関係を認めて、其間の法則を見出さんとする所にある。例えば電車は科学の産物である、併し電車に乗ったからとて吾々は何も科学的智識を得たのではない。何故に電車が走るかを考える所に、初めて科学的精神が顕われる。コンパスを採って幾ら多くの図を書けばとて、それ丈けでは科学にならぬ。円の半径と周の長さとの関係等を求めんとする所に、初めて科学的な考え方が生まれる。それで事実の単なる寄せ集めは科学では無い。事実の間から一貫の法則を見出さんとする所に、科学的な考え方があるのである。

科学思想普及の手段としては、勿論種々の方法があろう、通俗科学書の出版も通俗講演も宜しかろう。たゞ此等の科学書なり講演なりの基調とする所は、飽くまでも科学的精神でなければならぬ。徒らに新しい事柄や珍らしい現象を雑然と羅列するのみでは、根本に於て既に欠けた所がある。

勿論科学的思索に慣れない一般の人々に対しては、時には興味中心の講話も実用本位の著作も必要であろう。併しながら通俗向きの興味が科学上の興味で無く、万人向きの実用が科学上殆んど無意味な種類のものたる場合には、如何に面白い又如何に実用的な事柄でも、科学思想の普及上何等の意味をも有しないと信ずる。

特に危険なるは、自然科学の中に超自然的観念の導入せられることである。物理化学上の理論をば何等の理由もなしに、之を濫用して人生観を導いたり、生物学上の理論を其のまゝ襲用して、社会問題や、宗教問題を論じたりする人々が屢々ある。有力な科学者に対して此危険を冒かす人々も少くない。彼等の言説は或は詩人の如く或は冥想家の如く或は革命家の如く、如何にも興味あり如何にも意味深く聞えることがある。

併しこれ等の議論は最早科学の範囲を脱したもので、科学の与かり知らざる所である。私は如何なる事情の下に於ても、科学思想普及の手段から斯様な超自然的な要素をば、断乎として排除せねばならぬと思う。此意味に於て、ヘッケルやオストワルドやクロポトキン一派の或る種の著作は、之を科学小説と看做して読めば誠に興味深いものがあるけれども、之を通俗科学書と看做して読む際には、大に警戒を要することと思う。況《ま》して宗教上からアインスタインの相対原理を云々するが如きは、寧ろ滑稽とすべきである。

二

科学思想普及の中でも、余り目新しい事柄でない場合には、一般の人々もそんなに熱心にならない代りに、普及の方法に就ても左程の危険は伴わない。けれども例えば相対原理などの様に、極めて耳新しい学説の場合には、事情が大に異るものがある。それで私はこれから新学説紹介の方法に就て考えて見たい。

科学思想普及の根底となるものは、疑もなく一般人の教養である。今新学説を紹介するとしても、何故に此学説が新しいのであるか、又何故に此学説が意味あるのであるかを知らなければ、其の紹介は殆んど無意味に終る。時には非常に危険な誤解に導くことになる。

それで私は常々思って居る。ユークリッド幾何学もニュートン力学も知らない人々へ、短時間内に、如何にしてアインスタインを説き得るであろうかと。たゞ漠然と運動の相対を説明する位に終るならば、人々はそんな分り切った事なら、何もアインスタインを待たぬと考えるに違いない。漫然と時間空間の融合を説明する位に終るならば、そんな事なら既に仏典の中にあると、宗教家の言うのも無理では無かろう。

私は斯様な素養の人々に対しては、アインスタインを説くよりも、寧ろユークリッドやニュートンを説く方が、どの位利益あるか知れないと思って居る。根底に横わる思想を充分に述べないで、唯二三の珍らしい結果のみを挙げることは、断じて科学的な考え方ではない。科学的精神を犠牲にしてまでも、新学説を人々に伝えることは、科学者として忍び得られない事と思う。

それ故に若し斯様な低度の素養の人々に対して、相対原理の講演などを依頼された場合に、之を辞退することは、科学思想の普及に対して、決して不忠実であるとは考えることが出来ないのである。

併しまた他の方面から考えて見るに、昔から偉大なる芸術は皆何処かに、ポピュラリチーを持って居た様に思われる。科学上の研究に就ても、また、左様では無いのだろうか。吾々が平素見聞する所から判断しても、第一流の大家の書いたものには、三流四流の学者の著作に比べて、何処かに簡素と明晰とがある様な気がする。

それで若し真に偉大な学説であるならば、何処か人間の奥底に於て、最も広く最も深く共鳴する所のものを、持って居るに違いない。其の点をハッキリと摑み出して、説明の方法さえ宜しきを得るならば、仮令相対原理の様なものでも、左程困難なしに、素養の浅い人々にも相当の程度まで、理解させることが出来るのかも知れない。

昔中世紀時代の大学では、「神明の加護によって」ユークリッドを講じたと伝えられて居る。当時の教授や学生に取って、ユークリッドは夫れ程困難であったのだ。其のユークリッドを、今日では中学生や女学生でも理解し得る様になった。方法の宜しきを得ば、解析幾何や微分積分を今日の中学校で教えることも、決して困難なことでない。一般相対原理が何時かは中学校でも教授される日が来るものかも知れない。

三

これから私は一般人の教養が、新しい学説を受け入れ得る程度のものと仮定して議論を進めよう。先ず第一に新学説の紹介者は、一般人の教養に鑑み、充分に新学説に対する予備智識を明確にして、人々の記憶を喚び起し、既知事項を整理することに努めねばならぬ。

第二に紹介者は其学説に深い理会を有する上に、眼界の広い批評的精神の盛んな人でなければならぬ。徒らに翻訳的でなく、学説の本質的事項と従属的事項とを、充分に区別せねばならぬ。公平な立場から他の学説との比較も試みねばならない。殊に針小棒大な説明をなし煽動的に陥いることは、最も謹まねばならぬと思う。専門家に対して主張的なるは兎も角、一般人に対しての態度としては、余程注意を払わねばならぬことである。

第三に科学上の学説が苟くも一つの学説として存在する以上には、相当の確実性を有すること勿論である。けれども科学上の学説に絶対的完全を要求することが無理な以上は、其の新学説に対しても、出来得る丈けの用意を以て、其の確実に程度如何に就て注意せられたいと思う。一学説の長所を伝えて短所を述べざるは、極めて危険なことである。同様の注意は、其学説適用の範囲に就ても、亦言われねばならない。

相対原理が何か異常なものゝ様に思われ、吾々の日常生活にまで影響するかの様に騒ぎ立てられるのは、紹介者が或はこの辺の用意が足らなかった為では無かろうか。私は嘗てパリ発行の漫画雑誌の中で、相対原理を呉服太物の売買や夫婦の情愛等にまで応用（？）した奇抜な滑稽画を見て、苦笑したことを、今日でも忘れることが出来ない。

第四に紹介者は科学の歴史に注意を要する。科学が人類の共産物である以上、如何なる分科と雖ども、たゞ一人の学者によって卒然として発見せられ、同時に完成されたものは無い。アインスタインの前にはローレンツが居た、ローレーツの前にはマックスウェルが居た。科学発達の歴史は吾々に科学的精神の流れ行った道を示す。この流を辿り行くことは、如何ばかり吾々に科学の意義を教えて呉れるか知れない。

最後に紹介者は科学上の仮説又は学説の意義に就て、徹底的に説明を加うべきである。之によって吾々は科学万能論を唱えたり、又アインスタインの出顕によってニュートンの偉大さが消滅した等との誤解を根本的に救うことが出来よう。偉大なるポアンカレーは周到なる用意を以て、物理学的理論の意義を検することを怠らなかった。新学説の紹介者は、常に此辺の用意を忘れずに、一般の人々に対せねばならぬことゝ思う。

以上述べた所は独り通俗科学書又は通俗講演等のみに止まることでは無く、広く新聞、雑誌の記者に於ても、少くとも此精神を以て執筆せられたいものである。

四

私はこれから一般の人々が新学説を受け入れる態度に就て一言したい。

吾々が文化人としての生活を営む上に於て、芸術を味い得ると同時に、多少なりとも科学思想を理解し得ることは、如何ばかり生活の内容を豊富にするか知れない。心ある人々は暇ある毎に科学上の修養をなし、美わしい真理の光を愛慕することに努められたいものである。

さて此等の人々が新しい学説に接した場合には、先ず謙遜な心を以て、出来る丈け其の学説の本質を正確に摑もうと心掛けられたい。通俗科学書と雖も通俗小説の様に、そんなにスラスラと読み得るものではない。況して極端な常識主義や或る種の偏見に捕われた眼で視たのでは、屢々誤解を招くの恐れがある。また極端な現実主義や実理主義の人々に取っては、其の学説が余り世間離れしたものであるが為めに、其の意味が充分に受け取れないかも知れない。科学を理解するに当って、何よりも尊ぶべきは単純な心である。

殊に注意に注意を要することは、其学説が如何なる範囲内に適用せられるかを、正確に知るに努めることである。何等の理由もなくして、妄りに類推を逞ましうすべきではない。如何に深い偉大な理論なればとて、そんなに手取り早く、何事にも応用し得るものではあるまい。

自ら知らざるに雷同したり反対したりすることの是非に就ては、改めて申すまでもない事である。科学は自然を征服することでは無い、自然の前にひれ伏して自然から学ぶ謙遜な心が科学の精神である。

新しい学説を理解することの喜びは、真純な霊の貴い悦びである。千万の金を以ても、此貴い悦びを購うことは出来ない。真理を認識せんとする努力こそ、人間として最高の努力であろう。

五

既に述べた様に、科学思想普及の根底となるものは、一般の人々の教養である。そして其教養の大本となる所は、一般的の議論としては、疑もなく中等学校の科学教育にあろう。それで私は此機会に於て、この方面の問題に就て少し許り考えて見たいと思う。

中等学校に於ける科学教育の目的が、科学の精神と方法とを教授し鼓吹するにあることは、言うまでもない。然るに中等教育の科学は――数学を除けば――自然現象を研究の対象とする。其れ故に中等学校の自然科学教育は、先ず実験を以て、次に其実験に基いた科学的推論を以て、第一義的に必要な事項とせねばならぬ。自然を離れて自然科学は存在しないのである。

然るに之を我が邦の現状に就て見るに、生徒は自然の観察を離れて、たゞ一向に教科書と計算問題集との暗記を事として居る。親しく自然に面接して自然から学ぶ所なき机上の議論は、自然科学ではない。然らば我が中等学校の科学教育に於ては、科学の精神と方法とが、失われて居ると看做すより外に致し方なかろう。

「其れでも以前よりは余程よくなった。以前は生徒各自の実験は、少しもやらなかったのだ」と、多くの教師は言うかも知らない。併しながら実際の事実上、今日の中学生に、「自然科学とは何か、君の信ずる所を正直に告げ玉え」と質問するならば、大多数は必ず「自然科学とは種々の事実を集めた、暗記的学問である」と答えるであろう。

何人か自然の美と自然法則の整斉とに対して、驚嘆せざるものがあろうか。この心をすなおに展開し行く所に、科学教育の生命がある。如何なる意味に於ても、吾々は直接に大自然から科学を学ぶべきである。教科書はたゞ一片の案内記たるに止まる、自然自身は案内記ではない。案内記のみを読んで、自然を正視し得られる筈がないのである。

然らば事こゝに立ち到った原因は、これを何れの処に求むべきであろうか。恐らくは何人と雖ども、其の主要なる原因として、受験制度の罪と経費不足の点とを挙げるに躊躇しまいと思う。

果して然らば、科学的精神を忘却せる教育の罪、延いては国民の科学思想を阻害せるの罪は、之を何人の責に帰すべきであろうか。科学思想普及の声の盛なる今日、識者の充分なる研究を待ちたいものである。

次に数学教育の現状を顧みるとき、吾々は其の弊の骨髄に徹せるものあるを感ぜざるを得ない。

我が数学教育は、其の内容に於て既に本末を過って居る。其処にある所のものは、最も抽象的な純正数学の一部であって、これ実に一般人の生活に取って、直接にも間接にも、余り有用な部分では無いのである。それのみでは無い、吾々が科学的考え方を修養する上に於て最も必要な函数の観念と、新なる独創の根源となるべき直観力の養成とは、殆んど顧みられて居ない。又日常生活に最も必要な実用的要素を加味することは、若き人々に興味を与えると同時に、科学的精神を発揮せしむべき好箇の機会を与えるものである。然るに斯様な要素を全然無視し去って、之に代るに論理一点張りの厳格な形式主義を以てすることは、これ既に青年の心理を顧みざる教育法である。過度の厳格と形式とは、展び行かんとする人の心を萎縮せしめ、数学に対する興味を失わしめることを忘れてはならない。

今日の教育によって、純正数学の一部の型と、形式論理とを数えることは出来よう。併しながら何故に数学が人生に必要であるのか、何故に吾々はかゝる考え方をせねばならないのか、かゝる考え方が科学上如何なる意味を有するのか、斯様な最も本質的な疑問に対しては、殆んど何の答える所が無いのである。

数学が単に智識的遊戯に留まるものならば即ち止む。併し若し数学が吾人の生活内容に於て、智識的遊戯以上にもっと大なる意味を有するものであるならば、我が数学教育の如きは、徒らに数学の形式に囚われて、教育の精神と科学の精神とを没却したものであると、評されても致し方が無かろう。病は既に膏肓に入って居る、これを救うの手段としては、最早生温るい方法ではいけない、断乎たる改造の道ある許りである。これ実に文部当局は勿論、高等、中等諸学校の教授者のみならず、広く一般識者の熟慮に値する一大問題であると思う。

私は科学思想普及の根底の問題として、我が中等学校教育の改造に及んだ。これが改造せられた暁に於て、数学と自然科学とは初めて、学校と研究所以外にも、広く一般の人々に取ってもっと親しみ易く興味多いものとなり、日常生活の糧ともなり楽しみともなる日が来ることだろうと思う。この改造の暁が来るまでは、如何なる努力を試みようとも、科学思想普及運動をして、充分の効果を挙げさせることは殆んど不可能に属する。今吾々は相対原理を迎えて、徒らにから騒ぎをなすべき時ではない、科学思想の普及を云々する前には、もっと大なる根本問題が横われることを忘れてはならないのである。

（一九二二・一一・二三）

（『思想』一九二三年一月号収載）

数学教育

数学教育の根本問題

一九五三年版に寄せて

二十九年前にイデア書院から、発行された本書『数学教育の根本問題』（一九二四）が、元の内容のまま、新しい装いのもとに、今度玉川大学出版部から刊行されることになった。私は、玉川大学学長小原国芳さんの三十年来変わらない御厚情に深く感謝すると同時に、若い新しい読者諸君のために、二三の言葉を送りたいと思う。

一

この書物が発行されたのは、第一次大戦後の、新教育運動や数学教育論が盛んな時期であった。

わが国の数学教育は、明治初年の学制から出発したものであるが、日露戦争の前夜に、国家的強権のもとに統制されることになった。それは日本を近代的・絶対主義国家の統一へと進めるために行なわれた、厳密な最初の教育統制であり、中学校要目は一九〇二年に発表され、小学校教科書は一九〇三年に国定となったが、数学教育の統制もその一環としてであった。しかしながら、それは不幸にも、国際的な数学教育改造とは、まったく反対の方向をとった、国家的統制であった。そのために、われわれの数学教育は進歩性を失い、時代の進運におくれてしまったのである。

ところが第一次大戦の最中から、当時の世界思潮を反映して台頭した民主主義の思想は、もう二十年にも近い国家的統制の中から、新しい教育運動を起こさせるに至った。自由主義的教育は人間解放の意味で主張され、一九二一年ごろには、その高潮に達した。一方、戦前から輸入されつつあった国際的数学教育改造思潮も——自由主義教育と直接間接に結びつきながら——ようやく普及し、現場の教師やその諸団体によって、一九一九年ごろから、改造運動が行なわれてきたのであった（本書はちょうどその時期の直後に現われたのである）。

けれども、かような改造運動は数学界の元老や有力な数学者たちから、好感をもって迎えられなかったし、また文部当局によってもほとんど無視された。この事情の下に、数学教育の改造は心ある教師たちによって、ある程度まで実践に移されたが、知識人の関心を引くこともなく、上級学校の暴力的な入学試験には対抗することもできないで、微温的な存在にとどまった時、満洲事変（一九三一）以来のファシズムの勃興のために、ほとんど見る影もなくなった。しかし、微かながらも燃えつづけたその炎が、全く消え去ったのでなかったことは、文部省の革新的な『小学算術』（一九三五）の出現によっても知られるだろう。

私がこの書物を書いたころは、国際化した数学教育改造運動も、第一次大戦のために一頓挫を来たし、日本とアメリカなどを除けば、やや活動性を失った時期で、日本では中等教育数学会が組織されて（一九一九）、改造論がようやく盛んになったころであった。またアメリカではちょうど全米数学規程委員会の有名な報告書（一九二三）が現われた時だったが、私はその出版を知らずに本書を書き上げたのであった。私はヒューマニスティックな情熱をもって、自由主義・民主主義の立場から、科学的精神の旗のもとに、従来の硬化した形式主義・生活から遊離した知識的遊戯を批判して、生活の実践・創造的直観を強調したのである。

この書物は先輩諸先生から誤解もされ、文字通り叱られもしたが、幸いにも若い現場の人々特に小学校の教師諸君の間に迎えられ、一九三〇年には中国の翻訳も現われた。それで、この書は日本の数学教育を痛烈に批判した啓蒙書として、一応の役割を果したのであったが、何といっても、それは過渡期の産物であって、決して教育理論を厳密に組織的に説いたものではなくまったく欠点に満ちている本なのだ。そういう意味では、数学教育の古典などというべき性質のものではないのである。

二

私の数学教育論は、本書刊行の後にも成長をつづけた。

まず第一に、私は病気静養の間に、「数学教育名著叢書」（一九二五―三二）を編集するため、欧米諸国の名声ある数学教育書を検討する機会に接した（もっとも、この叢書は、わずかに八巻をだしたばかりで、中止となったが）。第二に、一九二九年から新しく始めた数学史の研究は、私の世界観にしたがって教育観の上にも、大きな影響を及ぼしてきた。かようにして私の数学教育論は、新しい成長を始めたのであったが、広島文理科大学での講義（一九三二）を一転機として、さらに満洲事変後のファシズムへの抵抗を通じて、それはようやくまとまってきた。

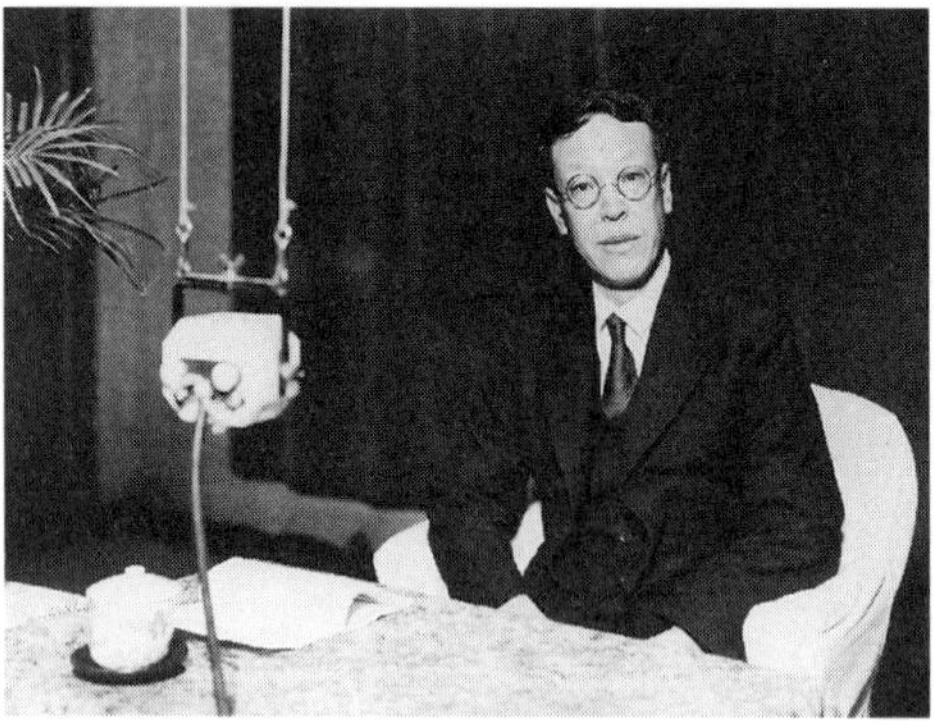

ラジオ放送の時，1936年

『数学教育史』（一九三二）〔次の目録の1〕、「数学教育の改造問題」（一九三四）〔5または9〕、「数学教育」（一九三五）〔4または6〕および「現代日本の数学教育について」（一九三六）〔5〕などは、当時としては一応の成熟を示した産物であった。

――数学教育の基本的課題は、実用性と論理性の統一の問題である。すなわち物質支配および社会組織の一手段としての数学の実用方面と、数学の特殊な観念・方法である論理方面とが、生徒の生活・環境・心理的過程に適応するように統一され、科学的精神の開発を目指して指導されるべきである。

それより後の諸研究、例えば「数学教育の刷新のために」（一九三九）〔10〕などは、むしろ自然的な成長であって、本質的には大きな飛躍をとげたものではなかった、といってよいだろう。

数学教育著書論文目録

本書初版（一九二四）の後に、私が公にした、数学教育関係の主な著作について、次の目録を作ってみた。もっと詳しい点については、『数学者の回想』河出書房（一九五〇）の巻末にある著作目録を参考せられたい（もっとも「市民文庫」版の方にはその著作目録が載っていない）。

（1）数学教育史　岩波書店（一九三二）

（2）数学と教育　岩波講座「教育科学」（一九三二）

（3）数学史研究　第一輯　岩波書店（一九三五）

算術の社会性（一九二九）、階級社会の算術（一九二九）

階級社会の数学（一九三〇）、日本数学教育の歴史性（一九三五）などをおさむ。

（4）数学教育　岩波講座「数学」（一九三五）

（5）科学的精神と数学教育　岩波書店（一九三七）

数学教育の意義（一九二三）、数学教育の精神（一九二五）

ジョン・ペリーにおける数学の実践性（一九三〇）、数学教育進展のために（一九三二）、数学教育の改造問題（一九三四）、数学と民族性（一九三五）、現代日本の数学教育について（一九三六）、現代における数学教育の動向（一九三七）、自然科学者の任務（一九三六）、数学の大衆化（一九三七）などをおさむ。

（6）数学教育　河出書房「現代心理学」（教育心理学科学）（一九四三）〔4とほとんどおなじもの〕

（7）科学の指標　中央公論社（一九四六）

数学教育の再建（一九三八）、小学算術に対する所感（一九三九）、科学大衆化の意義（一九四〇）、自然科学者の反省（一九四六）、科学教育の民主化（一九四六）などをおさむ。

（8）数学史研究　第二輯　岩波書店（一九四八）

日本数学の特殊性（一九三八）、封建数学の滅亡（一九三八）、科学教育の歴史的基礎（一九四六）、明治初期の数学者（一九四七）、革命時代における科学技術学校（一九四七）などをおさむ。

（9）一数学者の記録　酣燈社（一九四八）

数学教育の意義（一九三三）、数学教育の改造問題（一九三四）、数学と民族性（一九三五）、自然科学者の任務（一九三六）、数学の大衆化（一九三七）などをおさむ。

（10）数学教育の刷新　大阪教育図書株式会社（一九四九）

数学教育改造の基調（一九二五）、数学と教育（一九三二）〔2とおなじ〕、数学教育進展のために（一九三二）、現代における数学教育の動向（一九三七）、数学教育刷新のために（一九三九）、数学教育の革新（一九四二）の六篇をおさむ。

（11）数学教育研究の一面『算数教育』（一九五二）四月

（12）現代数学教育の先駆者『教育』（一九五二）九・一〇・一二月

（13）われ科学者たるを恥ず『改造』（一九五三）一月

（14）資本主義時代の科学　中央公論社「新日本史講座」十四回（一九五三）三月

三

かように本書は私の思想の未熟な時代に書かれたものであった。そこにはきわめて多くの欠陥がある。(1) 思想の未熟のために、消化しきれない種々の思想が雑炊のように混っている。ことに当時流行の哲学的観念論を採用したり、無理にも観念論と調和させようと試みたり、はなはだ見苦しい点がある。また主張が一面的で論法があまりにも機械論的であった。「理論と実践の統一」といった考え方を、本書の中にはまだ多く見ることができなかった。

(2) その頃の私は、個人の面ばかり強く見て、社会についてはほとんど知らなかった。もっとも本書よりも前の講演「数学教育の意義」(一九二三)〔5または9〕には、ヒューマニズムと結びついた科学的精神なども、多少採り上げられている。けれども、当時の私は社会科学についての関心もうすく、科学といえばほとんど自然科学だけしか考えていなかった時期であった。しかし科学的精神というのは、決して自然科学のみの精神ではないのである。この書の中には、「自然科学」とあるところを、「自然科学および社会科学」とおきかえた方が、より正しい場合が、たくさんあるだろう。

日本で科学的精神の問題が本格的に採り上げられるようになったのは、ファシズム批判が盛りあがった時機で、本書の出版からおよそ十年も後のことである。「自然科学者の任務」(一九三六)〔5または9〕は、その時の一つの産物であった。

なお科学的精神と関連しては、敗戦後に書かれた「自然科学者の反省」(一九四六)〔7〕、「われ科学者たるを恥ず」（一九五三）〔13〕を読まれたい。

（3）本書は私が数学史をよく知らなかった時期の作なので、不正確な点はもちろん、誤りもかなり多い。それについては、井出弥門君との共訳『カジョリ初等数学史』（一九二八）、『数学史研究』第一輯（一九三五）〔3〕、第二輯（一九四八）〔8〕などを参考にされたい。

（4）数学教育の史実についても、本書には多くの不正確と誤謬がある。この点について、十九世紀の末までは、『数学教育史』（一九三二）〔1〕を読まれたい。また二十世紀については、「数学と教育」（一九三二）〔2または10〕、「数学教育」（一九三五）〔4〕及び「現代数学教育の先駆者」（一九五二）〔12〕などを参照せられたい。

終わりに臨んで、読者諸君に切望する。諸君は確乎たる批判的精神の光に照らして、本書を読んで頂きたい。本書の中には誤謬もあり、現在採るに値しない考えも多いだろうが、十分きびしい批判の後に、今日あるいは明日の世界に生かし得る点もあるだろう。そのためには、まず諸君自らが、はっきりした自主的態度を採らなければならない。確乎たる自主性もなしに、この書を過信したり、私の説に盲従することは止めて頂きたい。

諸君。現代日本の教育は、何よりもまず、平和と独立のための教育でなければならない。この意味においても、われわれは科学的精神の炬火を高く掲げて、われわれの数学教育を前進させようではないか。

一九五三年六月一日

恢復期の床の上にて

（『数学教育の根本問題』一九五三年、玉川大学出版部、収載）

大正末期のころ

私が小原〔国芳＝編注〕さんと深い交渉を持ちましたのは、小著『数学教育の根本問題』を、イデア書院から出して頂いた前後のことで、それは成城学園が牛込から砧村へ移転するまでの間です。

大正十一年の秋かと思いますが、当時大阪の郊外石橋にあった研究室に、イデア書院の高井望さんが見えられ、数学教育の本を書いてはと薦められました。その頃の私は小原さんのことを少しも存じませんでしたが、イデア書院というのは成城の出版部のようなもの、その成城は澤柳〔政太郎＝編注〕先生の新しい学校だと聞きましたので、それなら何か書いて差上げようかと考えたのです。澤柳先生には、東北大学の創立時代に、ただ総長と助手といった関係ばかりでなく、もっと個人的な意味で、色々と教えもされ激励もされたのですから。

その中に小原さんの『自由教育論』（大正十二年三月）が出版され、私はこの本から非常な感激を受けたのでした。それを動機として、私の小著が生れた（大正十三年三月）ばかりでなく、もっと広く教育上の諸問題についても関心を持つようになったのです。こういう意味において、小原さんは正しく私の恩人なのであります。

私の本が出版されてから一月ばかり後に、ダルトン・プランの創始者パーカスト女史が、大阪のある小学校で講演されたとき、私は熱心な聴講者の一人となっていました。大阪毎日新聞社の知人加藤直士さんの通訳で、それは宣伝的でなく、少しも誇張したところのない、ごく地味で落ちついた講演でした。夫人の近くに小原さんもついておられましたが、お忙しいだろうと考えたので、ご挨拶も申上げませんでした。

その年の暮に、広島の長田新さんと私の数学教育講習会が、青山師範学校で催されたとき、その初日に、はじめて小原さんにご挨拶申あげました。そしてその翌日か翌々日かには、小原さんや高井さんに案内され、夕刻から自動車で砧村へ、成城の敷地を見に参りました。あたりはもう真暗でした。幾分か地ならしの出来かゝった敷地の上で、遠大な理想を拝聴してから、多摩川附近の料亭で晩餐をご馳走になり、宿に帰ったのは十時過ぎでした。思えば半ば夢のような学園都市計画のお話が面白いので、私もつい学園町の名を、ゲーテ通り、カント街、ニュートン広場などと付けてはどうかと、当座の思い付きを述べたことなど、只今でもありありと思い浮べられる位です。

ところで最近『全人』の三月号によりますと、玉川大学がいよ〳〵認可になりました由、三十年来の御念願も漸くこゝに実現を見ることになりました訳で、これほど悦しいことはありません。この度こそは、本当に民主主義的な、しかも合理性の高い、真に革命的な、人間教育の完成のために、最後の御奮闘を衷心から期待するのであります。

(『全人教育』一九四八年一月号所載)

『小学算術』に対する所感[*1]

――昭和十三年（一九三八）十二月一日、東京府女子師範学校附属小学校・算術研究会において――

一

本日かような算術研究の大会に招かれまして、算術教育に熱心なみなさんのような方々に、お話を申し上げますことは、私のはなはだ光栄とするところであります。委員の方から、『きょうは特に新しい『小学算術』に対する所感を述べてくれまいか」という、ご希望がありましたので、僭越ながら、それを主題にいたしたいと存じます。

ただ非常に残念なことに、私は初等教育にも中等教育にも、教師としての経験がなく、数学を教えたことは専門学校と大学より他にありませんので、初等教育上の実践については、まったくの素人なのです。そういう意味におきましては、みなさんのような、熱心な実践研究家の前でお話する資格がまったくないのです。ただ十数年来数学教育について多少考えたところもあり、ただいまでもこの方面に多大な関心を寄せていますので、本日は広い意味での数学教育の立場から、小学校新算術の分野を眺めてみたい。もしなんらかのご参考になりますれば幸いと存じます。

私のはいつも平凡な話であります。特にきょうの話は平凡なことを覚悟しております。今日私どもはわが日本の算術教育のために、なによりもまず文部当局と協力して、新小学算術の趣旨を徹底させ、その方法や取り扱いを実践的に発展させねばならぬ時機なのです。それで一個人のなまなかな異見を申し立てて、みなさまを惑わせましては、申し訳のないことになると存じます。ただ私の話は自分の実際経験でもなく、また科学的研究の結果について語るのでもありませんから、中には間違った考えがあるかも知れません。それにつきましては、みなさんのご批判をいただきたい。とにかく私たちは協力して、『小学算術』の方針をもり立て、発展させていかねばなりません。きょうもその態度のつもりであります。

けれども、また一面から考えますと、わが国の小学校や中等学校の先生方は、遺憾ながらいろいろな点で弱く、自分の確信を天下に述べることが、困難な事情のもとにありましょうが、心の中では、文部省に対して言いたいことが、たくさんあると思います。それで私は僭越ながら、みなさんの代弁者の一人として、文部当局に対して希望もし、私見を述べることがあるかもしれませんから、その点お許しを願います。ただ小学校の新算術は今日が建設の時代でありますので、それには協力を絶対に必要とします。私は頭ごなしに批判するというような、悪い態度には決して出ないつもりであります。

＊1　〔追記〕　これは緑表紙の『小学算術』が、ようやく四学年用までできた年におこなわれた講演である。

二

さて、新しい『小学算術』に対して、私たちはどう考えているかといいますと、一口にいえば非常に結構であります。こういう教科書が出ればこそ、わが国の算術教育も世界的なレヴェルに到達できるのだと考えまして、非常な好感を持つのです。なぜかと申しますと、新算術書は児童の数理思想を開発し、日常生活を数理的に正しく指導する――かように児童の生活と数理の二つを統一する立場に立っている。この立場は、数学的にも教育的にも、正しいのであります。私たちはなによりもまず、新算術の持つ意味を十二分に理解しなければなりません。

ところで、そんなら新算術は実際に優秀なのでしょうか。それは以前の黒表紙の教科書と比較すればよく解ります、黒表紙の算術は形式的な、型にとらわれた、数理一点張りの旧式なもので、児童の生活に触れた点が少なかった。またその形式は数学的にも古く、固定したものであって、実験実測や近代的な函数の概念やグラフの取り扱いが不十分であり、また図形教材などもきわめて少なかった。ただ数学的に見てもこのようです。まして教育的に児童の生活や心理から見ますなら、それはあまりにも悪い教科書であった。あのような教科書は世界の文明国には、おそらくないのです。ことに高等二、三年の算術書などは、世界中どこを探しても、また他のいっさいの教科書に比べても、ほとんどその比を見ないほど、悪い教科書であったと、断定してよいと思います。

かような非教育的な算術書は、なんとかして一日も早く、改造されなければなりませんでした。ちょうどそのとき、国際的な数学教育改造思潮が輸入され、算術教育界に大きな刺激を与えたのです。そこで算術教育の任にある実際家の間から、改造の叫びが挙げられ、また有力な実行上の運動も起こって来たのです。たとえば作問による創造力の養成の主張とか、生活中心の数学とか、あるいは作業主義の算術とか――いろいろな主張が現われた。これらはいずれもみな確かに、理論的にも実践的にも立派なものなのです。

かように主唱者の精神・態度はまことによかったのですが、しかしその亜流になると困りました。あちらの指導書から、こちらの参考書からと、なんらの考えもなしに寄せ集め、ほんとうに生きた自分の物とせずに、ただ通り一遍の物真似をする。そうなりますと、いろいろの欠陥が現われて、算術教育の混乱に陥るおそれがありました。そこで文部当局が一大決心をして、統制に乗り出した。それは新運動の進歩的な精神を採り入れて、しかもその上に、一般小学校での実現の可能性のある標準的なものを作ることになった。かようにして新算術が生まれたのだ、と私は考えております。

それなら新算術のどういう点が、実際によくできているか。これにつきましては、明日文部省の塩野先生から、直接、詳しいお話があることと思いますから、私から詳しく申し上げる必要はないと存じますが、しかし念のため、二、三の卑見を試みに申しましょう。

まず、今までの古い算術教育につきまとって来た弊害を、徹底的に排撃されたことが、第一の長所です。すなわち
(1) 公式や法則を天降り式に暗記させて、ただ器械的に計算をあてはめることを一掃した。一例をあげますと、旧教科書の五年用には、
「円の面積は其の直径に等しい一辺を持つ正方形の面積の0.785倍である。直径6cmの円の面積は幾平方センチメートルか。」

こういう問題がのっていますが、先生がよほどしっかりしていませんと、これだけでは円の面積に関する法則が、まったく天降り式になります。ところが、算術の教育が読み方や書き方の教育でなく、真

に算術教育の名に値するためには、なぜ円の面積はこの法則で与えられるのか、その理由を、子どもにふさわしいように学び取らせる――いや、むしろ適当な指導のもとに、子ども自身をして、この法則を発見させる、そういうところにこそ、算術教育の重点がおかれなければならないはずなのです。[*2]

（2） また生徒の実際生活にも、数理の本質を学び取る上にも、無用な複雑な形式的な計算を一掃した。たとえば旧教科書の五年用には、こんな式

$$6-[5-\{4-(3-2)\}]$$

の計算がありますが、こんな三重の括弧などは、児童の数学には、まったく無用の長物といわねばなりません。

（3） さらにいわゆる難かしい問題、すなわち実際の役に立たない名ばかりの応用問題――実際は非応用問題――こういったものを一掃した。たとえば旧教科書の五年用には、

「今から今日の正午までの時間は、午前六時から今までの$\frac{1}{2}$である。今の時刻は何時か。」

「池の中に竿を入れた。初め其の長さの$\frac{2}{3}$を入れ、次に残りの$\frac{5}{8}$を入れたら、濡れない所が0.6mあった。竿の長さは幾らか。」

こんな問題がありますが、「今の時刻」を知らず、また「竿の長さ」を知らずに、どうしてこんな疑問が起こるでしょうか。

革新の第一歩は、かような有害無用なものの排除から、始まったのです。

ただいま、難問題のことに触れましたが、およそ算術の問題がよい問題であるためには、

(a) その問題が真実性を十分に持っていることが必要です。子どもの生活にとって、はじめから嘘の

ような問題では困ります。

(b) 実用価値のあるもの。

(c) 興味性に富んだもの。

その他細かく考えればまだいろいろありましょうが、まず大体以上三つの性質を満足させれば、そうとうよい問題だといえると思います。ところが、従来の難問題は、どの条件も満足させないものが多い。もし謎のような興味を取り去るなら、なんの価値も残らない問題が多いのです。たとえば、ただいま申し上げました二つの問題でも、また鶴亀算でも年齢算でも、それはまず答を知っていて、それから作った問題である。答を知らなければ作れないような種類の問題は、謎のような興味性があるだけで、真実性も実用性も欠けた問題だと思われます。[*3] ここで誤解のないように申し上げておきますが、私は謎のような興味のある問題を、全部否定するのではありません。そういった問題を時にはやらせるのも一興でしょう。しかし、ただそんな問題ばかり提出されては困るというのです。そして事実、そういったのが、旧算術の一つの特徴だったではありませんか。

さてお話を元にもどしまして、つぎに新算術の第二の長所は、有用な材料を新しく採り入れた点にあります。旧算術では数量に関するものばかりが主であった。ところが、新算術では、形すなわち幾何図形に関する基本的なものが、早くから採り上げられている。また統計的な取り扱いというような、社会生活の上に必要なこと、また函数の概念というような、事物の関係を探し求める根本の考え方――こういった基礎的に必要なものが、早くから採用された。これはまことに立派な長所であります。

しかもかような材料を、用意周到な方法で、日常生活とよく結びつけ、児童の心理や技能に適応するように処理したところに、新算術の第三の長所があるのです。

そのほか、いろいろな意味で、非常に立派な出来ばえであり、日本としましてはまったく革新的なものであります。しかしこれを世界的に見ますと、遺憾ながら必ずしも最初の革新とは申されません。欧米でも算術教育の進んだ国には、今度の新算術のようなものは、かなり以前からあったのです。私はわが『小学算術』をもって世界一と誇るのは、早計と考えますと同時に、わが算術教育の遅れたことを恥とするにも足らないと思います。遅れたのはいまさら致し方もありません。これから私どもの力によって、算術教育を、理論的にも実践的にも、世界第一に進めることこそ、われわれの任務であると思います。それで私たちは、このような新算術の出現に対して、文部当局の努力に深く感謝するとともに、その意図を汲んで、ますます進歩させ発展させねばならない。なんとかしてもう一歩進んだものにまで仕上げなければなりません。

＊2 〔追記〕ごらんなさい。それが新教科書では、五学年で立派にやり遂げられているではありませんか。

＊3 〔追記〕私は真実性や実用価値のある逆思考の問題をすすめたい。

三

ところで、何事でもすべて革新には困難が伴います通り、この新算術を実際に扱うには、非常な困難がある。それはだれよりもよく、みなさんがご承知のことです。その困難に打ち勝つためには、いかにすべきでしょうか。

私の考えますところでは、これはなんとしても、小学校の先生方の、強い覚悟によるほかはないと存じます。それで先生方はまず第一に、今までよりも、もっと広く、かつもっと深く、数学そのものに精通しなければならない、と思います。ところで、従来よりも広い知識を要することは、すぐに解りますが、それでは、なぜいっそう深い精通を要するのかと申しますと、新しい基本的な教材を正しく取り扱うには、よほど深く透徹した数学的な考え方・見方を必要とするからです。事実、新算術を使いこなすためには、実際的な具体的な問題の中に、しかもとびとびに、ところどころに現われて来る、数の発展や空間の諸概念などを、系統的に正しく捕えなければなりません。それですから、数学的分析力のお弱い先生方には、正しい指導が容易ならざることだと思われます。

第二には、先生方が新教科書の意図を的確に摑み、これまでよりもいっそう深い細心の注意をもって、生徒を指導しなければなりません。そういうことが、うまく実行できないと、従来よりもかえって痛ましい失敗に終わるかと思います。従来のやり方ですと、たとえ失敗したとしても、ある程度の計算もできるし、公式も暗記すればよく、数学の好きな特殊な子どもなら、難問題によって興味を起こし、かえって力が伸びるかも知れません。ところが今度の新算術では、数理と生活の統一というデリケートな関連の上に立っておりますので、先生方がよほどの努力をしませんと、子どもたちには、ただばらばらな知識の断片のみが与えられ、算術教育は何もかも駄目になる。ほとんど全国的に失敗する不幸をみないとも、かぎらないのであります。

それで、消極的な意味では、古い教科書の方がはるかに取り扱いやすいのです。しかしみなさんは、骨惜しみをしてはなりません。現に何よりもよい実際の例を、私たちは中学校の教科書に見ているではありませんか。すなわち昭和六年に文部省は、中学校の数学科を総合数学でやってよいと命じたのですが、これは数学教育の理論上当然そうあるべき事柄であって、この点では文部当局は進歩的だったのです。ところが、中学校の先生方は上級学校への入学準備教育に忙しく、中学校数学の革新については、あまりにも不勉強であり過ぎた。今日では、総合教科書は使いにくいから、もとの分科的な教科書に帰れという声が高いのです。なんという遺憾な状態でありましょう。

みなさん、新算術の編纂が理論上どんなに立派であっても、実際に当たる先生方が大いに努力しなければ、十分に使いこなせるものではありません。この点で小学校の先生方は、今日は実に重大な責任を持っているのです。そんならせっかく立派にでき上がった『小学算術』を、十分に活用するには、どうすればよいのでしょうか。

もしこの問題について、徹底的に根本的に考えますなら、それにはまず第一に師範学校のレヴェルを高めることです。現在の師範学校の程度では、この新算術書を活用することが困難だと思います。それで、この際はぜひとも師範学校の数学教育の上に、断乎たる革新をおこなわなければなりません。それと同時に、また一方では、小学校の先生たちに、修養と研究の時間を与えよ。俸給なども増して研究の余裕を与えるがよろしい（拍手）。それが何よりも大切なことであります。

しかし、かような案は前途遼遠で、今すぐには実行ができません。そこで目下の実際案としましては、何よりもまず教師用書を徹底的に研究されることです。教師用書は非常に注意深く、よく書かれている。それを精読し、十分に消化しましてから、自分の考えを入れて児童用書を使いこなすことが大切であり、これほど望ましいことはありません。実際『小学算術』は児童用書と教師用書という、二つの部分からなる教科書です。教師用書は、文字通りの意味で教科書の一部をなしております。これを熟読しないような先生は、「教師」ではないのであります。

四

さて新算術の児童用書と教師用書は、こんなにも優れた教科書ではありますが、しかし私たちはこれに対して、多少の要求を持たない訳ではありません。これから二、三の希望を申し上げて、一方ではみなさんの実際指導上のご参考に供し、他方では文部当局の反省を促したいと存じます。

まず第一に、尋常小学校の算術全体にわたる方針と各学年との関係を、そうとう詳しく書き上げて、一日も早く発表してもらいたいのです。もちろん新算術の大方針は解っているのですけれど、今日のところでは、今後どうなるのか、見通しのつかないことが、まだたくさん残っている。たとえば、式を立てることは、四年の終わりに近づいてから始まるのですが、六年の終わりまでにはどの程度まで進むのか。代数的な考えあるいは文字は採り入れるのかどうか、採り入れるとすればいつごろからか。また尺貫法は採り入れるのかどうか。[*4]……そういったことは、今のうちから先生たちが、ぜひとも知っておらねばならぬ事柄です。現に珠算や統計や組合せなどで、なんらの準備もなかった先生たちが、どんなに当惑したことでしょう。

ところが、文部当局では、それを発表してくれないばかりか、明年（五学年）の教科書さえ、まだ出していない状態です。きょう出たばかりの教科書で、あすからその通りに生徒を指導せよ、といった文部省の態度は、あまりにも官僚的であり、不親切であると思います。教科書というものは、教師をして十分に研究させてから、使用させるべきものです。算術教育の革新を志している文部当局には、当然それだけの親切があるべきはずです。かような意味で、私は文部当局みずからが、深く反省されることを切望いたします。

第二に、各学年の教師用書は、さきに申しました通り、立派なものではありますが、実際の教師用書としては、どうも適当でないと思われます。なぜかというと、真の教師用書としては、もっと手軽なもので、実際に教室で使えるものが欲しいのです。また地方的な事情や児童の発達程度によって、実際どんな個所を、どのように、どんな程度に、教材を取捨したり補充したり、また配列を変えてよいという、その実際案を、教師用書の中で二つ三つ示されたいものです。今日の有様では、多数の実際家は、まだ十分に手慣れないためか、材料が多過ぎるとこぼしており、しかもなんらの基準も示されていませんので、材料の取捨に迷っている。いわんや地方化、郷土化などには、とても手がとどかないでしょう。当局者は教師用書の中で、二、三の具体例を示すくらいの親切があってほしいと思います。

第三に、教師用書を冷静に読んでみますと、どうも文部省が数学の理論と実際指導の方法に対して、あまりにも親切過ぎる感じがします。あんなに盛りたくさんの内容を、しかも一定の方法で規定し過ぎる感があります。あまりにも至れりつくせりで、説明がくどすぎる。数理的にも教授法的にも、あまりに完璧を期している。どこでもそうですが、たとえば数の計算についても、起こりうるいっさいの場合をつくそうとしている。だから、教員諸君はめんどうがって、ろくに教師用書を読まないのだと思います（笑声）。

元来、生徒はあまり細かくいわれないでも、自分自身で探求もし発展もしていくべきものでしょう。だれでもそうなので、教師もそうでしょう。子どもが自分で探求していくように導くところにこそ、教師の任務があるのでしょう。それには教師自身にも、もっと活動の自由を許さねばなりません。あれだけの教材をただきちんと教え、それ以外の指導を少しもしないようなのは、むしろ悪い教師なはずではないのですか。新算術の意図は、自分で考え自分で創造するように、生徒を教育するところにあるのでしょうが、それには教師みずからそうなるように、訓練されなければなりますまい。

教師用書では、一方、数理的な説明となると、ばかに細々しいのに、他方ではさきに申しました通り、地方的その他の事情による、材料の取捨変更の具体例といったような、もっと根本的な大切な問題には、なんらの説明をも与えないのです。どうも当局者は何か数学にとらわれ過ぎている。もっと眼界や識見を広くもし、高めてもらいたいと思います。

かような立場から眺めますと、新算術には一般的に、ことに四学年あたりから、数理的な教材が多すぎはしないでしょうか。たとえば、四学年下巻の「形と面積」や「整数」のところなどは、数学の専門書から抜いて来たように感じられるのです。こう盛りたくさんになってきては、詰め込み主義に陥らざるをえなくなる。そういう傾向を私はおそれるものであります。教材はもっと少なくてもよいと思います。真に本質的な事柄を、できるだけ自発的に発展させていくのが、算術教育の本体なのでしょう。こう考えますと、取り扱い方をあまりきちんと規定している教師用書には、なにか根本精神において、腑に落ちないところがあるように、感じられます。

もっとも大切なことは、書物から算術を学ぶのではないということです。私たちは現実の問題に触れ、現実の問題を取り扱うために、必要欠くべからざる数学的な見方・考え方・取り扱い方を学び取る――ここに小学算術教育の精神があると思います。現実を通して問題を見つめる。――これがもっとも大事なのであります。

＊4 〔追記〕 そのころには尺貫法をできるだけ後回しにすると聞いていたのが、ついに五学年からはいってしまった。浬（カイリ）も節（ノット）も採り入れられた。

五

つぎに最近になりまして、四学年の下巻から珠算がはいることになりました。文部省の方針は暗算・珠算・筆算の三つを平行させ、調和統一的に進むのにあるのでしょうが、この精神はまことに立派なものので、私の衷心から賛成するところです。ただ私は、従来あまりに尊重されなかった珠算が、今度堂々と取り扱われることになったので、珠算の愛好家や専門家の宣伝に乗じられて、暗算や珠算が過重視され、とくに計算速度の偏重を来たさんことをおそれるのです。

私たちは、計算の方法は、ただ暗算・珠算・筆算の三種ばかりだとして、この三つのみを対立的に比較するだけでは、いけないと思います。珠算の問題について考えるには、もっと根本的に、数学また数学教育全般の眼から見て、珠算がどんな位置にあるかということを、慎重に判断しなければならないと考えます。

元来、計算には筆算と暗算のほかに、機械計算と図計算――とくに計算図表といったものがあります。

これらの計算法は、それぞれその用途と特徴を持っているので、そこにはそれぞれの長所と短所とがあるわけです。

また機械計算といっても、珠算のほかに計算機や計算尺の方法があり、もっと高級なもの（面積計、積分器など）もある。その中で、そろばんと計算機とは、ともに四則の正確な計算に用いられる点で比較されるのですが、なんといっても軽便廉価な点で、そろばんは計算機に優る。——この点は確かに珠算の長所であり、またそろばんが一種の計数器として、数象を与える点でも、珠算が算術教授上重要視されるのは、至当のことでありましょう。それと同時に、珠算は誤謬を招きやすい点で計算機に劣るし、さらに四則よりも高級な計算に不向きな点では、他の種類の計算機械、たとえば計算尺とは、較べものになりません。これが珠算の特徴であると思います。

それならいっさいの計算法の中で、数学の大道はどこにあるのかといいますと、私は何の疑いもなく、それは筆算にあると断言いたします。もし筆算といって語弊がありますなら、もっとはっきりと、記号の使用にあるといいかえましょう。算術から代数へ、さらに高級な数学へと進みえましたのは、簡潔で明晰な記号の使用に負うところ、実に大きなものがある。そういう便利な記号を用いたからこそ、数学が発展したのです。筆算といえばただ数字の計算とばかり解釈しますのは、あまりにも狭い見解といわねばなりません。ところが、珠算のような機械計算では、どうしても個々の数しか表わしえないのです。一般的な公式を、どうして珠算で表わしえますか。

それはひとり現在の数学のみにかぎりません。和算においてもまた同様でした。和算の計算法といいますと、多くの方々はすぐに珠算のみを連想するでしょうが、和算の計算法は決して珠算ばかりではなかったのです。和算の中には、点竄というのがあり、これはまったく記号を用いる筆算であって、まさに一種の代数であります。関孝和が偉大な理由の一つは、点竄を作り出したという点にあるのですが、そのような点竄すなわち記号的な代数が発明されたからこそ、和算はあれまでに進展したのです。中国にも、珠算のほかに、代数に似た数学がありましたが、これは算木による計算で、一種の器具的代数であったために、——もちろんそのほかにも理由はあるのですが——和算ほどには進展しなかったのでした。

私は必ずしも、珠算を用いたから、和算が進展したのではないと思います。よくご注意を願います。私は、代数に匹敵する点竄があったからこそ、和算があんなにも発達したのであると、確く信じるのです。かように西洋でも日本でも数学の大勢を決定するには、適当な記号による筆算が、根本的に必要であったのです。極端な言葉をお許しくださるなら、珠算はなくてもすむものなのです。日本にはそろばんという便利なものがあったから、私たちはこれを利用しようというだけです。これに反して、もし筆算を止めますなら、数学は滅んでしまうのです。

また珠算の愛好者や専門家たちは、計算能力やとくに計算の速度についてやかましくいいますけれども、計算の速度などは大体一定の標準に達すれば、またはこれを越えさえすれば、それでよいのであって、標準以上にむやみに計算を迅速にすることを、小学校教育に望んではならないと思います。マラソン競走などでも速いのはよいが、だれもみな、むやみに速く走る必要もないでしょう。物事には程度がありますす（笑声）。計算の力はもちろん大切です。けれども計算力のみが算術教育全般を支配してはなりません。

私は珠算に対する卑見を、ごく率直に申し上げました。私個人としましては、珠算の歴史に、大きな興味を持つものです。私は珠算の科学的研究を期待する上において、決して人後に落ちないつもりでおります。しかし算術教育の問題はただ一面ばかりから、研究され強調されてはなりません。珠算教授に対しましては、みなさんの公平な判断に訴えまして、適当に採用されたいと思います。

六

最後にもう一つ。系統的に『小学算術』を読んでまいりますと、一学年から二学年、三学年から四学年と、年を経るにしたがって、生活的な、作業的な問題がだんだんと減って、何か問題のための問題といったものが、多くなりつつある。——こう痛切に感じられます。極端に申しますと、最初排斥した黒表紙の教科書にもどりつつある。生活が、型にはまった数理思想にとらわれつつある。こういう気がいたします。

かように申しましても、私は決して、材料を数理の系統にしたがって配列することを、非難するのではありません。ただ教科書の調子では、数理思想なるものが、あまりにも漠然としてはいないでしょうか。数学遊戯とか組合せとかの材料は、なるほど興味もあり、また数理思想を養う上にも、好ましい材料には相違ないのですが、しかしただそれだけの理由で教材に採用されるとなると、それでは多岐多端に流れて、むかうところを知らなくなる。こういう感じが起こらないでしょうか。またたとえば四学年の下巻、「形と面積」のところなどでも、あれだけ多くの事柄を、いちいち書き上げる必要があるのでしょうか。そこには何か、数理思想における「選択の原理」とでもいったものが、欠けていはしないでしょうか。

私は、数理思想といっても、その中心的なもの、核心となるものを目標として、もっと態度をはっきりさせる方がよいと思います。私一個人の卑見としましては、算術教育は現実の問題から出発する。そしてその問題を解決するために、いかに数学的に見るか、いかに数学的に考えるか、いかに数学的に取り扱うか。——こういう数学的な見方・考え方・取り扱い方を、現実の問題を通して採り上げる。現実の問題を通じて数学を学び取るところに、算術教育の本質や価値があると思うのです。もっと広く、現実の問題を通じて科学的精神を養成する——という言葉で、おきかえてもよいと思います。

それですから、新算術におきましても、もっとはっきりと、現実的なものを科学的に取り扱うというところに、目標を定めてはどうでしょうか。広い数理の世界の中から、児童の生活、児童の将来、人間の一生を通じてもっとも価値のある、現実的な材料を選択して、一貫した方針のもとに、目標を見失うことのないように指導する。そのためには、いたずらに多岐にわたるよりも、関係の観念すなわち函数関係などが、もっと中心におかるべきではないか。かように考えるのです。

このように、判然とした科学的精神を一本筋にねらいますならば、教材をもっと少なくしてもすむのであります。そしてその時間の余裕をみて、そうとうに長い期間の研究課題を与える。すなわち生徒が、あるいは個人的に、あるいは集団的に協力して、特に一定の期間やらねばならないような、生活的な作業的な、大きなテーマを与えて、これをまとめるように指導する。その方が、区々たる末梢的な算術問題を解くよりも、どんなに有効であるか知れないと存じます。

七

尋常科の算術につきましては、大体この辺で終わることにいたしましょう。そんなら高等小学校の新算術書はどうか。これについては、少しひかえ目にお話を申し上げたいのです。なぜかと申しますと、今日の『高等小学算術書』は過渡期のもの、暫定的なものと思われる。今にもっとよい本格的な教科書が出てくると信じます。それで、これを尋常科のものと同じように批評しては、気の毒だからです（笑声）。

新しい『高等小学算術書』を古い教科書に比べますと、非常に使用しやすくなったことは確かです。少し数学に興味をもつ先生なら、今度はたいてい使いこなせると思います。けれども、先生方の側から見て使いよくなったということは、ほんとうに教育的に見て、必ずしも本質的に良くなったことには、ならない場合もある。現に『高等小学算術書』の場合では、教科書がよほど平易になり、かんたんになったことは確かな事実ですけれど、本質的に見て、内容的に非常に進歩したとは、断じて言いえないと思われます。これは全体としては、まだまだ非常に古い型である。いや、この教科書は先生たちが、中学校や師範学校で習った通りの、古い型であるからこそ、使いよいのであります。

そんなわけで、これは厳正に批判するだけやぼかも知れませんが、ほんの一言を加えますなら、まず代数教材にはなんの新味もありません。高等二年の平方根は、もっと早くから表を用いてかんたんにする方がよいでしょう。方程式といえば、未知数をいつもxとするのも感服いたしません。また幾何図形もお座なりの感じを与えます。また勾股弦というような、古い死んだ言葉を復活させるのは不必要、ピタゴラスで結構です。それにしても全体として、『尋常小学算術』に比べますと、革新の意気と情熱とは、はなはだしく欠けていると思われます。

現に、高等一年の初めと高等二年の終わりに、算術と総括の項がありますが、非常に残念に思いますのは、せっかく統計をやるのですから、なぜそれをもっと生き生きと取り扱いえなかったのか。現在日本の経済的・社会的情勢や、わが国の世界的地位について、もっと具体的にもっと歴史的に、生き生きと理解させるような材料が欲しかった。教科書の中には、グラフもほとんどなく、統計の精神も不徹底であり、函数概念などはほとんど絶無に近いように感じられる。あれでは、わが日本の今日の姿を十分に知らせることができないし、他方、科学的精神の欠如を示しているように見受けられます。

そもそも高等小学校とは、どんな意味の学校でしょうか。高等小学校の算術科としては、何よりもまず農民・工場労働者・商人その他、未来の健全な国民として、また各自の職業に活動する人間として必要な数学——少なくとも数学的な見方・考え方・取り扱い方——に、注意を集中しなければなりますまい。この意味におきまして、今日の高等小学算術書は、どこに目標があるのか、ほとんど疑わしいのでありあます。なぜなら、生産の上からも、消費の上からも、社会的な経済的な色彩が、あまりにも稀薄だからです。

尋常科でもそうですが、とくに高等科では、人間の個人的な、また社会的な生活を掘り下げて、数理的に指導し、算術をできるだけ生活的にしなければなりません。そのためにこそ、ピタゴラスの定理をやったり、二次方程式を解くのです。そのような精神を忘れますなら、高等小学校の算術はほとんど無意味であると思われます。

これで小学校新算術書に対する感想を、ざっと終わることにいたします。

かように申しますと、私は何か非常に批評がましいことをいったように、受け取られるかも知れませんが、私はただあくまでも新算術を擁護し、これをもり立てて、いっそうよいものにしたければこそ、かようなことを申し上げたのです。われわれはそれほどまでにも新算術を護って、もっと改善しなければならない運命をになっているのです。なぜそれほどなのか。これからその歴史的背景について申し上げたいと存じます。

八

みなさん。算術教育というものは、必ずしも順調に育っていくものではありません。明治維新以来の算術教育史は、どんなにか幾度も幾度も、算術教育が失敗して来たかを、私たちに教えてくれます。それで私はその歴史の一端を申し上げまして、新算術の擁護の目的を力説し、みなさんの決心を促したいと思うのであります。

徳川時代の末期には、学問としての和算が栄えたのですが、またその一方、通俗的な和算書があって、普通の人たちはこれによって算術を学んだのでした。この通俗和算書は珠算が主で、点竄はまずなかったのですが、それはまことに大衆的で、興味もあり、また実際上の事柄を多分に採り入れたものです。

中には極端に走りまして、大工なら大工に必要な勘定があり、呉服屋なら呉服屋に必要な問題があり、職業によっていろいろの事柄が適当に採り上げられた書物も、そうとうたくさんおこなわれたのでした。

こういいますと、みなさんは、それは大変実用的な算術ではないか、と思われるかも知れませんが、よく考えてみると、必ずしもそうではないのです。通俗和算書では、問題はその場その場かぎりの解き方をやっていて、同様な考え方や解法が、所々方々に現われても、これらすべての場合に共通する考え方や方法を講じない。——こういったところに、通俗和算書の著しい特色があったのです。ところで、学問というものは、個々のものをできるだけ系統づけ、一般化することが大切でしょう。それなのに、通俗和算書ではその場かぎりのやり方で、系統的にまとめるか、一般化するように進んでいないのですから、科学的なやり方ではないのです。このような本は、正しい意味での実用算術ではない、と私には思われるのです。

真の実用算術は、実用と理論とが調和しているところにある。『小学算術』が標榜しているのは、まさしくその点なのです。——生活と数理の統一。これでいかなければなりません。要するに、徳川時代における通俗和算書の流行は、当時の庶民の地位がいかに低級であり、当時の大衆教育がいかに封建的であったかを反映したものです。私たちは現代日本の新しい算術を、昔の低級な実用主義へと堕落させてはなりません。

さて時代が変わって維新の暁がまいりました。明治政府は、新しい日本を建設するためには、和算ではならぬ、どこまでも西洋数学を採用しなくてはならぬ、と決心しまして、明治五年には学制を定め、六年には文部省編纂の『小学算術書』を発行したのであります。この『小学算術書』には、絵が多く、

内容も当時としてはすぐれたものでした。試みに巻一の初めの方の一ページを読んでみますと、

上の絵の教師は、幾人ありや。	答
弟子の小児は、幾人ありや。	答
机の上の札は、幾枚ありや。	答
机の足は、幾本ありや。	答
片手の指は、幾本ありや。	答

また巻二の一ページを読みますと、そこにも絵があって、

竹に雀七羽あり、うち五羽は飛び去りたれば、竹の枝に残りたる雀は、幾羽ありや。	答
盃八つあり、うち五つを減ずれば、残りの盃は幾個ありや。	答
九個と五個との差は、幾個なりや。	答
兄弟十人あり、中五人は女なれば、残りの幾人は男なりや。	答

すべてこの調子で、今日から見ても直観的で、なかなか味のある教科書でした。これはアメリカのコールバーン系統の算術書を翻案したものですが、コールバーンはアメリカに初めて、ペスタロッチの思

想を採り入れた人なのです。かように日本で文部省がはじめて作った『小学算術書』は、実にペスタロッチ流の直観的なものだったのです。しかし、それはまったく失敗に終わりました。なぜかといいますと、かような教科書を使いこなせる先生たちが少なかった。和算などで教育を受けた先生には、「片手の指は幾本ありや」というような問題は、まったく意味をなさなかったのでしょう。直観主義の算術の意味などは、およそ理解されないものであったのです。[*5]

それで、かような算術教育は失敗に終わりまして、明治十年代になりますと、それに代わって、むやみにたくさん問題を集めた『数学三千題』といったものが、流行したのです。これは算術の理論とか実用とかを、教育的に考えたものではなく、ただ問題をたくさん解きさえすればよいといった、まったく非教育的な問題集でした。

それではいけないというので、今度は当時の東京帝国大学教授、天文台長の寺尾寿先生が算術をお書きになられた。それは明治二十一年のことです、寺尾先生は三千題流の弊を一掃する目的をもって、いわゆる理論算術を説かれた。それはみなさんが中等学校でやった幾何と同じように、定義・定理と論理的に進んでいく算術であった、一例をあげますと、「ある数が五の倍数なるために必要にして且つ十分なる要件は、この数の右の端の数字が五あるいは零なることなり」、といった調子のものでした。

さて三千題流に、ただむやみに問題ばかり解くことは、もちろんいけません。さればといって、かような理論的なもので、その弊害を救うことができないのは、当然のことです。そればかりではありませんん。かような理論算術が一世を風靡しまして、ついに小学校教育にも影響してまいりましたので、今度は、明治二十八年ごろから、東京帝国大学の藤沢利喜太郎先生が、算術教育のために立たれたのです。

藤沢先生は一方では、三千題流を斥けまして、計算の熟練と実用的知識を与え、同時に緻密な考え方を養成すると同時に、他方では理論算術を徹底的に排斥されたのでした。そして英米流の実用的な算術を基礎として、これを十分に日本化することに努められました。藤沢先生のわが算術教育における功績は、まことに大きなものがあるのであります。

かように日本の算術教育は、ある意味におきましては、藤沢先生の手によって、一応でき上がったとも考えられるのですが、しかし不幸にして、先生の書物や議論の中には、これからやっと燃え上がろうとする、新しい教育的精神を殺すような傾向が多分にありましたことは、まことに遺憾の極みといわねばなりません。

たとえば藤沢先生は、徹底的に数え主義を強調されました。数の観念は数えることから起こるものであるという。まあそれは結構であります。しかし算術全体が、数え主義という一本調子でなければならないかといえば、それは疑問でありましょう。ところが、藤沢先生は、直観や実験・実測からはいる算術を、極度に排斥されましたために、古くはペスタロッチ、またその当時ではアメリカの新興のデューイの説などは、日本に育たないことになったのです。

藤沢先生はまた分科主義を採用されまして、他の分科との総合や関連を禁じられました。算術はどこまでも算術でなければならぬ。算術の問題を解くのに

$$(3\times\Delta+7)\div5=5$$

などとして考えてはならぬ。これは代数の方程式であって、算術の中にかような考えを入れてはならない、といわれました。また幾何学的な考えも入れてはならぬ。たとえば平方や平方根のところで、

$$(a+b)^2=a^2+2ab+b^2$$

の説明に、幾何学的な図形を用いて説明してはいけない。それは図形を使って算術をごまかすものだから、絶対にいけないといわれたのです。かように代数や幾何を算術に結びつけてはならない。それのみではありません。幾何の証明をはじめる前に、幾何図形の概念を教えてもいけないし、代数に函数の概念を入れてもいけないと、強く主張されたのであります。

ところが、たまたま明治三十五年に、教科書事件という悲しむべき事件が起こりましたので、それまで民間で発行されていた算術教科書が廃止されて、三十七年から国定になりました。その最初の編纂には、藤沢先生の弟子格の方が当たられて、藤沢先生の精神が全面的に採り入れられ、ここに黒表紙の『小学算術書』が現われたのであります。

明治三十五年は西暦一九〇二年にあたります。時あたかも西洋では、ジョン・ペリーの有名な数学教育論がすでに一九〇一年におこなわれ、ムーア、クライン等々の国際的な数学教育改造運動が、始まろうとしている際であります。しかるになんということでしょうか、文部省の手で統一されたわが日本の小学算術は、国際的な改造運動とは、全然反対の方向に向かって進んだのでした。ペリーやムーアやクラインらの国際的改造運動では、実験・実測を奨励し、総合数学を目指しているのに、これらの考えを全部のぞいたのが、――いや、これらの新しい考えを全部否定して、そんな思想に近づいてはいけないというのが、日本の国定算術書であったのであります。

出発点がすでにかようでありましたから、大正年間にはいってから、教科書は何回か改正されましたが、まだどうもおもしろく行きません。それがまだ今日に伝わる黒表紙の教科書なのです。

思えば、今日の緑表紙の新算術が現われるまでに、私たちはすでに三十余年間の遅れをとったことになります。いや、それればかりではありません。三十年前に、日本の算術は、この緑表紙のようになってはいけないと、〔国家の名において〕、主張されていたのでした。私はここに、なぜ日本の数学教育が遅れてしまったのか、今日でも思うように進みえないのか——そういうことの根本的な理由があるのだと思います。

今ここに、立派な新鮮な緑の教科書が現われましても、その活用ができないとしましたなら、明治初年のあの失敗を、再びくり返すことになるのではありませんか。それでは断然いけないと思います。

＊5 〔追記〕『小学算術書』は『形態線度図』などとともに、小学校初年用として書かれたものだが、当時はペスタロッチ教授法が具体的な形で、くわしく紹介されたわけではない。また幾何図形についても、アメリカのバーナード・マークスの『上等小学課書幾何初歩』（明治九—一四年）が岡本則録の手で注意ぶかく訳され、いかにも親切に証明への筋道をくわしくたどっているが、そこにはペスタロッチ風の実験実測が、十分に取り扱われていなかった。

アメリカ留学から帰った高嶺秀夫（東京師範学校の教頭）の影響のもとに成った、若林虎三郎・白井毅の共編『改正教授術』（明治一六—一七年）によって、ペスタロッチ教授法が正式に移植されたとき、「算術課」では直観主義とともに心力の開発がつよく説かれた。また「地理課」では距離の実測から地図の製作がおこなわれ、「画学課」ではいわば直観幾何風に、幾何図形が取り扱われた。さらに「幾何課」では推理力の源としての観察（実験）と記性をあげ、それから推理力に訴えることを説き、興味ある実験的方法が示されている（拙著『数学史研究』第一輯、二七四—五頁参照）。

日本では、ついに十分に育成することができなかったが、ペスタロッチ教授法のなかでも、諸学課の総合の強調力説については、十分に注目しなければならないと思う。

九

みなさん。今日の日本は、過去の日本ではありません。明治時代と今日では、世界における日本の地位を異にしています。申し上げるまでもなく、いろいろな意味で今日ほど重大な問題に、日本が遭遇し、私たちが直面しているときはありません。今日こそいっさいのものが再検討され、革新されねばならない時機であります。

しかも私たちの職場におきましては、ちょうどこの際生まれたのが、この革新的な新算術であり、それはまったくその時機をえたものと思います。私たちは、それを十分に使いこなしえないで、再び日本の算術教育を逆転させてはなりません。新しい日本を作り上げるためには、少なくともこれ以上の小学算術が、改造に改造を重ねて、つくりだされなければなりません。しかもその任務はだれの手によって果たされるのですか。それは小学校の先生方を除いて、ほかには絶対に求められないのであります。いかなる困難をふみ越えても、みなさんが成し遂げねばならない、その使命の重大さを、深く考えなければなりません。

はなはだつまらぬことを申し上げましたが、これで拙い講演を終わります（拍手）。

（全国小学校連合女教員会『教育女性』一九三九年一月号、二月号、およびモナス『算術教育』一九三九年二月号所載）

〔追記〕読者諸君は、再び別項「科学教育の民主化」の最初の部分に返られたい。なお明治以来のわが国の数学教育については、つぎの拙著を参照せられたい。
『数学教育史』（岩波書店、昭和七年）二九七頁以下。
『数学史研究』（岩波書店、昭和十年）二五七―二八八頁。
『近代日本の数学』（新樹社、昭和三十一年）一五五頁以下。
『現代数学教育史』（鍋島信太郎共著、大日本図書株式会社、昭和三十二年）。

（『数学教育論集』一九五八年、新評論、収載）

数学史

算術の社会性

――算術書を通じて見たる十六世紀の英国の社会経済状態――

これは小さな、しかしながら野心的な、一つの試みである。それは資本主義成立の前夜における英国の社会経済状態を、その当時の一算術書を通じてうかがわんとするのであるが、これを頭から無謀の挙と非難される方々には、特に終わりまでなにとぞ、丁寧に通読してから、厳正なる御批判を頂きたいと思う。

時代は学術の上に反映する。ことに初等算術なるものは決して、超社会的なりと自称する数学上の単なる一分科ではなく、それは一種の総合科学にほかならぬ。そこには日常生活上の諸問題が多分に採り入れられているから、算術書の著者が意識すると否とにかかわらず、われわれはその中から社会科学的資料を汲み取り得る。この意味において、私は一六世紀の中葉から一七世紀の初頭にわたる英国――農業革命、国民的意識の発達、海外商業勃興の初期時代の英国――の事情を、数学史上有名なるレコードの算術書から学ばんとするのである。

もちろんそれが為めには、社会経済史との十分なる比較研究を必須とするが、それはこの方面の一門外漢のにわかに企及し得るところでない。ことにわれわれが考察の時代は、あたかも英国における物価騰貴の過渡期に属するがゆえに、数量的比較研究は一層困難とならざるを得ないのである。私はただ手許にある二、三の参考書によって、多少の比較を試みるに止め、余は識者の垂教に待つことにした(1)。

著者ロバート・レコード Robet Recorde（一五一〇？—五八）は有産階級に生まれ、オックスフォードおよびケンブリッヂに学び、数学と医学とに秀でた。はじめオックスフォードで算術を教授したが、あまりに歓迎されなかった。後にエドワード六世及びメリー女王の侍医となったが、十分には報いられなかった。晩年（理由は今日あまり判然しないが）獄舎に幽閉され、そこに「英国数学の創立者、コペルニクスの学説に関する英国最初の著者、英国医学界における大貢献者」としての一生を終えたのである。

彼の算術書は、『技術の礎』（*Grounde of Artes*）と呼ばれ、一五四〇—四二年に、ロンドンで出版された。英文算術書の最初のものの一なるのみならず、当時欧州大陸の算術書の水準線を超え、英国第一の名著だった〔小倉『数学教育史』参照〕。それは低級なる商業算術書でなかったにもかかわらず、広く普及し、今日残存するもののみでも、ほとんど三十版に達する。もっとも一五八二年以後の版はジョン・メリス——英国最初（？）の複式簿記書（一五八八年出版）の著者——の校訂に成った。私蔵の書は、不幸にしてタイトル・ページを欠くが、一六三〇年版と推定される。

私蔵の書は三部より成る。レコードの手に係れる最初の二部（本文三四二頁で、普通の意味の算術を、教師と生徒の問答による対話体で書かれている）に、メリスの筆に成れる第三部（三四三頁から五二九頁まで商業算術を主体とし、対話体ではない）を添えたものである。今この小篇においては、主として最初の二部（これを『本文』と呼ぼう）を研究の対象とするが、時に第三部を指す場合には、これを『増補』と呼ぶことにしよう。[2]

（1）改造社版『経済学全集』のうち、高橋誠一郎氏、野村兼太郎氏、山川均氏、石浜知行氏の執筆に係れる経済史および経済学史のほかに、アシュレー『英国経済史』、野村兼太郎氏『英国資本主義成立史』などを参考したが、特に Thorold Rogers, *Six Centuries of Work and Wages*, 15 ed., 1923. に負うところはなはだ多い。以上の諸家に感謝の意を表する。商業算術の歴史は次の書に詳しいが、立場が違う。D. E. Smith, *History of Mathematics*, Vol. II, 1925.

（2）後の編者が『本文』中にも手を加えた事は、後に示す通り明白であるが、しかしその変更の個所も程度も、完全には微力これを判定するに苦しむ。実はレコードの算術書は、私蔵のもの以外に日本にはどこにもなかろうかと思われるのである。

一　農業・牧羊

英国では、われわれの考えつつある時代に、耕作が漸々廃れて、牧羊が隆盛となりつつあった。かかる現象はいかように算術の上に反映したか？　われわれは本書の『本文』中に

「小麦三十ブッシェルを蒔いて、三百六十ブッシェルを収穫する」（一五七頁）

「六人の草刈夫が五日間に四十五エーカーの草を苅る」（一五九頁）

「土地一エーカーの価一磅〔ポンド＝編注〕七志〔シリング＝編注〕」（二〇九頁）

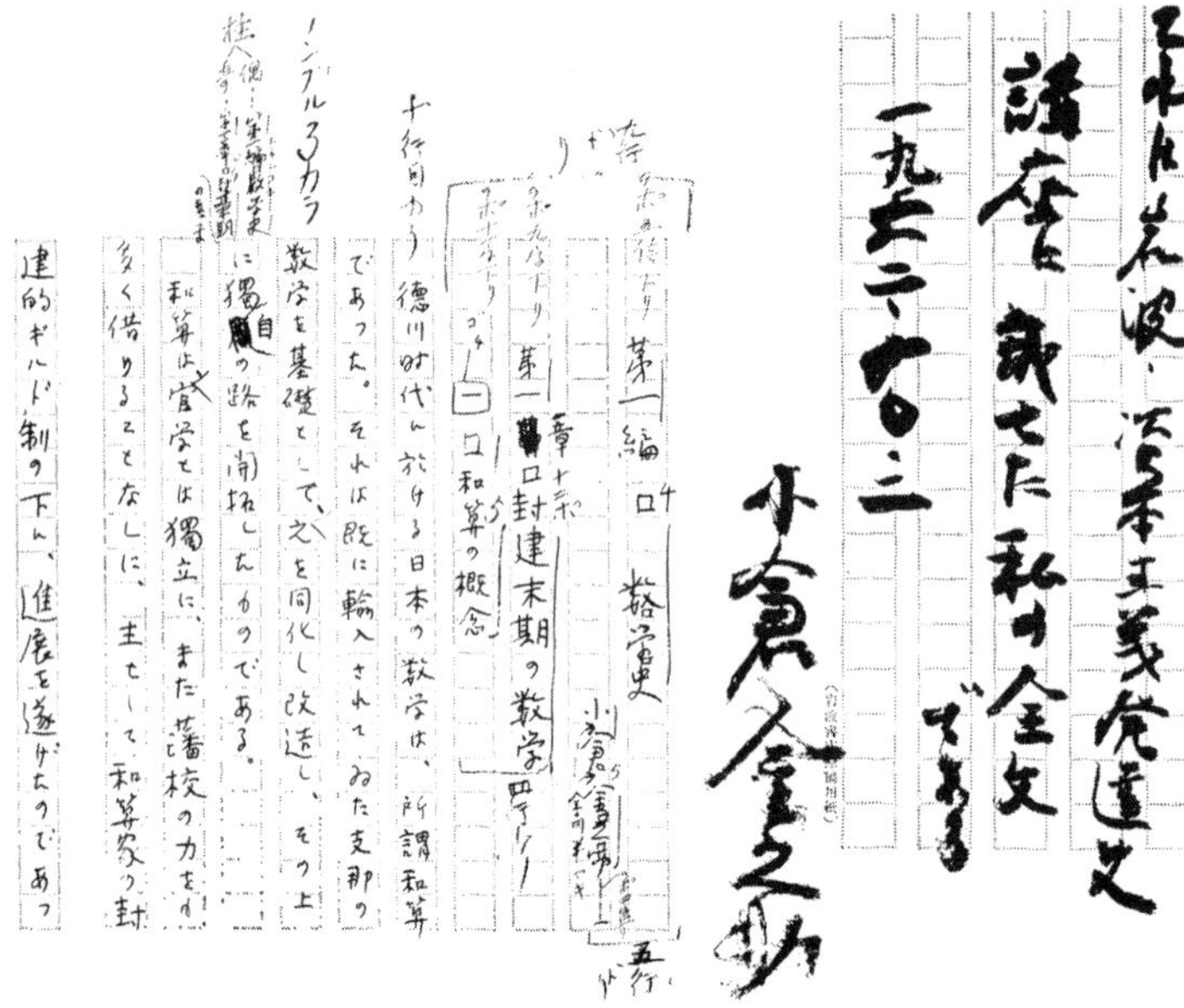

「日本資料主義発達史講座」に収録の「数学史」の原稿，1932年

のごとき問題を見出すけれども、農作物の売買に関するもの一題をも認め得ない。これに反して、羊および仔羊の売買に関するものは五題もある。それらによれば、羊一頭の価は二志または四志となっている（一七二頁、二〇五頁）。また「四人で合資して羊二千頭を買入れる」問題もある（一七一頁）。特に興味あるは次の例である。

「次の法律が設けられたものと仮定せよ。

羊を所有する者は、一頭に対して土地一エーカーを耕作地とし、四頭に対して一エーカーを牧場とすべし。

今七千エーカーの土地を有する富裕なる羊親方（sheep-master）が、喜んでできるだけ多くの羊を飼わんと欲する。上の法律によれば何頭まで許さるべきか。」（三二五頁。答は二万頭である）

この問題は、仮令架空の事実にせよ、いわゆる囲墻運動を暗示し、農業革命を語って余りあると思う。事実、一五三三年の法令によってみるも、羊二万四千頭の所有者数名あった事が知れるのである（ロージャース、前掲書、三四〇頁参照）。

羊毛の価格については、本書の『本文』中には見出せぬが、『増補』（四四六頁、四四七頁）中に二題ある。それは商人が羊毛を販売する問題で、それから計算すると一トッドにつき、

羊毛　三〇志、スペイン羊毛　二〇志

となる。これは当時代の平均価格よりは高過ぎるが、一方エドワード六世時代に、二〇志を超えていた（ロージャース、四四四―四四五頁参照）ことを考えれば、驚くにも当たらないかと思われる。

二　物価・賃銀・生活費

次には生活費に移ろう。標準の物価や賃銀などを、一算術書たる本書の上に求めることは、もちろん無理に相違ないが、それはとにかく、本書に見えるところを述べよう。

毛織物は「一エルで十志」（一四九頁、その他数ヵ所）、「オランダ毛織物一エル八志六片〔ペニー＝編注〕」（四〇七頁）、「毛織物一エルにつき八志八片で買い、後にこれを十一志に売る」（四〇八頁）。贅沢品が遙に高価なことは、「ビロード、一ヤード一磅三志」（三一九頁）、「繻子一ヤード十六志」（一四〇頁）などから知れる。これに反して、「木綿一ヤード八片四分の一」（三九六頁）とある。

酒の値段としては

「四種の葡萄酒すなわち一ガロンにつきそれぞれ六片、八片、十一片、十五片のものを混合して、一ガロンに就き九片の酒を造る」（二九六頁）

なる問題がある。

運賃に関しては

「百十二封度〔ポンド＝編注〕の荷物を三十哩の間、車で運搬するときの運賃は十二片」（一五六頁）

とある。

次に一般的な賃銀に関して、われわれはただ一つの記事を見出すのみである。すなわち

「労働者の賃銀は一日六片」（二〇三頁）

今これを基にして計算すれば、一週三志、一月約十二志となる。しかるにロージャース（前掲書三八八―三九〇頁）に従えば、次表に示すがごとくであるから、本書の示すところとあまり大差がないのである。

	一四九五年	一五三三年	一五六三年
田舎の工匠（artizan）	一週平均　三志	一週平均　四志	一日分｛夏 九片 冬 八片
農業の日雇労働者	一週平均　二志	一週平均　二志	一日分｛収穫時 八―一〇片 収穫時以外の夏 七片 冬 六片

本書には、一日の労働時間数について、何らの記載を見ないが、唯一ヵ所に

「一日十二時間働くと見なして」（一五五頁）

計算する場合がある。

また

「兵士の賃銀は一月八志六片」（二〇七頁）

とあるが、これは食料つきの賃銀なのであろう。

教師と生徒の対話の中で、教師が生徒に向かって

「諸君の下宿への払は一月五志四片」（一四五頁）

という箇所があるが、これはあるいは学生の標準的な下宿料であったのかも知れない。試みにロージャース（三五四頁）を引用すれば、労働者の下宿料は、一五四二年には一週一志であったが、それより十年の内に三倍に上がった、とある。

以上のほかにも、生活費に関して

「私は一週五志かかった」（一四七頁）

「十二週間旅行して十四仏クラウンかかった。但し一仏クラウンは六志である」（一四六頁、これすなわち一週七志の割である）

最後に僧侶の生活費に関する問題を掲げよう。

「二十人の canon と三十人の vicar が居るある中央寺院の経費は、一年二六〇〇磅である。カノン一人の経費が、ヴィカー五人分に当たるものとせば、各人一年の経費各々幾何か」（一七八頁。カノン百磅、ヴィカー二十磅）

当時の英国は宗教改革以後に属し、僧侶の生活は低下せしめられたはずであるのに、しかもなおこの問題の示すごとくである。

三　パン条令

生活費に関連して、私はここに麵包条令の記事を附加したい。一二六六年ヘンリー三世の条令第五十一条によって、パンの売価が制限された。条令パンは常に同じ価で売られ、小麦の価の変化に応じて、パンの重さを変化するようにした。すなわち「小麦一クォーターの価二志の時、一ファーシングの白パンの目方を六十八志となす」（小麦の価が変わればパンの目方はそれに反比例する）と、規定されたのである。

しかしこの反比例の計算は、一般民衆にとっては面倒であり不便であった為めに、小麦の価に相当せるパンの目方を表にし、条令書と呼んで、ラテン文、仏文および英文の三通のものが公にされた。しかるにこの条令書は、議会の承認を経た表なるにかかわらず、その中に多大なる計算の誤謬があったのである。原著者はこの書の中で、一々これを訂正している。ここにその表（原書、二六五頁）の全部を採録しておく（次頁を見よ）。

小麦1クォーターの価格		条令書による1ファーシングの白パンの目方			修正した目方		
志	片	封度	志	片	封度	志	片
1	0	6	16	0	6	16	0
1	6	4	10	8	4	10	8
2	0	*3	8	0	3	8	0
2	6	2	14	$4\frac{1}{5}$	2	14	$4\frac{4}{5}$
3	0	2	8	0	2	5	4
3	6	2	2	0	1	18	$10\frac{2}{7}$
4	0	1	16	0	1	14	0
4	6	1	10	0	1	10	$2\frac{2}{3}$
5	0	1	8	$2\frac{1}{2}$	1	7	$2\frac{2}{5}$
5	6	1	4	$8\frac{1}{4}$	1	4	$8\frac{8}{11}$
6	0	1	2	8	1	2	8
6	6	*1	0	11	1	0	$11\frac{1}{13}$
7	0	0	19	1	0	19	$5\frac{1}{7}$
7	6	0	18	$1\frac{1}{2}$	0	18	$1\frac{2}{3}$
8	0	0	17	0	0	17	0
8	6	0	16	0	0	16	0
9	0	0	15	$\frac{1}{4}$	0	15	$1\frac{1}{3}$
9	6	0	14	$\frac{3}{4}$	0	14	$3\frac{15}{19}$
10	0	0	13	$7\frac{1}{2}$	0	13	$7\frac{2}{5}$
10	6	0	12	$11\frac{1}{2}$	0	12	$11\frac{3}{7}$
11	0	0	12	$4\frac{1}{4}$	0	12	$4\frac{4}{11}$
11	6	0	11	10	0	11	$9\frac{21}{23}$
12	0	0	11	4	0	11	4

* 原書にはそれぞれ 2 8 0, 0 16 11 となっているが，誤植ではあるまいか。

この表において見る通りに、「11志 $9\frac{21}{23}$片」を「11志10片」としたようなことは、あえて誤謬とも言い得まいが、「2封度5志4片」を「2封度8志」としたり、「1封度18志$10\frac{2}{7}$片」を「2封度2志」とした事などは、実に乱暴きわまる条令書といわねばならぬ。しかし一市民として、条令の修正書を公にするがごときは、よほどの決心を要した事に相違ない。それゆえに著者は、対話中の教師をして、「斯様な訂正を施すことが、陛下の条令の真意にかなう」ゆえんであることを力説せしめ、さらに

「こういう訳だから、どんな紳士も、また法律の学生も皆、算術を不必要のものとして軽侮してはならない。……条令書の誤は余りに多大であるから、私は敢て失礼をも顧みず、この私書においてそれを訂正したのである。……斯様な事は多くの人々の反対を受けるに相違ないが、しかし自分は、より善良な性質の人々に信頼する」（二六三頁以下）

と語らせている。

さてこの表は、小麦一クォーターの価一志の時から十二志の時までにわたるが、原著者はこれを二十志の時まで拡張し、さらに「この表を永久に有効のもの」たらしめるようにとて、一六三〇年（?）版の本書には、二磅六片の時までの表を添えている。事実、当時の小麦の価を本書中に見出し得ないのは遺憾であるが、これをロージャースの研究に徴するに（前掲書、二一五頁、三三〇頁、三九〇頁）、小麦一クォーターの価は

一二六〇年—一四〇〇年間の平均　五志十片四分の三

一四〇一年—一五四〇年間の平均　五志十一片四分の三

で、平作の年にはたいてい四志六片から六志六片の間にあった。最も極端に低廉な年（一二八七年）に

は二志十片半、極端に高い年（一三一六年）には十六志に昇ったこともあったが、要するに本書の初版時代には、十二志までの表によって、たいていは間に合ったのである。しかるに一五六三年頃から小麦の価は急に騰貴し出し、一五六三—六四年には十九志九片四分の三、一五九三年には十八志四片半、一六一〇年には四十志四片となるに至った。これすなわち一六三〇年（?）版たる本書に、二磅六片までの表を見るに至った理由であると思う。

四　貨幣

次には貨幣に移ろう（一〇二頁以下）。本書のこの部分は、後の編輯者の手に成ったこと明白であるが、そこには当時流用せる英国金貨名と、その重さおよび価格（本年すなわち一六三〇年の）の表を載せている。その一端は上表に示すごとくであるが、ここには三十二種の金貨が掲げられた。その次には流用される英国銀貨の表、外国金貨の表がくる。

金貨名	重さ		価格	
	ペンス	グレーン	志	片
Great Soverain	10	0	33	0
Royall	4	23	16	6
Old Noble	4	6	14	8
Elizabeth Crown	1	9	5	9

さらに一六一二年の法令によって、造幣所（Mint）で買上ぐべき外国貨幣についての説明があるが、試みにその一、二を挙げると、一オンスにつき

フランスクラウン金貨　　三磅六志
スペインセヴィル銀貨　　五志

メキシコ銀貨　　　　　　　四志一〇片

の類である。

外国貨幣の換算（一〇八頁以下）は、ただ最も重要視された五つのもの、すなわち French coynes, Flanders coynes, Danks money, Spanish money, Venice money のみに止めている。その中で、フランス貨幣については、単に十二 Dernier は一 Soulx, 二十 Soulx は一 Frank. ただし一 Dernier は英ペンニーの九分の一に当たると説明し、他国の貨幣についても、同様の説明振りに止まるが、ひとりフランドル貨幣については、特に次の注意がある。

「フランドル貨幣については、変化烈しく、ときどき変わるのであるから、確実には我国の貨幣と換算するを得ない」（一〇八頁）

思うに、当時欧州商業の中心はオランダにあった。一五二〇年英国の二十志がフランドルの三十二志に相当したものが、悪貨鋳造の結果、一五五一年には半減して十六志となった。エリザベスの改鋳も容易に信用を回復し得なかったが、漸次回復の途に上りつつあった。現に本書の『増補』では、「英国の六志をフランドルの七志に相当する」として換算している（四五五頁）。それで『本文』に述べた上の注意は、過渡期に際することを示したものであった。

五　度量衡

当時の度量衡、特に重さと容量の測り方は、実に複雑をきわめたものであった。最初便宜に応じて民衆自身が選んだ単位は、あまりにも不統一だった。本書の初版とほとんど同時代に現われた測量書（リチャード・ド・ベニーズの著）から暗示を得て、数学史家ド・モルガンは次のごとく述べている。

「一エーカーは四 roods で、一 rood は十日仕事（daye-workes. ——daye-worke は面積の単位の名である！）、一 daye-worke は四 perches である。すなわち一エーカーは各々が四 perches なる四十 daye-workes から成る。同様に、一マルクは各々が四ペンスなる四十グロートから成っている。それで土地の貴族と金銭の貴族とが、お互いに容易く諒解し得たのである。」

さて本書に（二一一頁以下）従えば、その時代には、比較的に広く用いられた Troy weight, haberdupoise weight, hundrered wight のほかに、羊毛、牛酪、薬品等に対しては、それぞれ異なった目方が用いられたのである。しかも羊毛の目方の名には、地方によって異なるものがあって、ほとんど一致していなかった。牛酪の目方の単位はバレルであったが、サッフォーク牛酪の一バレルは二五六封度、エセックス牛酪の一バレルは一三六封度であった。同じバレルなる名称でも、鯡《にしん》の一バレルは二六封度、鮭の一バレルはまた全然異なったものであった。容量についても、ある地方の一ブッシェルは他の地方の二ブッシェルに相当した。

度量衡の混乱時代に不正商人の出顕は、当然の事に属する。長い年月の間、酒の輸入者は、税金を払う際には二六二立方吋から二八二立方吋の桝目のガロンを用い、それを二二四立方吋から二三一立方吋の桝目のガロンで売っていたことが、一六八〇年代に報告されている。されば本書の中で、教師は言う。

「私は諸君に、側り方がいかにあるべきかを語った。しかし事実、側り方がいかにあるとは言わない。いかにそれ等が正しい測り方から違っているかは、私よりも度量衡検査官が良く諸君に語り得る。」

かかる時代において、度量衡の条令書の不備なる事も、また想像するに難くはない。土地の測定に関する当時の条令によれば、「丸くて乾いた大麦の粒三個で一インチとし、十二インチで一フィート、三フィートで一ヤード、五ヤード半を一パーチとする。そして長さ四〇パーチ、幅四パーチを一エーカーとする。」――この粗雑な基準による面積一エーカーの土地（短形）の幅が変化するとき、これに応ずる長さを計算した表が、条令書として刊行されていた。しかも著者は、この「尊い陛下及び価値ある議員各位が承認せる」条令書に、著しい誤算あることを指摘し、その訂正表（二七八頁）を掲げていわく、「ここに於て、どんな人でも、算術が法律の学生にとって、いかに必要なるかを認めるだろう。」

六　商品

さて商品たるべきもので、『本文』に現われた物品を列挙すれば、次のごとくである。

石炭、石油、食塩、石灰、煉瓦。

銃砲、弾丸、火薬。

医薬、石鹸香料（丁香、サフラン、肉桂、胡椒、薑、扁桃核）。

絹、毛織物、繻子、ビロード、緞子。

羊毛、羊、馬、蹄鉄。

大麦、小麦、パン、牛酪、乾酪、麦酒、エール、葡萄酒。

鮭、鯡、鰻。

金、銀、真珠。

以上の物品中には、東洋からの輸入品の多いことも注目に値する。鉄と石炭の売買または消費に関する問題が全然見えないのは、われわれをして未だ産業革命の遠いことを思わせる。魚類が挙げられて獣肉の見えないのも気になるが、獣肉の販売されていたことは、一五三二年ヘンリー八世の条令から明らかである。すなわち「牛肉、豚肉、羊肉及び仔牛の肉は、haverdupois と称する目方によって売らねぼならぬ。」

その他本書『増補』の中には、葡萄のごとき果物や、砂糖、鉛などの売買に関する問題があるが、要するに、本書全部を通じて最も数多く遭遇する問題は、実に毛織物の売買に関する事項であることを、特筆しておこう。

七　利子

本書の時代は、金銭貸借の利率上、特に急変のはなはだしい過渡期に属する。ヘンリー七世（一四八五―一五〇九年）の時代にいっさいの利息を禁止した事があるが、事実としては実際上の要求に譲歩していたのである。ヘンリー八世は一五四五年に一割までの利子を許し、エドワード六世の時に一度いっさいの利子を禁止した事があり、エリザベスの一五七一年また利子を許すことになって、一割以上の利子に対する契約とそれ以下のものとの間に区画を設けたが、一六二四年には最高利率を八分に減じたという（高橋誠一郎氏『経済学前史』六五七頁、六六四頁）。

しかるに本書の『本文』に見える利率は、いずれも皆年八分である（一六四頁、一六五頁）。おそらくは八分の利子が、実際に最も広く行なわれたのではあるまいか（現に野村兼太郎氏『イギリス経済史』一四二頁には、オランダの金利は、英国の八分に対して、わずか三分に過ぎなかったとある）。もっともメリスの『増補』には、利率として年六分、八分、一割の三つを挙げ、それぞれそれに対する利息表（四九四、五〇六、五三〇頁）を掲げているが、それは『本文』よりも後に書かれたものである。

八　合　資

これより本書において、特に一章をさいている合資算から、当時の事情を学ぼうと思う。当時は少数の商人が資本を集めて会社を作ったが、ある一時期ごとに、その社員も投資額も変化したのである。Question of a bank として掲げられた次の例題は、よく会社の性質を明らかにしている。

「四人の商人が共同で資本を出した。甲は六六九磅を十ヵ月、乙は八一〇磅を八ヵ月、丙は九〇〇磅を七ヵ月、丁は一〇四〇磅を十二ヵ月投資した。かくて一年の終わりに三五一四五磅を獲得したとせば、いかにこれを各人に分つべきか」（一七四頁）

この問題の示すところは、実に莫大な利益であるが、しかもかくのごときは決して単なる空想ではなかったのであろう。マーチャント・アドヴェンチュラス会社（一四〇六年設立）、ロシヤ会社（一五五三年設立)、英国東印度会社(一六〇〇年設立)等のごときは、その貿易から非常なる利益を挙げる為めには、危険を冒すを辞さなかったのである。それゆえに本書の中にも、

「四人が合資して三千クラウンの家屋を建築する」(二八四頁)

ごとき例もあるけれども、その大部分は冒険を試みて一攫千金を夢みる種類のものである。それなればこそ

「三人合資して商業を営み、甲は二百磅を十ヵ月、乙は三百五十磅を四ヵ月、丙は百磅を六ヵ月投資したが、ある冒険から百六十磅の損をした」(一七七頁)

「三人の商人がそれぞれ二百磅、三百磅、五百磅の商品を一つの船に積み、合同して貿易を試みたが、暴風に逢って百磅の商品が海に沈んだ」(一七〇頁)

などの事が起こり、ついには

「四人が戦って獲得した八一九〇磅の分捕品を、身分に応じて分配する」(二八〇頁)

ような、掠奪暴露の問題さえ掲げられているのである。

九　戦　争

かくてわれわれはついに戦争の問題に到達した。当時ことに一六世紀の後半以来は欧州諸国に多くの戦乱があり、それが本書の上にも反映している。われわれは

「百三十六人の工夫が、敵から兵士を護る為めに、一ヵ月間に一つの堡砦を築く」(一五四頁)

「堡砦を砲撃するに七百封度の火薬を使用する」（九八頁）

「四万の兵が敵に包囲された時の食糧の問題」（一五三頁）

のごときを見るも、あえて怪しむに足らぬと思う。しかもこれらの問題を提出する時に、教師は生徒に向かって、次の意味の事を述べている。

「私はここに、わが庶民たると紳士たるとに拘わらず、いかなる人にも必要な事を付加しよう。それは海戦のみでなく、陸戦をも含めるのであるが、この優れた技術（算術を指す）は、戦争に必須なものである。」（一五三頁）

ここに教師はディッグスの著『ストラチオチコス』を引用しているが、この引用は後の校訂者が付加したものであろう。なぜなら、この有名なる戦争算術書

Leonard and Thomas Digges, *An Arithmeticall Militare Treatise, named Stratioticos,* London, 1572

は、レコードの死後に刊行されたのであるから。

最後にこの書の中からきわめて興味ある一挿話を転載しよう（一六〇頁）。それは工兵の作業に関するやや困難な問題を提出された時に、生徒は悲観して

「私にはどうして良いか分りません。それに私は身体がサッパリ伸びませんから、迚も偉い人になれようとは思いません。」

という。その時教師は教訓する。

「君は、君が陛下の為め国家の為めに尽すようにと、神がどんなにか知識によって君を高めて下さるのを知らないのか？　サー・フランシス・ドレークを見るがよい。彼は背の高い人ではなかっ

たが、しかも彼は陛下並びに国家の名誉の為めに、大なる冒険をやった。我が英国人は総てかくあるべきである。」

「先生！　御激励下さって有難う存じます」と生徒は答える。「私の体は小さいけれども、私の心は知識を要求することにおいて、他人に譲るものではありません。では、問題をやりましょう……。」

国民的自覚と海外貿易への情熱に燃ゆる当時の英人の気概が、まざまざとここに見せつけられる。海賊を讃美する数学教師も、時代精神を発揮せる、立派な人の師であったろう?!

上の挿話は、原著者レコードの書いたものではない。なぜなら、彼は海賊ドレークの活躍以前に死んだから。けれども彼が斯様な思想の持主であったことは、彼がロシヤ会社に、彼の『機智の砥石』（一五五七年出版）——英国最初の代数書——を献じたことから、推察し得られると思う。また彼の数学者ライトは、「尊敬すべく崇拝すべき」東印度会社に、「現在及び未来の幸福繁栄を祈りつつ」その対数書（一六一六年出版）を捧げている。

われわれはついにゲーテのいわゆる「商業、戦争、海賊の三位一体」に到達して、ここにこの小さき試みを終わる。

ただ一篇の書に基づいて断定を下すことの危険なるは、私といえども良くこれを知っている。しかしながら私はマルクスのいわゆる「イギリス国民経済学の父」ウィリアム・ペチーよりも一世紀以前の数学者が、おそらくは無意識に書き流したただ一巻の算術書中の例題が、いかに全面的に、いかに雄弁に、当時の英国民の社会経済生活を、絵巻物のごとく展開しているかを顧みて、算術ないしは一般科学の社会性についての、深刻なる反省と研究とを促したいと思う。

（一九二九・六・六）

（『改造』一九二九年九月号所載）

（『数学史研究』第一輯、一九三五年、岩波書店、収載）

日本数学の特殊性

一

われわれは今日の現実的課題として、わが日本文化の特質についての真摯なる闡明を、必須とする時機にある。

この課題は、単なる主観的独断や、一時の思付きによって、歪曲されてはならない。何よりもまず、そこには、一般的・総合的研究と、特殊科学・特殊文化の専門的研究とが、両々相まって、緊密なる関連の下に、一歩一歩進められなければならないと思う。

この小論の目的とするところは、徳川時代における和算及び和算家の特質の研究にある。和算は、封建時代におけるわが学問の全分野を通じて、最も輝ける学問の一つであり、最もよく日本人の独創性を発揮し得た一つの分野であった。和算を度外視して、日本文化を語ることは、許されないことである。(1)

しかし私はこの貧しい研究から、直に、数学に対するわが日本の「国民性」——何らか固定的な意味での——について、語ろうとは思わない。なぜなら、その前にはきわめて困難な、多くの問題が横たわっているのだから。
心ある読者諸君は、まず拙文「数学と民族性」（『中央公論』昭和十年十一月号、酣燈社版『一数学者の記録』〔近刊〕に再録）を一読せられたい。それはわれわれの課題への一般的準備を与えるに足るだろう。

次に私は一つの例を取ろう。現代の国際的な数字と、それによる計算法（すなわち算術及び代数計算）は、インド人の発明と発展の結果から、進出したものである。しかし単にそれだけの理由によって、現代の算術及び代数を、「インド的なもの」と見なしたり、「インド数学」と呼ぶ人は、恐らくないだろう。現代の算術及び代数は、全く国際的の科学となっている。

宋や元の時代に、中国で栄えた天元術は、算木を用いて計算する一種の器械的代数学であり、実に世界に比類を見ない代数であった。それは、算木の排列による計算技術に制約を受け、その結果として、ある形式的な法則や理論が構成されたのである。この事実は、確かに中国数学の特殊性には相違ない。しかし他に何らの歴史的、その他の分析研究をも待たずに、天元術の発明・研究を以て、直に、中国の「国民性」乃至「民族性」に帰することは、許され得ないであろう。

現に、明代の中国人は、天元術そのものを、全く失ったのではなかったか。明代の中国人が、中国の「国民性」（何らか固定的な意味での）を消失したとは、われわれの考え能わざるところである。しかも天元術は日本に輸入され、明代の未だ終わらない中に、早くもわが和算構成の根幹となったではなかったか。

われわれの研究は、ちょうどここから出発を始めるのである。(2)

二

学問としての和算は、徳川時代のものである。これよりさきに——奈良朝時代のごとき遠き過去は暫くおき——戦国時代といえども、日常生活や商工業上の諸勘定、更に租税、検地、測量、水利、土木、築城、等々に必要な数学は、ある程度まで発達していたに相違ない。そこに朝鮮の役（一六世紀の末）の前後から、学問的な中国数学が輸入され、算盤による計算法及び初歩の数学と、算木による天元術——器械的代数学（第1図）とが伝わった。日本の数学は実に、これらを基礎とし、移植数学として、その出発を始めたのである。(3)

かくて関ケ原戦役から鎖国を行ない、徳川政権が確立する時代（約一六〇〇—約一六五〇）は、京坂地方を中心として、中国数学が研究され消化されつつある時機であった。庶民の生活を基礎とせる通俗数学書『塵劫記』（一六二七）は、既に普及を始めた。つづいて専門的著述の刊行、その問題批評の活発。——数学の進展は急速だった。

やがて鎖国後における封建制の安定期に入るや、沢口一之（一六七〇）等の手によって、天元術は既に十分に消化されたのみならず、更に幾分の前進を見せるに至った。つづいて、移植数学の域を飛躍せる、正しい意味の「和算」の基礎工事が開始された。

それは一方京坂地方の数学の発展に負いながら、江戸において、関孝和（一六四二?—一七〇八）を中心とせる、門人建部賢弘等々の、協力的研究の結果であった。関孝和の『発微算法』（一六七四）は、

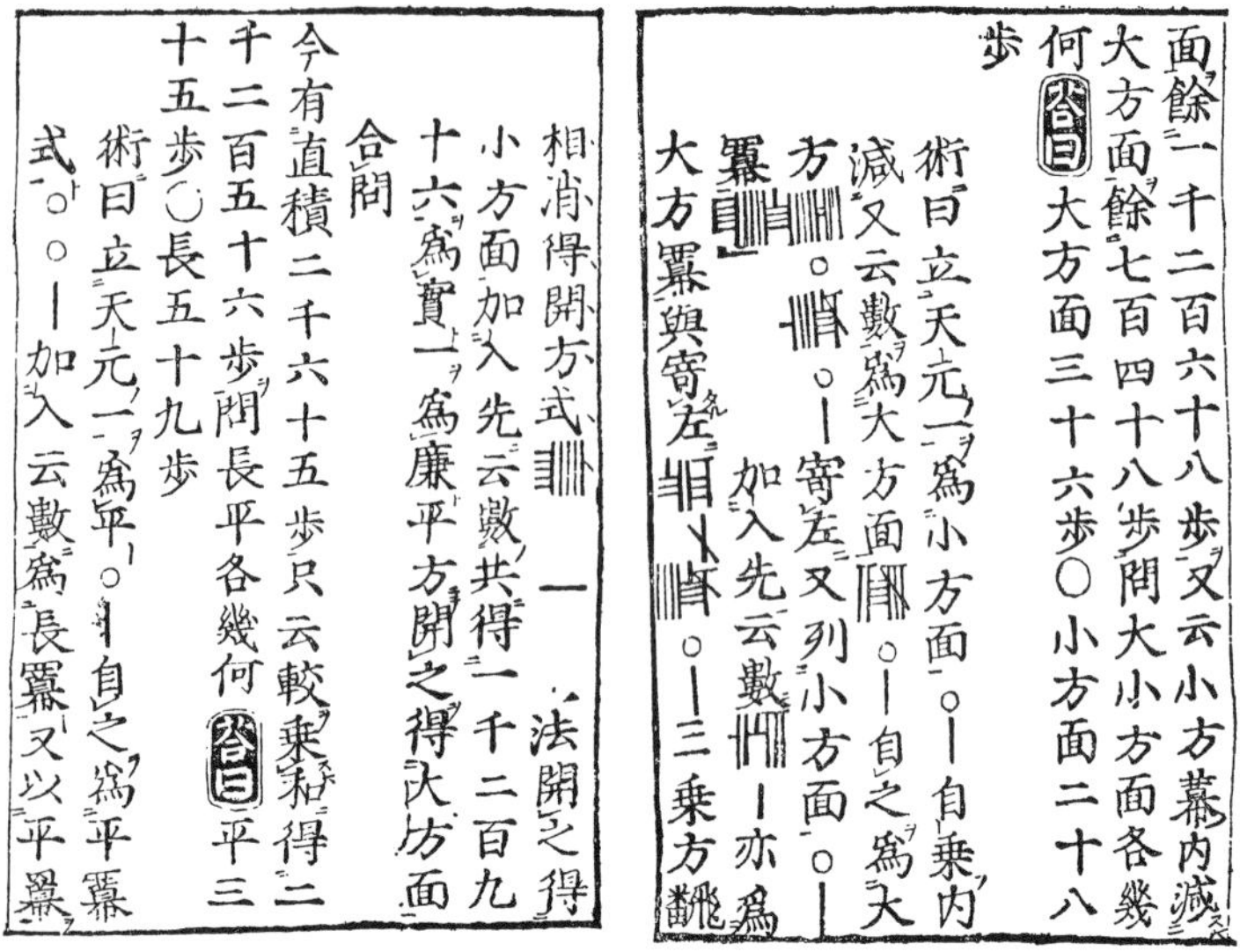
面餘一千二百六十八步又云小方冪内減
大方面餘七百四十八步問大小方面各幾
何 答曰 大方面三十六步〇小方面二十八
步
術曰立天元一爲小方面〇自乘内
減又云數爲大方面〇自之爲大
方〇〇寄左又列小方面〇
冪 加入先云數 亦爲
大方冪與寄左〇三乘方飜
相消得開方式 法開之得
小方面加入先云數共得一千二百九
十六爲實一爲廉平方開之得大方面
合問
今有直積二千六十五步只云較乘和得二
千二百五十六步問長平各幾何 答曰 平三
十五步〇長五十九步
術曰立天元一爲平〇自之爲平冪
式〇〇加入云數爲長冪又以平冪

第1図　算学啓蒙

元の朱世傑の著（1299）の日本訓点版（1658）の二頁．天元術が日本に普及したのは，主として『算学啓蒙』による．この二頁を現代的に翻訳してみよう．

右の頁の問題は「大小二つの正方形がある．大の一辺の平方から小の一辺を引けば1268歩，小の一辺の平方から大の一辺を引くと748歩残る．二つの正方形の辺の長さ各幾何.」小の一辺を未知数として x とおく．x を二乗して748を引くと，x^2-748 は大正方形の一辺となる．これの二乗即ち $x^4-1496x^2+559504$ は大正方形の一辺の平方である．しかるに $x+1268$ は大正方形の一辺の平方であるから，$x^4-1496x^2+559504$ は $x+1268$ に等しい．由て

$$x^4-1496x^2-x+558236=0$$

この四次方程式を解いて（天元術でよく知られている一般解法によって）$x=28$ 歩を得る．

左の頁の問題は「矩形の面積は2065歩，縦と横の差をその和に乗ずると2256歩である．縦と横とは各幾何.」横を未知数として x とおく．2256即ち縦と横の差と和との乗積は，縦の平方と横の平方の差に等しいから，$2256+x^2$ は縦の平方である．これに x^2 を乗ずると，$x^4+2256x^2$ は，縦と横の乗積の平方となる．しかるに縦と横の乗積は矩形の面積即ち2065であるから，$x^4+2256x^2$ は4264225に等しい．由て

$$x^4+2256x^2-4264225=0$$

これを解いて $x=35$ 歩を得る．

その出発を飾る尖端的記念品として立っている。

実に封建制の安定期において、天元術は根本的に改造され、ここに記号的な代数学――点竄術――の誕生を見たのであった。それはシナ数学からの質的飛躍であり、正しい意味での日本数学の構成が行なわれたのである（第2図）。

それ許りではなかった。和算の各部門は、円理のごときに至るまで、少くともその萌芽の形においては、一応この期間――延宝より元禄を経て享保に至る――に芽ばえた。しかもそれは、（和算としては）相当に系統づけられ、和算諸分科の学習・研究の課程が、一応の規定を見るに至ったのである。(4)

封建制の矛盾が漸く成熟しはじめた享保年間には、将軍吉宗の好意によって、中国訳を通じての西洋数学が輸入された（一七二六年頃から）。それは一七世紀の初期までの西洋数学の一部分で、算術、代数、幾何、三角法の類であり、対数表及び三角函数表を含んでいる。しかし正統的な和算家は、主として関以来の伝統を継ぎ、松永良弼（?―一七四四）、久留島義太（?―一七五七）より山路主住《ぬしずみ》（一七〇四―一七七二）の時代に至るまで、一方関以来の和算を発展させ、豊富にすると同時に、他方その整理に努力した。有馬頼徸《よりゆき》の『拾璣算法』（一七六九）は、点竄術を伝えた最初の刊行書であるが、それは可なりに整頓された高級のものであった。

しかしながら、かくて発達をとげ来たった和算は（後に示す理由によって）、あまりにも煩雑きわまる存在たるを免れ得なかったのである。そこで今やそれを論理的ならしめると同時に、無用の煩雑を避けて簡単化し、科学的に、共通なる「通術」を要求するの時が来た。それは安島直円（一七三二?―一七

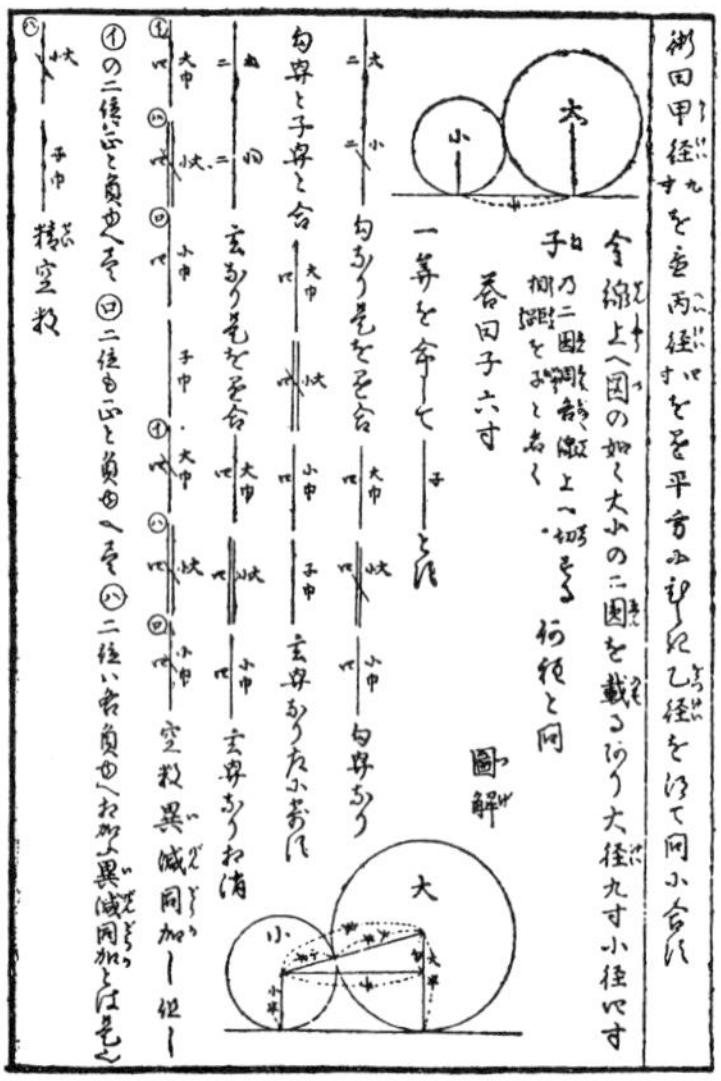

第２図　点竄の一問題

点竄の一例として初等の教科書『大全塵劫記』(1832) から採った．

これを現代的に翻訳してみよう．問題は「互に外接する二円の直径を与えて，共通切線の長さを求めよ」共通切〔接＝編注〕線（子）の長さを x とし，大円の直径を D，小円の直径を d とする．〔図に於て勾の長さを h，玄（弦の略字）の長さを b とする.〕$\frac{D}{2}-\frac{d}{2}=h$ なる故 $\frac{D^2}{4}-2\cdot\frac{Dh}{4}+\frac{h^2}{4}=h^2$．〔ピタゴラス定理から〕$h^2+x^2=b^2$ であるから

$$\frac{D^2}{4}-2\cdot\frac{Dh}{4}+\frac{h^2}{4}+x^2=b^2 \qquad (1)$$

しかるに $\frac{D}{2}+\frac{d}{2}=b$ から $\frac{D^2}{4}+2\cdot\frac{Dd}{4}+\frac{d^2}{4}=b^2$ (2)

(1)と(2)から

$$\frac{D^2}{4}-2\cdot\frac{Dh}{4}+\frac{h^2}{4}+x^2-\frac{D^2}{4}-2\cdot\frac{Dd}{4}-\frac{d^2}{4}=0$$

同類項を集めると　$-Dh+x^2=0$，由て　$x=\sqrt{Dh}$

九八）、藤田定資（一七三四—一八〇八）、会田安明（一七四七—一八一七）等のごとき人々によって企図された。実に安島による円理の改造は、正にヨーロッパにおける定積分の方法を思わせるものがあったのである。

その当時、特に天明時代に入ってからは、封建制の矛盾が十分に成熟した時機であり、国学の発展、蘭学の提唱など、イデオロギー分野の激化を思わせるものがあったが、会田安明のごとき、関流への反逆児の出顕も、また時代の反映であったであろう。

その頃から和算は、一層の普及を始めた。政治的危機を胎み、対外関係の困難となる寛政の頃は、本多利明（一七四四—一八二一）のごとき、和算家の中から、経世の士を生んだ時であった。しかもその頃、和田寧（一七八七—一八四〇）によって、円理の計算が簡単化され円理豁術への途が拓かれてからは、内田恭（一八〇五—一八八二）等々の多数の和算家によって、それは量においても質においても、高度の発展を遂げるに至った。文政・天保の時代（一八一八—一八四三）こそ、実に和算研究の最高潮に達せる時機であったのである。

やがて来れる政治的危機において、ついに安政五年（一八五八）の開港となり、正式なる西洋数学輸入の時代が来た。しかしそれにも拘わらず、和算は明治維新（一八六八）に到るまで、それ自身の道を、相当堅実に進め得たのであった。

三

しからば和算を、ここまで、推し進めた力は何であろうか。

われわれはまずその実用性を挙げ得るだろう。いかにも商工業上に必要な諸計算は、いうまでもない。既に元禄の初期（一六九二）には、庶民の金融機関たる無尽の計算書さえ刊行されている。殊に農村支配者本位の数学（地方算法）は、相当に詳しく研究され、優秀な数学者の著述さえも少なくはない。それは正に農業生産力を基礎とせる、徳川封建制を記念するところの、日本数学の特殊性の一つであろう。

しかし徳川時代の後期に至るまで、十分の発達を遂げ得なかった生産技術・自然科学は、天文・暦術・測量のごときを除けば、数学との交渉がきわめて乏しかった。この点において、同時代のヨーロッパとは、全く事情を異にする。ここに和算進展の方向が、大なる制限を受け、それがために顕著なる特殊性を生むに至った、最大なる根本的原因が横たわっている。

また天文・暦術について見るに、それらは、初期においては中国からの、後期においては西洋からの、移植科学である。そこには――和算におけるがごとき――独創的な研究が、ほとんど行なわれなかった。従って、それらの計算に既知の数学を適用することはあっても、逆に、それらの方面から数学に新問題を提供し、数学に刺激を与えたことは、意外に少ないのであった。事実、優秀なる和算家の中には、「数学者は、数学の問題ばかり研究していればよいのだ。問題がないからとて、暦術の問題などを取扱うのは、遺憾なことだ」と嘆じた人もあったくらいなのである。(5)

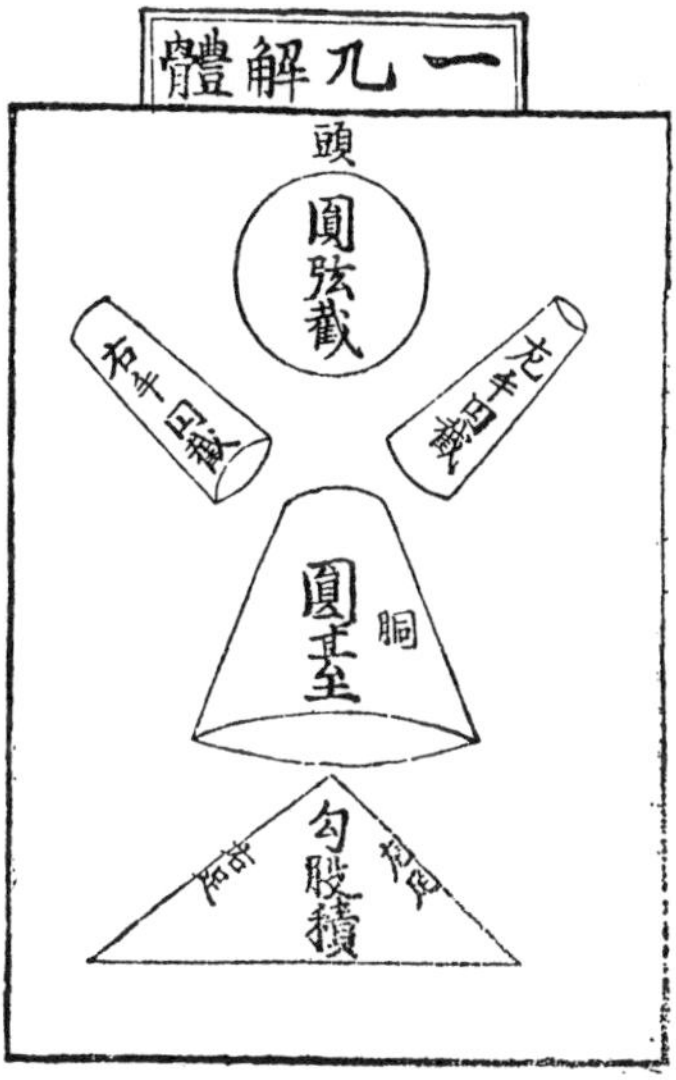

第3図　一九解体

柴村盛之『格致算書』(1657) の一頁．一九解体というは，人間の身体を，図のように幾何図形に分解することである．なぜ一九と付けるかといえば，元来，一九本位というのが，人間出生の因縁を知ることだからである．その訳は，「一九本体といふは，一より九にいたり，十にみつれば，また一に帰る．その故に十の文字は一をあはせり．みつれば帰るといへども，本体は初終をかねたり．生ずれば死し，明れば暮るる……それかくの如し．」(単にこれだけの説明で人間出生の因縁が判るというのである)

そこで「一九解体といふは，五体をわかち算数とす．算勘至極するときは，算術おのづから生ず．その故に算数不尽ありといへども，理は則あらはる．五体をわけて図にあらはす此品々の術をただせば，本の一に至る．一に至れば，もろもろの算術自然に生ずるなるべし」

それのみではなかった。和算家はまた、天文学者などと異なり、陰陽五行の思想にも、深く囚われなかったのである。思うに、徳川時代の末期に至るまで、日本人の世界観を支配した陰陽五行の思想は、天文や医学の根底にまで及んだのであり、数学のごときももちろんそれから全然独立ではあり得なかった。現に『格致算書』（一六五七）、ことに『空一算学書』（一六八三）のように、全く陰陽論に基づいた数学書さえも出顕したことは、事実である（第3図）。

しかし私の見るところでは、それらの書は例外であり、和算家は一般的には、衷心から陰陽論に囚われることはなかった。和算書の序文などにはしばしば五行説を引用しながらも、それは一片の修飾の辞に過ぎなかったのだと、私は考えたい。事実、数学は数量や図形のごとき、まのあたり人間生活に直接に触れるところの、最も簡単な概念に関する。それはいわば、何らの精密な実測によらずとも、おのずから実証的な事象から出発するのである。この点において、数学が天文・医学と類を異にするゆえんであり、そこに純粋に思弁的な自然解釈たる陰陽論が、——後に述べるところの、和算家の技能本位の点と相まって、——深く数学の構造の中に透徹し得なかった根拠があると思う。

現に和算の初期において広く普及した名著『算法闕疑抄』（一六六二）の中で、礒村吉徳は述べている。

「或人問云、算勘の極意は天地の沙汰をあきらめ、……又は一九本体とて人間出生の因縁を知と承候[6]。か様の事を不知算者は、無勘初心と申あへり。げにもことはりにやと、無算の我等は存候。其上当代の算書に右之事ども委く記出されたるを見候へば、事広く心深くおもはれ候が、如何に哉。

答云、天地の沙汰などといふ事は、あやしの舌の先にて申は如何に候。聖賢仏菩薩の御身にてさへ委しくは御存御座なきやうに聞へ候。其故は儒家釈家ともにまち〳〵の沙汰にて、きはまる事をいまだ不レ承候。然ども予がごとくの愚人の耳にちかく聞へ候は、儒家のをしへかと存候。さりながらそれは儒道の義にて、算術の義にあらず。たゞ算術の極意と申は、常に心にゆだんなく考勘の鏡をとぎ、くもらぬやうにたしなみ、わかりがたきを分ち知るを太極見明星の極意とは申也。……

当代の算者……無算愚拗の方々をたぶらかし、或は一九本体は是、円截、円台、勾股積、集つて人の体と成と、邪路を作て女童をすかすがごとく教へ給ふ方々も有とかや。」

儒学者イデオロギーを強調した和算家に西村遠里のごときがある。彼は『数度宵談』（一七七八）の中で主張する。――

「数学ハ大事ナリ、算学ハ小技ナリ。世人其理ヲシラズ、算士ト云ヘドモ其異別ナシト思フ者多シ。ソレ数ハ体ニシテ、算ハ用ナリ。

『抑数起レ一成二於十一、天地之数也。』今試ニ問曰、『天地之惣数幾何。』答曰、『総数五十五。術曰、列二天地之数一加レ一、而以二天地之数一乗レ之、而折二半之一、得二五十五一、合レ問也。』

惣数ヲ知ラント欲シテ如レ右、布レ算、コレ算術ナリ。習之コレヲ算学ト云。

所謂数起レ一成二於十一、ソノ然ル所以ヲ学ブ、コレヲ数学ト云。

算ハ芸ニシテ、数ハ芸ニアラズ。六芸ノ尾ニ居ルモノハ、コレ体用ヲ統ルノ謂ナリ。蓋シ天ノ能ク覆フトコロ、地ノ能ク載スルトコロ、孰レカ数ニアラズトセンヤ。三才ノ道ミナ数学ノ外ニ出デズ。」

この見地に立って、西村遠里は「天子ノ算」、「諸侯ノ算」、「庶人ノ算」、「君子ノ算」及び「小人ノ算」を説いたのである。

しかしかかる論議は、何らの発展をも示し得なかった。この点についても、同時代のヨーロッパが生んだデカルト、ライプニッツ、カント、ダランベール、コンドルセーのごとき数学関係の哲学者・思想家とは全く同日の談ではないのである。

第４図　扇面の幾何学

『五明算法』(1814) の一頁．これは全部，かような扇や団扇の中の図形のみを取扱った数学書である．

かくて生産技術・自然科学との交渉も薄く、哲学的・思想的方面との関連も貧しいとき、和算が、道楽として、芸として進んだのは、当然のことであった。

和算家は好んで、「無用の用」を説いた。——「無用の用」。そこには、「数学のための数学」、「科学のための科学」の主張に通ずるものがあった。ただしかし和算家の場合には、「科学」というよりも、「芸」の方が遙かに勝っている。

芸に遊ぶ。——この意味において、和算そのものが爛熟した鎖国封建社会の学問として、既に十分に成熟したものなることを思わせる。

和算家の中には、幕府・諸藩の勘定方や、測量・水利事業等の技術者として生活したものもあり、また将軍吉宗のごとく、藩主有馬頼徸のごとく、自ら数学・天文のごとき科学に興味を有し、有力な数学者を保護した場合もあった。しかし幕府の天文方さえも、数学の研究ないし保護のためには、あまりに効果のなかった時代である。そこには数学研究のアカデミーもなく、大学も存在しなかった。これを同時代のヨーロッパと比較するがよい。

和算家の多くは、和算教授のギルドに従属する、「師匠」として生活した。彼らは剣士のごとく、棋士のごとく、歌人のごとくに、門人子弟に教授すると同時に、互いに自らの芸を磨き、技能の上達を図ったのである。

研究発表機関の欠如せるこの時代にあって、彼らの間に行なわれた特殊の手段に、「遺題継承」があり、「奉額」があった。遺題とは、自ら問題を選んで解答を付せず出版し、後人の研究・承継を期待することである（第5図）。「奉額」とは、数学の問題や解を書いた額面を、神社仏閣に奉献するのであり、それは一種の競技として流行したのであった（第7図）。

かような研究法、ことに奉額のごときは、自然に、人目を引くような種類の問題——幾らかの複雑さを持った美麗な図形（たとえば、円や球や扇形などの切〔接＝編注〕触問題など）——に走り、遊戯的に流れる傾向を帯びざるを得なかった（第4図）。かくて趣味として技巧としては進んでも、系統ある体系の建設などとは、およそ対蹠的な傾向へと、必然的な道程を、和算そのものが辿らざるを得なかったのである。

四

和算の持つ重要な特殊性は、論理性の欠如と、術としての優越にある。

「日本には、純粋に論理学が存在したことがなかった。」――こう言われている日本において、和算が、十分に厳密な論理体系を持ち得なかったことは、当然である。さればといって和算が全く演繹的推理を欠いていたのではない。もし仮に、そんなものが存在するなら、それは数学と呼ばれる権利はないのである。ただ和算にあっては箇々の事実からの抽象化が不十分であり、定義の不正確と相まって、いかなる事項を既定事項として、いわば公理的に認容するのか、それがきわめて判然しない。幾何学的直観が、また不完全帰納法が、しばしば証明の代わりに使用される。――それは全くの事実であった。さればとて和算は決して、証明を度外視したと見なすべきではない。ただある程度までの厳密な意味における、証明の精神を欠いたのだ。

その結果として、和算家の結果に誤謬の多いことは、当然といわねばならぬ。また重要な原則や理論が詳しく説明されず、特殊問題の解法の間からその原則・理論を示唆することも、しばしばであった。

周知の如く、古代ギリシャ人は、数学において一種の直観を尊重したのである。しかしギリシャ的直観と和算における直観との間には、その意味を異にするところがあった。

なぜなら、ギリシャ人は、簡単なもの調和的なものを好んだ（彼らは、円錐曲線やコンコイドのごとき曲線さえも、悦ばなかったのだ）。それは概念の明瞭に導き、彼等の数学をして、抽象的・論理的体系へ

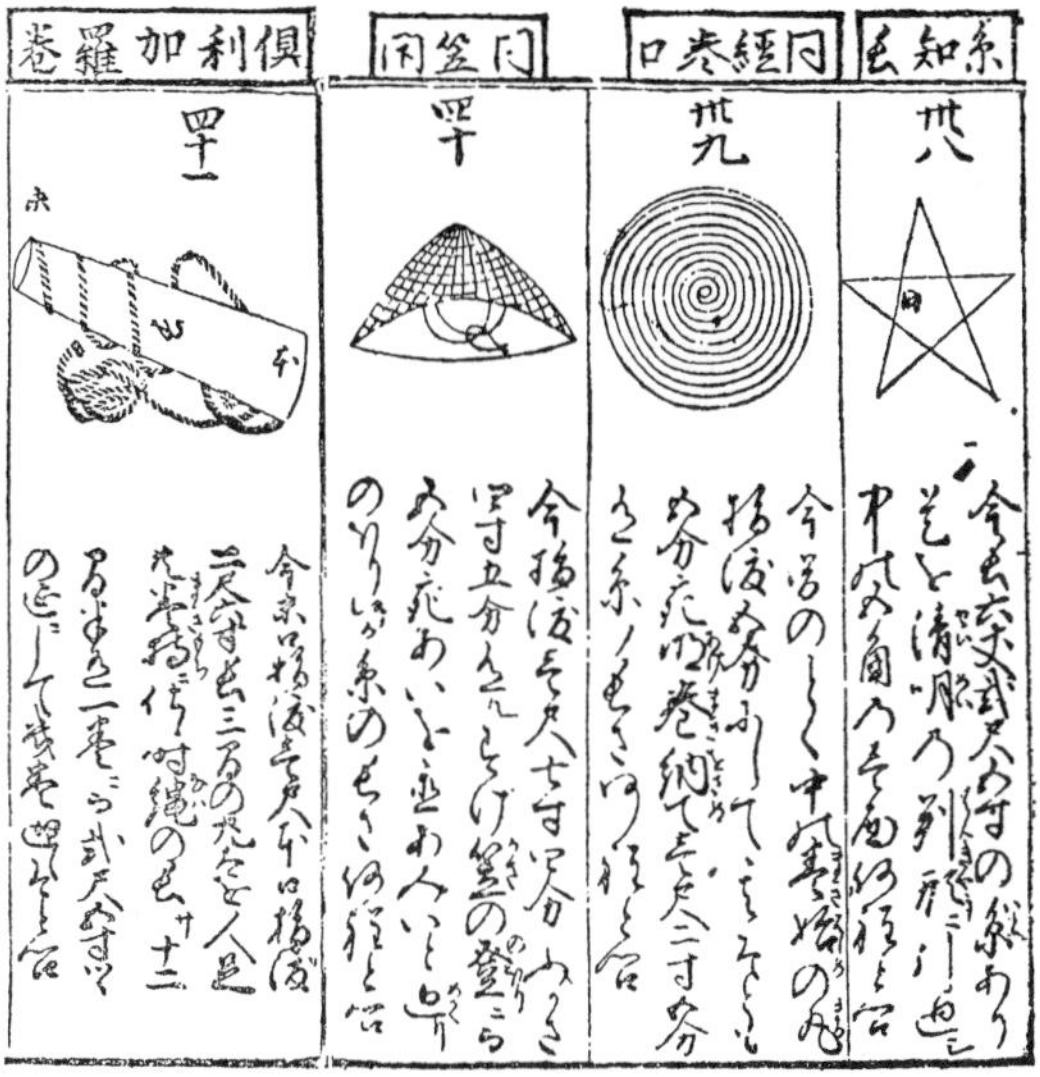

第5図　日常的な図形

礒村吉徳『算法闕疑抄』（1661）の問題．この本には，自ら選んだかような百個の問題を掲げて，他人の解答研究を待つことにしている．いわゆる遺題の一例である．

と進めたのである。これに反して日本人は日常的な箇々の事物を愛した。試みに初期の和算書を繙き見るがよい。――絲の経巻口や倶利加羅巻、卵の形、笠の形、……（第5図）、それは何という円形の豊富さであろう。しかしそこには概念の不明瞭、定義の不正確が伴った。抽象的な論理体系が、容易にこの間から生まれ出るはずがないのである。優秀な和算家（関や建部など）は、さすがにこの点に着眼して、無用の複雑性を排除し得たと思う。しかし間もなく、簡単な円形の組合せによる、複雑な円形を取扱うようになったのは、和算の陥るべき必然的な運命であったであろう。

さて新法則の発見に際して、また演繹的推論の容易に運び得ないとき、和算家は好んで帰納的推理を使用した。計算技巧の達人であった彼らは、その直観的見透しにおいて鋭いものがあった。ある特殊の数値を読んでは、その成立の法則を導いたり、二、三の場合から一般的結論を洞察することについて、彼らは往々にして、驚くべき天才的直観を示したのであった。事実、それなればこそ、形式論理の発達せざる徳川時代において、和算はあれだけの進展を見せたのである。

しかも和算には、方法論として見るべきものがほとんど皆無であった。たとえ方法論的のものがあったとしても、それは問題の解法に関する、特殊的のものたるを免れない。この種のものの中で、さすがに関孝和は優れていた。彼の『三部抄』は、問題解法に関する一種の科学的類別で、そこには諸問題の取扱いと解法についての、方法論的考察が現われている。〔かような意味での傑作は、関と建部兄弟の協力による『大成算経』（一七一〇年頃の完成か）であろう〕しかしわれわれに取っては、建部賢弘の『不休綴術』（一七二二）に、かえって多くの興味を引かれる。建部に従えば、恩師関孝和の研究法は、

「万法ヲ理会スルニハ、形ヲ見テ蹊条《ミチスジ》ヲ立ツルヲ以テ原要トセリ。是ハ此、探ルコトヲ為サズシテ、首ヨリ真法ヲ会スルノ奥旨ナリ」

こういった方法であった。しかしかかる研究法は、一般学者に取っては不可能であるとして、建部は数学の考究法に一種の分析を加え、

「大率辺《ムネアタリ》ヨリ徐ク探リテ、拠《ヨリドコロ》アルコトヲ会シ、其ノ拠ニ就キテ全キヲ探リ得テ、後却ツテ真法ヲナス」

ところの術——現代的に言えば、一種の直観的・帰納的方法——を高調したのである。かように論理と直観の問題を提供したことは、明らかに一種の方法論を示したものであり、和算史中の異例であった。

それは、しかしながら、一面においては、和算家の発見法そのものが、いかに直観的・帰納的であったかを、根拠づけた著述であったとも、見なされよう(7)。

その後に起こったところの、会田安明の「通術」、和田寧の円理研究法。――いかにもそれらは、より一般的な、より簡明な法則を求めんとする科学的態度に基づいたものには相違ないが、畢竟、それも方法論というよりは、むしろ技術的のものであったことを思わせる。

かくて和算は必然的に、科学たるよりも、むしろ術となった。実に関孝和その人さえも、

「雖《モ》二説《クコトヲ》レ理高尚《ナリト》一解《クコトヲ》レ術迂濶者《ノハ》乃《チ》算学之異端也」(『発微算法演段諺解』の跋)

と語っている。

実に和算家は、少数の原則的な理論をば道具として、きわめて巧みに使駆し得た。そして驚くべき計算技巧の進展を遂げたのである。

試みに、点竄術における記号の発明とその整頓について、見るがよい(第2図)。ヨーロッパにおける代数記号の進展の、長き苦心の歴史を知る者は、いかに漢字使用の便あればとて、点竄記号がいかに容易に使用され、普及されたかに注目せざるを得ないであろう。

また算盤による計算技巧の徹底から、種々の逐次近似法が生まれた。これは現代における実用解析学の精神そのものにほかならないのであるが、不幸にして他の諸科学への適用を持たぬ和算では、技巧のための技巧というより以上に多くの意義を持ち得なかったのである(8)。

しかしながら、技巧の進むところ、そこには無用に複雑なる技巧の洪水を見るに至り、ついに荻生徂徠のごとき門外漢をして、

「数学モ亦、不佞未ダ之ヲ学バズ。然レドモ今ノ数学者流ヲ観ルニ、種々ノ奇巧ヲ設ケテ、以テ其ノ精微ヲ誇ル。ソノ実、世ニ用無シ。故ニ知ル、古法必ズ簡ナランコトヲ。且ツ円率ノ如キ、乃チ方ヲ積ミテ之ヲ測ル。積ミテ数万ニ至ルト雖モ、亦数万ノ微塵弧ノ算ニ入ラザルモノアリ。豈ニ円率ト為スニ足ランヤ。往歳、清人、朱載堉ガ楽書ヲ献ズ。朝廷不佞ヲシテ考閲セシム。中ニ円率アリ。コレヲ周礼周髀ニ本ヅク。ソノ法拠ル可キガ如シ。……」（『徂徠先生学則』附録、一七二七年。原漢文）

と、批判させるに至った。(9)

それなればこそ、当時第一流の和算家松永良弼が、天才的な久留島義太への書簡（かと推定されるもの）の中で、

「……今の数先生と称する者を観るに、皆執て論ずるに足る者なし。其好む所は、皆徂徠が毀を脱るゝ事不能。是に従て学ぶ者は又皆然らざるはなし。……」

と嘆じたゆえんであり、更に翻って、

「吾子絶倫傑出の材、天下に独歩す。……何ぞ識見を集めて書を作て、秘府に蔵めざるや。……何ぞ区々の一題を認めて、奇巧の術を得て、是を以て楽みとせん。……」

と、反省を促したゆえんであろう。(10)

同様に、西村遠里もまた『数度霄談』（前掲）において、次の批判を下したのであった。

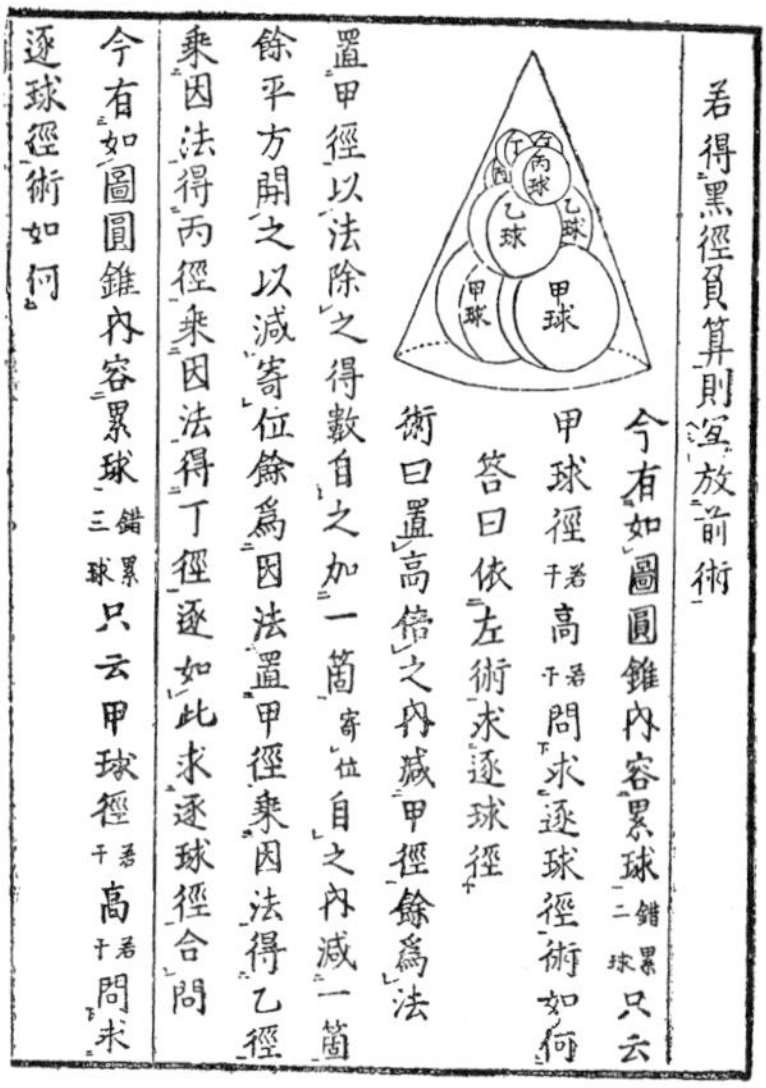

若得累徑負算則逕放前術
今有如圖圓錐內容累球錯累二球只云甲球徑若干高若干問求逐球徑術如何
答曰依左術求逐球徑
術曰置高倍之內減甲徑餘爲法
置甲徑以法除之得數自之加一箇寄位自之內減一箇餘平方開之以減寄位餘爲因法置甲徑乘因法得乙徑乘因法得丙徑乘因法得丁徑逐如此求逐球徑合問
今有如圖圓錐內容累球錯累三球只云甲球徑若干高若干問求逐球徑術如何

第６図　精要算法

藤田定資の精要算法（1779）　その序にいう「無用ノ無用ハ……実ニ世ノ長物ナリ，故ニ是ノ如キモノ一モ之ヲ載セズ.」この頁の問題などは，いわゆる「無用の用」に属するものと，考えられたのである．この問題では甲球が二個ある場合を考え，次の問題では三個ある場合を取扱っているばかりでなく，この問題自身でも，乙，丙，丁……と順々に進むところに，一般性探求の精神が見受けられる．

「……算ヲ以テ己ヲ利センコトヲ欲シ、……誉ヲ求メテ人世ニ迂遠ナルコトヲ好ミ、空理ヲ設ケ手段ヲ争ヒ、野ニシテ文ナク算学ノ人ヲシテ劉累ガ徒タラシメ、惜ムベキ日ヲ費シ、進ムベキ人ヲ馮スハ、コレ小人ノ算ナリ。……近世……名人ナリトスル所ノコトヲ視ルニ、人世用ユルトコロナキ形ヲエガキ、或ハ仮ニ言ヲ以テ迂遠ノ理ヲ設ケテ難問ス。答フル者モ、又数百乗方ニノボルノ術ヲナシ、某ノ答ヲ得ル等ノ如キ、誉レトスル所、世ニ益ナキノ事ナリ。……人世アルベカラザルノ理ヲ設ケ、只紙筆上ニ術ヲ争ヒ、白ヲ論ジ、黒ヲ論ジ、算道ノ大要コヽニアリトシ、誇ルニ六芸ノ尾ニ居ルヲ以テス。国家ニ用ユル所ナキトキハ、何ゾ大要トセンヤ。……徂徠イヘルコトアリ。

『凡算士貴㆓奇巧㆒、誇㆓妙解㆒是其通病』ト、宜ナル哉。熟ラ和漢古ノ算書ヲ視ルニ、今ノ書ノ如キ無用ノ答論アルコトナシ。近世ノ算士古昔ヨリ堪能ナリト云バカリニハアラズ、今人己ガ能ヲ曜カシ、邪路ニ堕ルノ致ス所ナリ。愈々精フシテ、愈々益ナシ。」

これらの批判の現われた頃から、藤田定資の『精要算法』（一七七九）も刊行され（第6図）、また安島直円、会田安明らの研究によって、「無用の無用」――『精要算法』の自序による――たる複雑な技巧を避け、簡単にして一般性ある問題の研究へと、幾分かの方向転換を示しはしたが、それはもとより、和算そのものの特質上、はなはだ不徹底なるを免れ得なかった。

五

封建鎖国の時代に、ギルド的流派の制約の下に、狭い和算の世界に住んだ和算家の大多数は、単なる「師匠」であり、「芸人」たるに止まった。われわれはさきに和算界に対する批判の一例を示したが、しかし論理の不進歩、方法論の欠如を特色とせる和算、しかもその上に、ギルド的秘密主義による彼等の世界において、高邁なる批判などは、彼らの間にあって、容易に行なわれるべくもなかったのである。もとより安価な批評は、行なわれていた。否、それどころか、個々の問題解法に関する誤謬の指摘や、解法技巧の区々たる批評などは、実に多過ぎる程、行なわれていたのである。会田安明のごときは、その最も有力な、しかも最も極端な一人であった。

事実、会田（最上流）と関流の間における有名な論争のごとき、必ずしも、数学の本質に触れたところの、重要問題に対する論議であったとは、断じていい得ない。それはむしろ特殊な箇々の問題についての枝葉的な、解釈の相異による悪口であり、真に科学的態度による批判・論争にあらずして、ギルド的感情に走れる罵倒であった(11)。

和算家のギルドは、数学の独占を行なった。社会的関心などは、当時にあって、もとより望むべくもなかった。試みに大衆用の通俗和算書を検討するがよい。それらは、和算の初期から幕末に至るまで、内容においても方法においても、本質的には、ほとんど何らの改善をも加えられなかった(12)。

また普通の人間が読んで理解し得るように、初歩から相当高級の程度まで、和算の一般に亙って書かれた教科書のごときは、一八一〇年頃まで、否一八三〇年頃までも——それは既に幕末である——刊行されなかったのである(13)。

かような事実を顧みるとき、和算家と、蘭学者——それはしばしば幕府の迫害や保守的学者の思想的圧迫に抗しつつ、進んで洋書を研究した所の蘭学者——との間には、大いに事情を異にするものがあったのだ。

もちろん、幕末に近づくにつれ、航海に、国防に、関心を持つ和算家の輩出を見るに至ったことは事実であるが、それさえも多くは、単なる技術家たるに止まったのだと思われる。

この意味において、本多利明のごとき、たとい一種の空想案にせよ、変革的な経世の策を講じた先覚

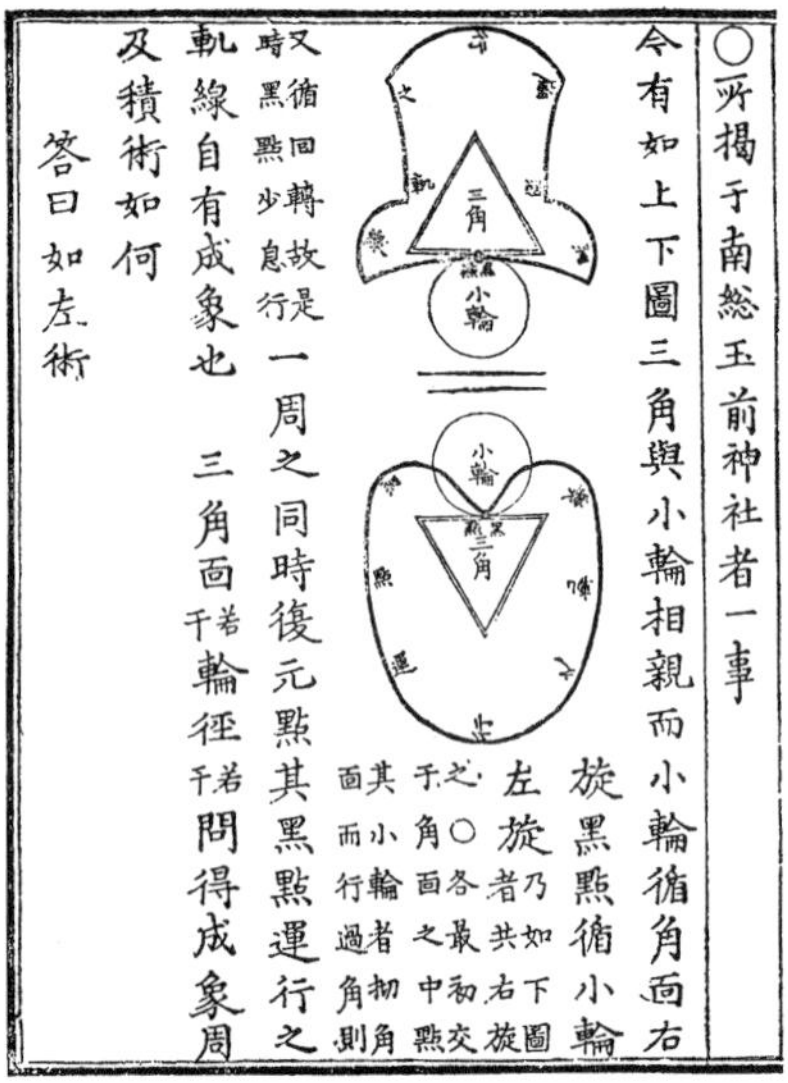

第７図　洋算の影響を受けた問題の例

剣持章行『探賾算法』（瑪得瑪弟加塾蔵版，1840）の一頁で，天保10年に野村貞処門人関宗備の奉納した算額の問題を示す．

者が、和算界から出顕したことは、真に稀有の事実とせねばならない。彼こそは、和算界をも含めた封建的ギルド制に対して、鋭い批判を投じた人であった。

「人の為になるべき事は、秘密抔迚、免許印可の巻に載、一子相伝抔とて深秘する国風は、浅はかなる次第ならずや。」（『西域物語』一七九八）

今やわれわれは、西洋数学に対する和算家の態度について、語らねばならない。

ヨーロッパの初等数学（大体において、解析幾何や微積分以外のもの）は、既に享保時代に、中国訳を通じて、天文・暦術と共に、その一部は輸入されていた。対数や三角法は、かくて和算に採入れられ、それについて和算家の研究も行なわれたが、しかし他の事項と十分に調和し得ず、何か正統的のものならざるを思わせていた。後に蘭学の先駆者によって移植された自然科学——たとえば志筑忠雄の『暦象新書』（一七九八—一八〇三）——のごときは、サイクロイド等のごとき回転曲線を導入し、それらは和算家によっても研究された（第7図）とはいえ、しかし全般的には自然科学そのものが、和算の正統的なるものの上にも、また和算家の思想の上にも、直接には、大なる影響を及ぼさなかったのである。

それなればこそ、『算話随筆』（一八一一頃）の著者は述べている。

「西洋ハ天文暦学ニ於テハ精微ヲ尽セリト雖モ、算法ハ本邦ノ精密ナルニ及バザルコト必セリ。予嘗テ御製数理精蘊（西洋数学を主に伝えた中国書——小倉注）ヲ閲スルニ、……迂遠ノミニアラズ、……間々誤ルモノアリ……。是等ヲ以テ、異国ノ算術ハ本邦ノ盛ンナルニ及バザルコトヲ知ル。」

思えば純然たる和算家と、天文・暦学者の、蘭学に対する態度には、実に著しい相違があったのだ。多数の和算家は、蘭書によって西洋数学を学びもしなかったし、学ぶ積りもなかった。彼らはただ自らの芸を、独り貴しと考えていたのである。

内田恭（一八〇五—一八八二）は、高野長英、渡辺崋山の門人ないし友人であり、私塾を「瑪得瑪弟加《マテマテカ》塾」と呼び、自ら「詳証館《マテシス》主」と称えたところの、幕末における最も進歩的な和算家であった。しかも、この人さえも、ペリー来航後の安政二年に、

「大神州……度数学日ニ開ケ、今ニ至ツテ、形極方円ノ奥妙ヲ尽ス。絶学玄妙、万国ニ冠タリ」

〔『尖円豁通』（一八五五）に与えた序〕

と述べている。

数学者比較年表

Viète	(1540—1603)		
Napier	(1550—1617)		
Galilei	(1564—1642)		
Desargues	(1593—1662)		
Descartes	(1596—1650)	吉田光由	(1598—1672)
Fermat	(1601—1665)		
Wallis	(1616—1703)		
Pascal	(1623—1662)		
Huygens	(1629—1695)	星野実宣	(1637—1698)
Newton	(1642—1727)	関　孝和	(1642？—1708)
Leibniz	(1646—1716)		
Bernoulli, Jacques	(1654—1705)	中根元圭	(1662—1733)
Bernoulli, Jean	(1667—1748)	建部賢弘	(1664—1739)
Maclaurin	(1698—1746)		
Euler	(1707—1783)	山路主住	(1704—1772)
d'Alembert	(1717—1783)		
Lagrange	(1736—1812)	安島直円	(1733？—1798)
Monge	(1746—1818)	会田安明	(1747—1817)
Laplace	(1749—1827)		
Legendre	(1752—1833)		
Fourier	(1768—1830)	日下　誠	(1764—1839)
Gauss	(1777—1855)		
Poncelet	(1788—1867)	長谷川寛	(1782—1838)
Cauchy	(1789—1857)	和田　寧	(1787—1840)
Plücker	(1801—1868)		
Abel	(1802—1829)		
Jacobi	(1804—1851)		
Hamilton	(1805—1865)	内田　恭	(1805—1882)
Galois	(1811—1832)		
Weierstrass	(1815—1897)		
Hermite	(1822—1901)		
Riemann	(1826—1866)	萩原禎助	(1826—1909)

思えば、和算建設の時代は、ヨーロッパにおける自然科学・数学の勃興期にあたる（数学者比較年表を見よ）。日本とヨーロッパは、その出発点において、あるいはきわめて大なる差異がなかったにせよ、その末期においては、実に非常な差異を生じたのである。

いかにも関孝和はある意味においては、ニュートン、ライプニッツと同時代の人であったと、いっても宜しいかも知れない。しかし安島直円の末期は、フランス革命の時代であり、ラグランジュの『解析力学』は既に刊行され、ラプラースの『天体力学』が正に書かれている時代なのだ。和算家が最高の誇りとする、和田寧が円理豁術創始の時代は、既にガウスの時代から近代的なる数学へと飛躍せる、ポンスレー、コーシー、アーベルの時代ではなかったか。

和算は、いわば、封建制にふさわしい、手の込んだ手芸品乃至はマヌファクチュア的の産物であった。これを近代的産業に照応するところの、幕末における西洋本国の数学に比較するのは、決して当を得たことではないのである。

明治維新の後、西洋数学が本格的に移植されたとき、科学的な、しかも国際的な数学の前に、――珠算という便利な計算術のみを残して、――和算は全く廃滅に帰した。[14]和算は、長い間洋算と竝立もされなかったし、また其等を統一（？）せる、新しい「日本数学」も作られずに、終わったのである。

（1）この小論を草するに当たっては、直接間接に、三上義夫氏「文化史上より見たる日本の数学」（『哲学雑誌』大正十二年）（同名の単行書（創元社、

昭和二二年）に再録〕

に負うところ、きわめて大なることを感謝したい。

（2）私は本論文を書いた後に、一般人向きの『日本の数学』（岩波新書、昭和十五年）を公にした。本論文と重複するところははなはだ多いけれども、しかし互いに補足し合う点もないではない。読者諸君の参照を切望する。なお本論文をここに再録するに当たっては、新に少し書き加えた箇所がある。また本書第一輯の挿図と重複しないように、その他いろいろの点で、本論文中の挿図を変更したのがある。

（3）中国の数学に比すれば、その前後にヨーロッパ人から伝えられた数学は、測量術のごときものを除けば、その影響するところ、遙かに少なかったと見なしてよい。

（4）一七二〇年代の円理は、円に関する面積や弧の長さの解析的表示（無限級数）を、主要目的としている。この意味において、この時代の円理を（まして関孝和の業績を）、ニュートン及びライプニッツの微積分学に比較するのは、全く当を得ないことであると、私には思われる（詳しくは『日本の数学』を見よ）。もし西洋人に誇示するつもりなら、関孝和の『解伏題之法』（一六八三重訂の写本）あるいはむしろ島田尚政門弟、井関知辰の『算法発揮』（一六九〇の刊本）を以てする方がよいだろう。そこには行列式が論究されてあり、西洋において行列式の創見者と呼ばれるライプニッツの研究よりも、その発表時期においても早く、その業績においても優れている。

（5）久留島義太の言として、「先生曰ク、凡ソ算法ノ題ヲ設クルニ暦術天文ノ事ヲ云フコト、是レ算題ノ得難キ故ナリ」（『山路君樹茶話』）と伝えられている。

（6）これは『格致算書』などを指したのである。たとえば第3図を見よ。

（7）建部はわれわれのいわゆる数学的帰納法を知らなかった。彼が強調したのは、数学的真理発見法としての、いわば極く広い意味での帰納的考え方である。かような考え方の中には、一歩一歩極限に近迫する近似値の処理も含まれている。この事実は、建部が有限の算法による代数的考察に対して、無限の算法を行なう解析的研究法を説いているのだと、見られないであろうか。かような見解の下に、『不休綴術』の一節を読もう。

「曾テ意フニ、関氏ガ生知ナルコト世ニ冠タリ。然レドモ常ニ謂ラク、円積ノ類甚難シ、不レ可レ得者ト。嗚呼是安行ニ住セル故乎。吾ハ言フ、円積ノ類ト雖モ易シテ必得ル者ト。即是苦行ニ止ル故也。其関氏ガ不レ可レ得ト云フハ、安行ニ住シテ安行ナル故、探ルコト無クシテ直ニ得ルヲ貴ブニ依ル。必シモ得ザルニハ非ザラン。吾質ノ魯ナル故、安行ニ住シテ安行ヲ得ルノ地ニ到ルコトナシ。常ニ苦行ニ止テ而モ泰《ヤスキ》ニ居ル道ヲ得タリ、故ニ探リ索テ必得ルトナセリ。」

ここに「安行」とは、直截的に考えるとか、簡単に行なうとかの意味であろう。かくて、有限の算法による代数的考察は「安行」であり、（近似法による）無限の算法による解析的研究法は「苦行」である。関の性格は解析学者的ではなく、むしろ代数学者であり、これに反して、建部は和算における解析学の創発者であった。解析学としての、いわゆる円理は、関の手に成らずに建部の手に成ったことを、ここに語っているのではないであろうか。

(8) 重大な理由の一つとして、点竄計算の優越にもよるのであろうが、幾何学の問題も、主として代数的に取扱われたところに、和算の一つの特殊性があった。しかし幕末に近づくにつれ、ようやく図形的の研究も盛んになり、反形法に類する変形さえ発明された。また建築と関連した『匠家矩術要解』（一八三三）のごときは、画法幾何を思わせるものであった。

(9) 徂徠の言葉の中には、正当な批判と共に、全くの誤解を含んでいる。(1)まず彼が数学の「実学」性を説いたことは、当時の和算家への警告として確かに有意義であった。(2)これに反して、円周率の研究について云々したことは、彼の数学に対する無知を暴露したものである。松永良弼が『方円算経』（一七三九）において、近頃「好事者」があって円率の研究を非難したことの全然誤れるを説いたのも、当然といわねばならない。(3)徂徠学の特色として、古典を過信する傾向があり、それが当時にあってはかえって進歩的な影響を与え得たことは、一般的には事実であろう。しかしわれわれの場合に、朱載堉のごとき、何ら見るにも足らざる説に左祖するがごときは、円理発展の途上にあった当時においては、全く反動的役割を演じたものである。

(10) 三上義夫氏「円理の発明に関する論証」（『史学雑誌』昭和五年）による。

(11) しかしかかる論争さえも、一般人の興味を喚起し、数学の普及・宣伝の上には、大なる役割を果したと言われている。

(12) 本書第一輯の「日本数学教育の歴史性」参照。

(13) 和算書には、問題と結論のみの論文集のようなものが多い割合に、和算の一般にわたる系統的な教科書が、意外なほど少ないのである。発表機関としての雑誌を持たなかった当時にあっては、単行書によって、雑誌の任務を果たさなければならなかった。

(14) 詳しくは、拙文「封建数学の滅亡」(『改造』昭和十三年一月号)〔本書に再録〕を参照せられたい。

(一九三七・一二・六)

(『中央公論』一九三八年一月号所載)

(『数学史研究』第二輯、一九四八年、岩波書店、収載)

Ⅲ　ファシズムとの闘い

一九三六〜一九四五

疎開記念，1944年

自然科学者の任務

はしがき

この小篇は、わが国における自然科学の進展のために、私一個人としての立場から、種々の制約の下に許される限度において書かれた、一つの覚書である。整頓した論文ではなく、むしろ自己を反省・批判したところの、率直なる感想録ともいうべきものである。それで現在の日本において実践の不可能と思われるような議論は、一切しなかった積りである。

本文中、「自然科学者」の名の下に批判されるものは、自然科学者中の、いわば、典型的ないし平均的なる人々である。そこには例外を許すこともちろんである。

私は狭隘ながらも、過去三十年間の見聞によって、一々論証し得る実際の材料を、相当豊富に持っているのであるが、それは他日の歴史的研究に譲り、この小文では示さないことにした。本文の目的は、何よりも先ず、わが先輩同僚たる自然科学者の反省を乞い、新たなる協力を希望する点に存するのであるから、個人を傷けるようなことは、絶対的に謹んだつもりである。

一

近代の自然科学は、生産技術の発展につれ、資本主義の成長と共に、順調なる発達の途を辿ったが、しかし理論・技術の自らなる進歩につれて、自然科学者の仕事にも、微細なる専門的分裂が行なわれて来た。「科学の唯一の目的は人間精神の名誉にある」(ドイツのヤコビ)とか、「数学は詩である」(イギリスのシルヴェスター)とか、あるいはまた「自然に悦びを感ずればこそ自然を研究する」(フランスのポアンカレ)とか、かかる誇りを以て研究をつづけた時代は、今やようやく去らんとしている。

現代においては、あたかも工場労働者が、いわば自動機械となり果てて、彼ら自身がその一部分を形成するところの、生産機構全体について無知であるように、自然科学の極端なる専門化は、科学者をして、彼らの活動の相互的連関を見失わせるに至った。この意味においては、「自然科学者」などは最早や存在しない。存在するものは、数学者、物理学者、化学者、等々ばかりである。否、最新の段階にあっては、「数学者」なるものさえも、存在するか疑わしい。そこにあるものは、ただ代数学者であり、幾何学者である、等々。

かような専門的畸型化は、自然科学の研究上必要なのであり、その専門的狭隘性の故を以て、決して徒らに非難せらるべきものではないのである。なぜなら、自然科学においては、一見細微と思われるような特殊研究の深化から、価値高き理論が生まれ、広大なる技術的改善を促す場合も、多々存在するのであるから。それゆえに、かかる専門的畸型児も、現代における必然的所産であり、科学の進展上、きわめて重要の地位を占めることは、当然と言わねばならない。否、われわれが何らかの程度において畸型化しない人間ならば、現代においては専門科学者と呼ばれるに値しないだろう。

しかしながら、かかる「職業の白痴」は、科学者でありながら、一方科学的精神の容易に浸潤しない、精神的空虚を持っている。彼らはその専門を一歩出ずれば、最も非科学的なる迷信に囚われる。彼らは自己の専門的研究が演ずべき社会的役割についての意識を持たない。自らの身を守るためには、単なるエゴイストに化する（それなればこそ、権力ある者にとっては、自然科学者ほど取扱い易いものはないのである）。現代の社会機構の下にあっては、何らかの強い刺激を受けない限り、自然科学者は、最善の場合においても、個人主義的自由主義者に終わるのが、常道であったであろう。

しかしながら、ファシズムの嵐が暴れ狂いはじめた時、ヨーロッパの良心的なる科学者は、彼ら自らの立場において、自覚せざるを得なかった。——見よ。ナチス・ドイツ（かつてのヤコビの国）の科学政策は、科学の国際性の代わりにドイツ精神を極度に誇張し、多数の自然科学者を放逐し、科学教育をして軍事的色彩を帯ばせているではないか。またイタリーにあっては、古典的精神の旗の下に、中等教科としての自然科学を虐待し、理科課程をしてほとんど全滅に瀕せしめ、数学科を古典教育の精神において行なわせる。これすなわち大衆をして、無知無識に陥入れるものではないのか。——

リベラリズムの長き伝統を負い、科学文化の根底固きイギリス及びフランスの、良心的なる自然科学者たちは、本能的にファシズムの敵であった。今や彼らは社会的に目醒めたのである。

すなわちフランスにあっては、一団の科学者——その中には現代第一流の科学者（ポアンカレの同僚）

アダマール（数学）、ラウジュヴァン（物理学）、ペラン（化学）等々を含む――が、反文化主義に抗して戦っている。保守を以て知られるイギリス（かつてのシルヴェスターの国）においても、ケンブリッジにおける諸科学者の宣言として、すでに

「科学の国際性獲得のために、妄言又は非科学的なる声明に抗するために、平和を望む総ての科学者によって、社会が護られなければならない。」

ことが公表されたのであった。

ファシズムの嵐の襲来は、しかしながら、外国のみのことではなかった。今やわが日本においても、わが国に特徴的な型を辿りつつ、反文化主義が刻々迫らんとしている。しかもこの危機を目前にしながら、わが自然科学者はいかなる態度を採っているか。

彼らの談話を聞き、またいわゆる科学随筆の類を読むごとに、私は常にある物足らなさを感じる。いやしくも現代の知識階級人ならば、何人も共感すべき性質の根本問題に対して、彼らははなはだしく無感覚なるかのごとくである。われわれは彼らから、得手勝手な社会観や人生観を聴かされるが、それは彼らの思想の貧困を告白するものではあっても、決して彼らの思想の自由を意味するものではないと思う。矛盾だらけのもの、反動的のもの、非科学的のもの――これら一切の低級なるものが、最新科学からの結論であると称して、聴かされる。そして反知主義に対する闘争の如き、科学者自身にとっても、真剣なるべき諸問題に触れることは、故意にこれを避けているかの如くである。

これが果たしてわが自然科学者の典型的態度なのであろうか。われわれ日本人は、軍人としては、あ

んなにも勇敢なのに、自然科学者としては、こんなにも無気力なのであろうか。

この疑問に答えるために、私は日本自然科学の特徴について、幾分かの歴史的考察を加えながら、多少の分析を試みようと思う。

二

明治維新の暁に際し、わが国における根本的課題の一つは、日本をいかにして先進諸国に追付かせるかの問題であった。それがために、わが政府は日本の急速なる資本主義化に向かって、力を集注した。その意味において、自然科学は盛んに移植され、熱心に奨励されたのである。しかしながら爾来、日本資本主義の発展は、ひとりわが生産力の順調なる進展によるものばかりではなかった。それは先ず内には、いわゆる半封建的とも呼ばれるところの、農村を基礎としていた。そして外には、戦争による植民地の獲得等を諸条件として、急激に拍車を加えたところの発展であった。

それがために、わが社会機構の中には、封建的残滓が含まれているし、自由主義のごときは、十分なる育成を遂げ得なかった。かかる経済的・社会的・政治的状勢を反映して、自然科学の発達そのものの上にも、先進諸国のそれとは幾分趣を異にするものがある。

かくて日本における自然科学ないし科学界の特殊性として、次のものが挙げ得られよう。
(1) わが国の後進性のために、移植科学としての模倣性が濃厚である。そのために科学的知識の理解が主となって、創造的分子が少ない。知識の集成ではあり得ても、自ら科学するための科学的精神が、十分なる涵養・発達を遂げていない傾向を持つ。

もちろんわが国にも、尊敬すべき独創的諸研究が現われたことは、争うべからざる事実ではあるが、しかしそれらの多くは局部的である。公平に見て、真に諸分科の基礎となる研究が、果たしてどれだけ行なわれたか、また現に行なわれつつあるかについては、大いに検討の余地がある。ややもすれば一部の流行を追うて、他の諸方面における基本的研究を忘れるごとき偏向性がなかったとは、決して言い得ないであろう。

（2）しかも近代科学移植の日が未だ浅く、確乎たる科学の伝統を持たない（もっとも、徳川時代における和算や本草学などがあるけれども、これらは、少なくとも今日の現状では、現代日本の科学的伝統中に入らないと見なす方が、公平な観察であろう）。のみならず、日本資本主義の跛行的進展のために、国民大衆特に農民のごときは、未だ身を以て、十分に科学文化に接触していない。科学文化は、根底的には、未だ十分に普及していないのである。その結果として、国民大衆のみならず、科学者それ自身にとっても、現実の事象に対する科学的考察について、未熟なるを免れ得ないであろう。

（3）今日は、軍事関係の諸科学が、著しく偏重されているが、それはしかし、決して今日に始まったことではなかった。軍事科学の偏重は、幕末・明治以来のことであり、それは日本資本主義の成立・発展の上に、重大なる役割を演じたものである。

しかし一面において、軍事科学はその性質上、多くは不生産的のものたるを免れない。それは研究の秘密性と相まって、それに投ぜられる巨大の経費は、科学全般の進展上、効果的であるよりも、むしろそれに跛行性を与える。これと類似のものに、資本家の独占的・非公開的なる技術的研究がある。そして大資本家や軍部のためには、各種科学研究機関のラボラトリーは開かれても、大衆のためには、ラボラトリーはもちろん、図書館さえも（専門的のものは）、多くは閉鎖されている。

（4）　明治維新の後、自然科学が官立諸学府の下において、研究され独占されて以来、一方では研究設備費の関係上、民間の学校としては有力なもの少なく、研究所といえども、大学系か半官半私的のものでなければ、学問的にはほとんど発展し得ない状態にある。

かくてわが自然学科は、官僚系以外においては、ほとんど育成されなかったが。したがって今日に及んでも、大学ならびに自然科学者の間には、濃厚なる官僚性が漂うている。

その結果として、わが自然科学界においては、科学批判が封鎖された。もし万一にも、単なる讃美以外の批評が出現するならば、たとえいかに合理的なものであっても、それはたちまち異端視される。——それほどにも封建的なのが、わが自然科学界である。

（5）　しかしもちろん官僚系といえども、その間に内部的な摩擦がない訳ではない。それは学閥その他のブロックの対立として現われる。しかもそれらの閥は、何らか学問的なる系統上の団結といわんよりは、むしろ、正に封建的なるギルド性を連想させるものである。そこには縄張りがあり、親分が居り、偶像が生まれてくる。

正しい意味での討論や批判を封じられた自然科学の世界にあっては、「批判」は悪口と見なされ、「討論」は喧嘩と解される。もし仲間賞め以外に、何らかの論争ありとすれば、それは多くは閥のために、親分のためにするところの、情実・感情によるものであって、理論の前進性を持たないものが多いのである。

かくて自然科学者の闘争――それも蔭口であって、公開的な論争によらざるところの――は、真理を求めるためにあらずして、閥のためとなる。科学研究の国際化のために、科学の大衆への解放のために、国民大衆の生活の改善と幸福の増進のために、戦うにあらずして、地位の競争に向かう。大多数の自然科学者は、蕩々として、エゴイストと化し終わらざるを得ない。

三

かような事態の上に、今やファシズムの重圧が加わり来たったのである。

今日、何人といえども、わが国防の重大性について、意識を持たないものはない。しかし軍事科学、軍需工業及びそれらに親密の関連あるものが、極度に重視された結果として、直接にはそれらに無関係な一切の自然科学の研究が、余りにも軽視される。「科学日本」などと誇称しながらも、学問としては一層根本的であり、かつ重要な諸科学の研究費が、いかに貧弱化せるかを見るがよい。技術者の需要は盛んであるが、しかしそれは生産のいかなる部門に向かうものなるかを調査するがよい。

大学以外の諸学校における研究費の、絶望的なる貧困化は、若き学徒をして、無気力なる教師化しつつある。大学においてさえも、今や研究家よりも単なる教師化・技師化への傾向を辿らんとしつつあるかに見える。

自然科学を専攻せる青年の大多数は、霊を失える技術者か、無気力なる教師か、しからざれば失業者たらねばならない。彼らの前途は暗い。そこには科学の光も、創造の喜びも、皆無なるかの如くである。

かかる所にやって来たのが、いわゆる「文化統制」であり、「知識偏重論」であった。事ここに及んでは、いかなる人といえども、現代日本の科学の意味について、またその前途について、深い疑問を抱かざるを得ないであろう。もちろんわれわれといえども、日本の現状にあっては、ある統制の必要を感じている。しかしそれは、政治的・社会的混乱と、そこから来る不安とを、学問・文化の発展を目指すところの進歩的な線に沿って、整調するものでなければならぬ。しかるにわが科学政策のごときは、むしろこれと対蹠的な方向を指すものではないか。ことに知識偏重論のごときは、究極において、大衆の解放を犠牲にする方向に進むところの、反動的政策としての以外には、考え得られないのである。

さて、かかる反科学主義が許すべからざる以上、その抗争の任に当たるべきものは誰か。それは何よりも先ず、科学者その人でなければならないはずである。

しかるに自然科学者の中には、多年来の慣習による半封建的官僚性のために、文政当局の意見を以て、何か国家そのものの絶対的命令なるかのごとく心得、その政策を研究し批判することを以て、何か非愛国的行為だと、考えている人々があるかのごとく思われる。かような政府への盲従と、真の愛国との混同。――そこには官僚としての意識こそあれ、どこに科学者としての面目があるのか。科学における分析とは果たして何なのか。

しかし世には斯様な科学者ばかりでもあるまい。いやしくも常識ある人間ならば、いわゆる科学政策の矛盾に気付かないはずはない。その矛盾を知りつつも、何らの批判もせず、知らぬ顔をしているところに、自然科学者のエゴイズムがあるのだ。哲学者田辺元博士が、

「自己専門の研究に於ては顕著なる業績を挙げて居る人々が、専門以外の一般の事物に就き全く科学的思考を適用することを知らず……、況んや社会機構の欠陥に注意を向け、其由来を実証的に認識せんとする如き要求を全然欠如し、ただ自己の研究に必要なる研究費さへ豊富に支給する政府であるならば、他に如何なる不合理を行ふも敢て関知する所でないとする……(1)」

との指摘は、全く正しいと言わねばならない。

しからばわれわれは、ただ屈従のほかに途はないのであるか。権力への屈服は、日本自然科学者の宿命でもあり、ないし国民性でもあるのか。

断じて否。それは畢竟、前述のごとく、明治維新以来のわが社会機構を反映しているに過ぎないのだ。――われわれ日本人は、徳川封建時代における、蘭学者の尊い伝統を持っている。

科学擁護の声は、自然科学者の間から、未だ力強く叫ばれてはいない。けれどもその機運はすでに熟している。日本文化のため、日本科学のため、今こそ良心ある自然科学者の立つべき時である。

(1)「科学政策の矛盾」『改造』昭和十一年十月号。

四

しかしながら反科学主義との強力的なる抗争は、個人の力のよくするところでない。われわれは精神的に団結せねばならぬ。この困難な時代こそ、従来のごとき、非科学的な内部闘争を清算し、感情的な諸対立を去って、協力一致せねばならない秋ではないのか。知識の協力が、今日ほど望ましい時はないのである。

しかもわれわれの問題は、決して単に自然科学的に解決し得られる性質のものではない。問題は、一方自然科学と関連しながら、実は社会的なのだ。われわれは先ず社会的現実に対して、正しい認識を得ねばならぬ。それには自然科学者自らが、少なくともある程度まで、社会を研究し、社会の科学を学び取らなければならない。実はこの点こそ、従来の自然科学者の最も弱味とするところであったのだ。

たとえば今日、軽率浮薄なるジャーナリズムの波に乗って、いたずらに「躍進科学日本」などと誇称するのは、果たして真面目な科学者の採るべき態度であろうか。この誇称の裏には、健全なる科学諸分科の研究が、今日犠牲にされてはいないか、また国民大衆の幸福が果たして阻害されてはいないかを、十分に検討せねばならないだろう。

現にイギリスの有力なる自然科学者の一団は、

「今日の自然科学は、人類の幸福を増進するという、自然科学本来の目的に向かって進んではいない。それは、人類の不幸を益々増大させる（戦争、失業、等々によって）ために利用されている。かような『自然科学の徒労』の原因は、現在の社会機構にある。われわれ自然科学者は、人類の真の幸福を増進するために、社会に対する甚深の関心を持たねばならない。」

と、主張しているではないか。

それのみではなかった。自然科学と社会科学とは、その対象を異にし、またその研究方法においても、異なるものを持つにかかわらず、この両者が互いに緊密なる関連においてあることは、周知の通りである。この意味において、科学の進展上、自然科学者と社会科学者とは、共同連帯的なる責任を持っているのである。

少し不適当かも知れないが一例を引こう。(1) 本年八月開催のイギリス（バンガローア）の化学会においては、全会員の名によって、次の意味の決議がなされた。

「本会は、人類共通の本能に反する戦争を阻止するための、一切の団体的努力――その主要目的を、戦争それ自身の廃止に置くところの――を支持する。この目的を達するために、本会は、思想家と自然科学者の側における、不断の勇敢なる活動を激励する。特に彼らが、新しい経済的諸条件――それは必然的に科学研究の進歩を伴うところの――の研究に対して、より多くの注意を払われることを切望する。……」

思想家と自然科学者との共同研究が要望されるのは、ひとりイギリスのみには止まらないのである。わが日本にあっても、自然科学の発展を阻害するところの、真の原因を正しく認識し、自然科学研究の自由を獲得するためには、必然的に社会科学者との共感的握手を要する。このことなくしては、とうてい正しい「科学政策」も、発見されるはずはないのである。

それのみではない。一方においては、かかる精神的同盟こそ、社会科学の研究そのものをも、一層正しく進展させるゆえんなのだ。

(1) 誤解を避けるために一言しておくが、私は必ずしも非戦論に左袒するものではない。この一文は、決して非戦論に左袒するがために、引用したものでないことを、ここにハッキリと明言しておく。

五

それと同時に、われわれは科学研究の途を阻害しつつあるところの、自然科学界内部の弊害を一掃するために、正しい科学批判が、力強く行なわれねばならないと思う。

この重大なる時機において、いたずらに学閥やエゴイズムによる内部闘争のごときは、何よりも先ず自ら反省され、清算されなければならない。いわゆる「大学の顚落」と呼ばれるものは、恐らくはひとり社会科学方面のみには限らないのである。象牙の塔は硬化しつつある、しからざれば腐敗しつつある。しかも批判を封じられた世界に残るは、ただ保守と反動あるのみであり、そこに若く優れた才能は亡び、新しい思索は阻まれる。

実はかかる検討は、科学的研究においても、また社会的実践においても、十分に鍛錬された科学者その人の手によって、遂行されるが最も望ましい。しかしそれは事実ほとんど不可能に属する。老練の士は、多くは保守的か反動的であり、しかも彼らは各自一党の親分である。

これに反して、今日ようやくジャーナリズムの舞台に昇らんとするいわゆる科学批判は、新鮮であり進歩的ではあるが、一般的には、未だ余り公式的なる抽象論たるに止まる。日本における科学界の歴史的事情にも通ぜず、現実の内容についても、実際に深く知らざる人々の、性急なる論議は、たとえ正しい線に沿っていても、一般科学者からは、正しい批判と思われずに、偏向的歪曲と誤解され、かえってその反感を買うようになる恐れがある。

実に今日ほど、正しい意味での科学批判が要望される時はないのである。一方ではいたずらなる仲間賞めを止め、現実の事情に迂い議論を捨て、好意あってしかも厳密なる批判が望まれる。もちろん戦うべきことは飽くまでも戦わねばならないが、この際必要なのは、いたずらに反撥的な論調ではなくして、静かな、温い、そして十分に厳格な、科学的なる議論である。

長い将来にかけての根本的なる改革問題と、現実における一歩前進のための改造問題とは、もちろんその間の関連については十分に注意を払いながらも、一応は切り離して究明されなければならない。いたずらに性急な批判は、たとえ正しい意図の下に行なわれたとしても、それは客観的には、非歴史的・非科学的なる、無責任な暴論と化することもある。真に望ましきは、実現性を持つところの、進歩的な、そして親切な指導方針である。

科学批判の範囲は広く、その課題は多い。それはほとんど未開の処女地であるといっても、よいかも知れない。われわれは科学の周囲を繞る諸問題から、科学諸部門の内部に対する検討に至るべきであり、またひとり現在の問題のみに限らない。現在への関連を考察しつつ、わが科学界の過去の遺産についての厳密なる再検討のごとき、最も緊要の題目たるを失わないと思う。

また問題の取上げ方、その観点が改められなければならない。たとえば入学試験は、わが教育の最大の禍根であるといわれる。それほどにも重大性を持つところの、試験制度と試験問題とは、単に文政当局者や父兄および関係学校教師間の問題たらしめず、一個の厳粛なる社会的・科学的課題として、批判され研究されねばならないであろう。

特に重要なるは、大衆の科学教育の問題である。この困難な課題は、溢れんばかりの科学的精神によって書かれた啓蒙的科学書の普及、地方博物館の増設、等々のごとき方法によっても、――もちろんそれらは相当有効ではあるが――根本的には、決して解決されるものではない。われわれに許される範囲内では、はなはだ不十分ながらも、矢張り学校課程としての科学教育の改造こそ、最も基本的なことだと、私は確信する。[1] この点については、特に進歩的なる専門科学者の、有力なる協同研究に待たねばならない。

科学の発達と大衆の幸福とは、相関的でなければならぬ。国民大衆の温なる支持・後援なくして、どうして科学研究の進展が遂行され得よう。

(1) 私は「数学教育の意義は科学的精神の開発にある」となし、その趣旨によって、『数学教育の根本問題』（大正十三年、イデア書院、後には玉川大学出版部）を書いた。今日から見れば、まことに欠陥の多い書ではあるが、この際に、読者の再検討に接するを得ば幸いである。

六

究極において、自然科学者は、個人として、また社会人として、その自らの研究に、また日常の行動に、深く実証的精神と合理的精神とが、発揮されなければならない。それがためには、今日清算されねばならぬ多くのものを持つ。われわれは自然科学者同志の、ならびに、社会科学者との提携によって、厳正なる科学批判を行ないつつ、一歩一歩前進しなければならない。ここに現下における自然科学者の任務がある。
かくのごとき自然科学者は、何よりも先ず、身を以って科学的精神に徹しなければならない。科学的精神は、過去の科学的遺産を謙虚に学びながら、しかも絶えずこれを検討して、より新たなる、より精緻な事実を発見し、より完全なる理論を創造する精神である。それは偏見とは、およそ対蹠的のものである。それゆえに科学者自身にとっては、精神の自由な状態に置かれなければならぬ。そこには一切の偶像を認めない、そこには強烈な批判的精神が働かねばならぬ。それは飽くまでも真実を追及する不撓の魂であり、何よりも先ず真理に徹底する精神である。不徹底に甘んじたり、何らかの権力のために事実を歪曲したりすることは、断じて科学的精神に悖るところである。
かくてわれわれの科学者は、この意味において、本能的の自由を愛する。われわれの科学者は、真理を追求し、真理を語るの勇気がある。われわれの科学者は、この意味において、本来ラジカリストである。

（一九三六・一一・八）

（『中央公論』一九三六年十二月号所載）

（『一数学者の肖像』一九五六年、社会思想研究会出版部、収載）

科学的と歴史的

これは、この六月に、私の談話を編輯委員が筆記されたものですが、ちょっと短かすぎると云うので、締切の日に、終りの方に一枚ばかり書き足したのでした。

この間、私は阪大で、「日本数学史」の題目で、二十余時間の講義をして参りました。この時の聴講者は学生が主でしたが、その外に東京・東北・京都・大阪の各帝大出の学士連がいました。それは物理学や天文学や数学を専攻した人達で、大学の助手とか、産業科学の研究に従事して居る人々でありました。

この人達と、毎日、講義が終ってから、ディスカッションをやりました。私達は、「日本数学史の基本的な問題の中で、どう云ったことが、将来最も研究し甲斐があるか」――こう云うことに就いて、よく語り合いました。彼等若い人達の興味は、文献とか史科蒐集等ではなく、また和算の内容の微細に亙るよりは、もっと根本的なものとして、科学の発展を歴史的に捉えるにある、と云うことでした。

こう云う意味で未解決の問題が、まだ沢山残っています。例えば、私は、講義の中で和算家のギルド性を強調しました。ギルドは徳川時代の封建制度の一つであり、これと和算とが密接な関係にあることは勿論でありますが、しかし、その関係をもっと立ち入って分析し、実証しなければならない。和算のギルド性については、今後研究すべきことが沢山ありましょう。

もう一つ、西洋の近世数学に比して、和算の特色として、私は、西洋の近世数学（特に和算と同時代の数学）は、自然科学や産業技術と結びついて発展したのであるが、我が国では自然科学や産業技術が遅れたために、和算は之等と結びつきがあまりなかった。そこに和算の特色があると考えて居ります。しかし、よく考えて見ると、徳川時代にも、自然科学や産業技術が全然なかったのではない。それ等が和算と如何なる交渉があったか、ここに和算の研究に取残された、一つの困難な課題があると思います。

科学史が、科学自身の内容の発展を、正確に調査し記述することも、困難なることでありますが、同時に、これらを他のものとの関係に於て調べることは、尚更困難なことであります。

元来、科学は、本来実用から生れたものです。どんなものでも、何等かの意味で、実用がなかったら、生れる筈がありません。それで実用から出発して、或程度まで科学が養い上る。其後は、一方では、社会・経済・哲学等と結びつきながら発展します。それと同時に、他方、科学は内部的に、自分自身の持つ論理方法で、運動し発展するのが当然です。一次、二次の方程式が解けたら、更に三次、四次の方程式を解こうと考える。此の考えは自ら数学者の中に生れる。Nが二の場合から、三・四と次々に高いものになる様に、内的に進展する。勿論、此の様な発展力を殺す如き社会状態ならば、科学は発達しないが、もし之を激励する様な社会ならば、伸びるのであります。

ところで今日の数学の本や講義は、多くは歴史的発展を無視して居ります。それですから、その問題が如何なる所から生れたか、何故この問題が提出されなければならなかったか。こういうことがよく解らないのです。それでは、たゞ数学の表面的な結果のみを伝えることになりますが、これは悪いことだと思います。

だから、学生諸君は、たゞ徒らに沢山の問題を解いたり、知識の羅列を求めるよりも、歴史的に考えて、科学的精神をつかむことに、自ら努力しなければなりません。その為に、諸君は例えば、ホグベンの『百万人の数学』のような本を読むがよいと思います。尤もこの書物の中には、随分まずい箇所も可なりありますが、あゝ言った最初の試みとして見れば、あの本の目標は、立派なものと思います。学生諸君は、あのまゝでなく、不満足なところは自ら補い自ら訂正しながら、考えに考えて、自分の力で読み直すと云うように、努力するがよいと思います。

只今申した様に、書物というものは、たゞ表面的に通読する丈けではいけません。勿論、中にはたゞ通読してよい様な本も沢山ありましょうが、私は、やはり立派な参考書や、真面目な本は、自分で読み直すと云う態度がなければならぬと思います。

近来、日本では可なり多くの科学書が出版されて居りますがしかしこれ丈けで専門的な数学や自然科学がやれると思うのは、非常な間違いです。数学や自然科学の日本語の本の中には、例え良いものがあったにしろ、むしろそれは例外です。根本的にやろうとすれば、今日では残念ながら西洋の本によらなければなりません。実際日本の今日の科学は、まだ〳〵外国の模倣が多いのです。かような状態なのにも拘わらず、日本の本のみで、事足りると思い、西洋の本を研究しない学生諸君が居るならば、それはよくないことだと、私は強く主張したいと存じます。若し我が国の科学が世界的であるなどゝ云って、西洋のものに親しまなかったならば、丁度、和算が明治時代に於て滅んだと、同様の運命に陥るだろうと思います。

それから、科学を研究せんとする学生諸君——特に物理学校生徒諸君——は、教養的方面、思想的・文学的のものにも、ある程度まで親しんだ方がよいと思います。物理学校には、なにしろ、斯ういった方面の講義が少ないのですから、出来るだけ自分でやって行った方がよいと思います。

中には一方に偏よった学生諸君がある様ですね。——かような諸君が、自分の長所をどこまでも伸ばすことは勿論望ましいことですが、しかし一面長所のみを伸ばすと云うことは、他面を疎かにする危険がありますから、十分の覚悟と注意を要します。

実際、社会的・文化的教養の劣って居るという事は、物理学校卒業生の非常な欠点だと思います。例えば、会合に於て議論する時など、問題の摑み方が狭く、大局から見ると取るに足らない点にこだわる憾みがある。それですから、学生時代から、教養を深め、物を考える範囲を広く取ることに努めた方が好いのではないかと思います。

この問題を他の方面から、もすこし掘り下げて見ましょう。今日では、わが国情につれまして、技術者が急に尊重されて来ました。これは、今まで、技術についてあまり国民の無関心であったことを救う上に、望ましいことでありますが、然し私が望むのは、単なる技術者ではありません。将来の技術者は、もっと技術者の社会的意義や任務を自覚して、自分の仕事が文化の上に於ける役割を理解してやってほしいのです。

たゞ技術のみを以て立たんとする者は、一種の芸人にすぎないと思います。今までの物理学校の卒業生は、数学的芸人、或は、物理・化学的芸人に過ぎないと云う傾向が著しかった。研究所や工場で働いて居て、物理学校卒業生が使いよいと言われるのは、一種の自働機械だからであり、中学校の数学の先生として喜ばれるのは、受験問題を解く芸人だからであります。

しかし、これからは、こんな様では駄目だと思います。これからは、技術に於て優秀なばかりではなく、人間として教養のある文化人、而も熱烈な科学的精神を抱きながら、自覚し行動する人でなければなりません。それには、ひとり科学的なばかりでなく、——否、正しい意味での科学的たらんが為にこそ、歴史的・文学的教養を欠いてはならないと思います。

ところが、この学校の実情を眺めますと、学生諸君の中には、ほんとうに学問を愛好するのではなく、単なる点取り虫として終始しているかとさえ、思われる人達も居られるかのように、感じられるのです。これは、誠に遺憾に耐えないことでありますが、しかしそれは一面に於て、学校自体の教授指導方法にも欠陥がある結果でありまして、私ども学校関係者に責任があることであり、深く自ら恥じざるを得ない次第であります。

私どもは、今後、心を込めて、学校の革新にあたることを誓いますが、それも、学生諸君の熱意ある精神的援助がなくてはどんな革新も、資質的には一歩も進み得ないことは、申すまでもありません。諸君の知性と良識に訴えまして、諸君の確乎たる自覚を切望せざるを得ないのであります。

（東京物理学校文芸部『文化』三号、一九四〇年十二月号所載）

現時局下に於ける科学者の責務

一

今やわが日本は、重大時機に直面している。それはひとり日本のみに止まらず、時代は正に世界を挙げての歴史的転換期の嵐の中にある。ここに高度国防国家体制の実現に向かって邁進しつつある際に当たり、科学振興の叫びが、官民を通じて、声高く主張されるに至ったのも、当然のことである。

かくて今や科学（および技術）をめぐる諸問題にわたって、熱意ある論議が盛んに現われる一方、心ある科学者の中からは、科学者自身の態度についての反省が行なわれてきた。

試みに小竹無二雄教授の告白を聞くがよい（小竹無二雄氏「理学者の悩み」、『科学主義工業』昭和十六年二月号）。――

「日頃自分を賢い男だと思つたことも無いが、正直を言ふと、最近迄は、これ程の愚か者であるとも思つてゐなかつた、と言ふのが本音である。

今度の事変が起つてから満三年が過ぎてゐる。……少しく賢い人々であれば、これ等の見聞から、我国のかくある可き事情や、諸々の真の様が、略々推察し得た筈なのである。然るに最近折にふれて、様々の方面の真の様が具体的に説かれ、教へられることが重る迄は、ただ漫然と……伊希戦争程度の不安より持ち得なかつた、といふ程度に近い物であつたことは否めない。

その証拠に、私共は今に尚ほ安閑として蟇の毒の研究をし、米の胚芽油の成分の研究をし、ストリヒニンなる欧州で百年来いじりまはした研究に没頭してゐるのである。

この愚な私が、今母国が立つ様を見て、只愕然とし呆然としてゐるのである。」

そこで小竹教授は

「熟慮数月、今蟇毒十五年の研究を放棄して、母国の急に参ずる覚悟だけは確に出来上りはしたが、扨て私は何をなす可きなのであらうか。」

と訴えられる。この悩みは、ひとり小竹教授のみに止まらないのであって、

「同じ様な愚な者の群は、日頃国家の最も深い恩寵の下に、一向に真理の探究に精進してをつた理科の畑に多いらしく、此頃は同じ悩みを談り合ふ者が多くなつて来てゐる。」

菊池正士教授もまた率直に、その心境を語っている（菊池正士氏「学術の新体制」、『朝日新聞（東京）』昭和十六年二月十四・十五・十六日）。

「少くもわれわれ実際研究に従事してゐる比較的若い連中の、おそらく全部は、この際なんとかしてお国のために働きたいと、うずうずしてゐるのである。自分の研究など、いつでも放棄して、目前の必要のために、少しでも役立ちたいと、ゐても立つてもゐられない気持がしてゐるのである。」

今日の事態の下に、われわれは何をなすべきか。——この良心的な科学者の悩みは、その本質におい

て、科学・技術振興の基本的課題の一をなすものである。それは決してただ、企画院や文部当局や軍部などばかりに任せてはおかれない。それは科学に関する問題である限り、何といっても、科学者自身の参加協力を待つよりほかに、解決の道はないのである。

しかもこの急迫せる日本の現実を前にして、いたずらに論議のために論議を反覆し、遅延に遅延を重ねることは許されない。国家は一日も早き科学政策の確立を必須とする。

この小文は、この困難な課題に対する、一片の貧しい病間漫語に過ぎない。実際の事情に通じてもいないし、見聞の極く狭い、不敏な私は、ただ漠然たる感想に止めざるを得なかった。一定の構想の下に成れる具体的な論策のごときは、私のようなものの企図すべきところではないので、一切差し控えることにしたのである。

拙文の趣旨は、ごく平凡な、そしてきわめて単純なものではあるが、それでも性急な人々から、あるいは誤解される恐れがあるかとも思われるので、先ずここに根本精神を、一と口に述べておこう。——原則として、科学および技術の研究を、国家目的のために、強力に統制せよ。

二

従来、日本の科学者は、あまりにも時代に無関心であった。

事実、多くの科学者の間には、「科学のための科学」というような信条が、行なわれている。この標語は、誤解され易い言葉ではあるが、それは単なる唯知主義とか高踏主義とかと、解すべきものではなく、むしろ科学への徹底せる愛慕、真理への逞しい追求を意味すると、理解せらるべきものであろう。

およそ科学を研究するものは、彼が自覚すると否とにかかわらず、かような徹底せる心境にまで入ってこそ、はじめて立派な業績を挙げ得るのである。それは、たとえ、どんなに目前の直接的実用から出発したものであっても、その研究の深化するにつれ、この境地へと近づくことは、いやしくも自ら科学するものの、偽らざる体験であるだろう。

さて、そういう境地を会得した科学者といえども、彼は日本人には相違ない。日本人である限り、彼は、平時にあってはもちろんのこと、非常時にあってはなおさらに、科学によって、国家に奉公すべきである。軍人が血を国家に捧げるように、科学者の専門的才能と知識とは、——たとえ、どんなに彼の名声が国境を越えたところで、——一切をあげて、国家に捧ぐべきものである。

少なくともこの一点だけは、牢固として動かすべからざることに属する。

ところで今日にあっては、国家が直接に必須とする諸研究の激励と、人力物資の関係から、何らかの科学統制を必要とすることは、いうを俟たないところである。しかし、それと同時に、一方では、直接には生産や軍事と無関係のように見えても、科学の基本的な研究を欠如してはならないのであり、これなくしては、とうてい生産技術や軍事科学そのものさえも、よく発達し得ないことも、また厳然たる事実なのである。

そこである人々は、今日でも、こう主張する。「科学者個人の研究題目などは、個人の自由でなければならぬ。研究の自由があってこそ、はじめて優秀な研究が生まれるのである。だから、今日の日本が、いかに苦境にあればとて、研究の自由という、この地歩だけは、確乎として保持されなければならぬ」と。そして現に、この態度を採っている科学者も、多数に存在するのである。

こういう人々の中には、いわゆる自由主義者も、介在するかも知れない。しかし私の見るところでは、その大部分は、決していわゆる自由主義者などではなく、かえって従来一般に時代に無関心であった大多数の科学者がそれであり、中には、衷心から科学を愛好する立派な研究家も、含まれているのだと思う。この最後の人達の精神そのものは、十分に尊重せらるべきであり、彼らの真摯なる研究は、国家にとって、軽薄なる時局便乗者のそれに優ること、数等であると、考えられる。

ただ不幸なことに、かような科学者の多くは、今日の深刻なる危機、急迫せる国際情勢に関する認識に欠けたところの、小竹教授のいわゆる「愚か者」なので、依然として、――自由主義者かと誤認されるような――旧式な現状維持者たるに、止まっているのだと思う。もしも左様でなかったならば、科学統制の意義を誤解し、無闇にこれを恐れるあまり、強いて現状維持を固守するのであると、考えられる。

ところで今日は、すでに幾多の子弟近親を戦場に失い、また日常必需品の不足となるにつれ、いかなる人といえども、ひしひしと身に迫る情勢を、体験しないものは居ないはずである。科学者といえども、研究用の資材や図書雑誌から、助手の人員に至るまで、その不足を感じているに相違ない。この眼のあたりの事実を、彼らは何と見ているのか。

かれら現状維持の科学者は、彼らの温室的な研究室内において、ただいたずらに研究物資の窮乏を喞《かこ》っていれば、よいのであるか。それは現実の日本が切実に要求しているところの、科学的・技術的の諸問題に対して一歩だの解決をも与えるものではない。それでは科学発展の歴史や、科学の社会的・国家的意義[*1]を忘却したところの、迂儒ではないのか。

現下の国際的危機を見よ。未だ交戦国にもあらざるアメリカでは、数学者さえが——それは科学の中でも最も抽象的であり、現実の世界からは最も縁遠いかのように見られている数学の、有力な専門的研究者さえが、すでに昨年〔昭和十五年〕の夏、「開戦準備委員会《ウォア・プレペアドネス・コンミテー》」を結成して、戦争のために直接に必要な数学の研究を、開始しているではないか(1)。

思えば、高度国防国家の建設と、東亜自給経済の確立を目標とする日本が、事変開始以来五年目に及んでも、いまだに十全なる科学の戦時体制を整えないばかりか、それへの自覚さえも持たない科学者が存在するとは、何という奇怪な事実であるだろう。

(1) この「開戦準備委員会」については、その会の報告が、高須鶴三郎教授によって訳されているので、詳しくはそれによられたい。高須鶴三郎氏「開戦準備の米国数学会」、『現地報告』(文藝春秋社)第四十一号(昭和十六年二月)。

*1 『戦時下の数学』(一九四四年)収録論文では、この「社会的・国家的意義」の句が「国家的・社会的意義」に改められている〔編注〕。

三

さて、高度国防国家建設のために、科学・技術の飛躍的な振興を要することは、言うまでもない。それにはどうしても、科学・技術の統制によるよりほかに道がないことは、心ある科学者の、誰でも知っているところである。現に菊池教授の語るところを聞くがよい。――

「真理の探求といふことが、天から授かつた神聖な使命であつて、自分がその道に進むことに対して、何人の容喙も許さぬなどと考へるのは、科学者のうぬぼれといふものである。現在の如き情勢においては、科学者といへども、社会の他の部門と協力して、国家目的遂行をまづ第一に念頭において進むべきであることは、論ずる余地のないところである。

従つて限られた人的物的の資材をもつて、この難局を処してゆく上に、科学界全体を最も能率よく活動させるやうな一つの組織に統合することが、絶対に必要であるのはいふまでもない。科学界の統制も、この意味て、一刻も早く行ふべきであると思ふ。」

ただ最近私達は、あまりにも、官僚による統制の不手際を、まざまざと見せつけられている。これでは誰でも統制を不快視するのが当然であって、その点はもちろん改められなければならない。

しかし科学統制の問題は、かような目前の感情の問題ではなく、国家の運命に関する問題なることを、知らねばならぬ。その目標は科学・技術の振興にあるのであって、断じて統制のための統制にはないはずである。

そこで科学統制は、当然「研究事項を国家目的において、相互の研究を連絡調整する」ことを以て、最高の目標とせねばならぬ。この点については、どんな科学者でも、あまり異論はなかろうと思う。

それなら研究の重点を、どこに置くべきか。今日の急迫せる情勢にあっては、何といっても、それは先ず第一に、技術の急速なる進展に向かって、力を集中せざるを得ないであろう。わが技術の現状のままで、高度国防国家を建設先遂し、生産を飛躍的に拡充することは、事実ほとんど不可能に近いことを、銘記しなければならぬ。

それというのも、欧州の技術が、幾多の試練を経て鍛え上げられたに反し、日本の技術は、主として明治以来の急速な移植にかかり、残念ながら、未だ温室育ちの域を脱し得ないからである。その結果として、そこには技術の基礎的研究の著しい遅れと、技術の総合計画による即時的活用の欠陥を見るのである。

われわれは出来るだけ速かに、この二つの大なる欠陥から救われなければならぬ。そこで私達は、先ず第一に、技術の基礎的研究を激励し、特に東亜共栄圏だけの資源によって自給自足すべき今日において、自発的な技術の創造に向かって邁進しなければならない。この場合にあって、技術者が単に多年の経験や勘などばかりに訴えるのは、非常な誤りである。技術者は日本の技術をして、ますます科学化しなければならない。

思えばわが従来の欠陥は、一方では技術家が、技術の根底たる基礎理論の究明を怠ると同時に、他方では科学者の多くが技術などに関連するような科学を、蔑視していたからである。かような偏見から、――すなわち技術の科学からの遊離と、科学の技術からの遊離から、――われわれは、断乎として救われなければならぬ。

しかしながら、いかに「目前の必要のために役立ちたい」といっても、科学者の誰も彼もが、そればかりに走ることは、固より許されない。それは、あまりに時局便乗的であり、近視的である。もちろん、目前に解決すべき問題があるなら、先ずそれから出発するもよいだろう。それは必ずしも簡単な技術によって解決できるものではなく、いわゆる基礎的研究を要する場合も起こるだろう。ここに基礎的研究というのは、その問題を技術的に解決するための、基礎理論の研究を意味する。基礎的研究といえば、直ぐに量子論などを連想するのは、非常な偏見だと思う(1)。

科学者は現実の問題から、基礎的研究に進み、技術家は、基礎的研究を現実の問題から眺むべきである。この両者は相伴って進まなければならず、跛行は慎まなければならぬ。

(1) この点については、次の評論が参考となるだろう。菊田屋三郎氏「日本技術の欧米依存を排す」、『科学主義工業』昭和十六年二月号。

四

けれども生産を飛躍的に拡充するためには、ただ技術の基礎的研究ばかりでは、不十分である。何といっても、それには官民の諸研究機関や生産機関の間の連絡を有機的にして、強度の総合的な計画性を与えなければならない。それによって、研究の結果を、即時に活用させ、企業化させることが、絶対的に必要なのである。

かようにして、戦時体制における科学・技術は、次の原則によって、その振興を図るべきであろう。

技術の基礎的研究に重点をおき、研究の施設を充実すること。

実用化のための研究施設を整備し、企業化の促進をはかること。

この原則の下に、統制は合理的に行なわれなければならない。それで、たとえば

研究用の資材の配給を統制する

前には、先ず

研究用の資材は、物質動員計画において、優先的に確保する

という前提を必須とするし、また

研究者の配当を統制する

前には、必ず

研究費の予算は、国費を優先的に充当する

等々のことが、約束されなければならない。

もしもかような約束が、十分に果たされないものならば、どうして科学・技術の振興を期待し得よう。これは統制を行なうための基本条件でなければならない。

それなら、いかにしてこの基本条件を満足するような、効果的な統制方案を、具体的に樹立し得られるであろうか。その実現のためには、軍部や企画院・文部省などの官僚ばかりでなく、識見の高い優秀な科学者・技術家の、全面的な協力参加に待たなければならないと思う。

何人にもまして、科学・技術を知るものは、科学者・技術家であるはずである。しかし、いつも文部当局などが命ずるような、旧態依然たる老人ばかりの委員会では、根本的に駄目なのだ。多少の例外はあるにせよ、彼らの大多数こそは、現状維持の「親分」なのだ。

私の見るところでは、何よりも先ず、良心的な、革新的な科学者が、衷心から協力一致して、最善の

知能と識見とを傾注した意見の公表こそ望ましい。それこそ科学者の国家への大なる奉公というべきである。国家が、他のいかなる時代よりも激しく、科学者の全知能を要求する時機において、その自覚さえもなく、いたずらに逡巡して何らの奉公をもなさずに、後日に至って不平と蔭口のみに終始してはならない。科学の統制を、効果的にするのも、また失敗に終わらせるのも、その一半の責任は、科学者自身が負わねばならないのである。今こそ科学者の立つべき時なのだ。

科学・技術政策の運命は、実にこの点にかかっている。

上の基本条件が、具体的に、牢固として確守されてこそ、合理的な統制は、はじめて実行可能となるだろう。そして、その暁においてこそ、心ある科学者は皆欣然として、国家に課せられた最高の任務を遂行するの覚悟を以て、科学の決死隊となって研究に当たるだろう。

五

さて、かような意味での科学統制は、決していたずらに科学者の研究を圧迫するものではないはずである。しかしそれでも頑として聞き入れない現状維持論者があるならば、私はかような科学者達の、特に強い反省を乞いたいのである。

諸君は、純粋科学の優秀な研究者たる菊池教授の、あの強い決心を聞いて、どう感じられるのか。また東北帝大のH博士は、ある集会の席上で、

「純粋科学的研究は、五パーセントに制限すべきである。学者の九五パーセントは、直接生産と接触した部面の研究を行ふべきである。」

と、強調されたとも、聞き及んでいる（三橋鉄太郎氏「論壇展望」、『東京日々新聞』昭和十六年三月四日）。この激しい時代の叫びは、諸君の胸を打たないのか。

諸君は極度に、研究の統制を怖れている。しかし実際の事実として、諸君の狭い世界には、官僚による統制などよりも、実はもっと恐るべき悪質の統制が、多年来に亙って、実施されていたはずである。科学界における「縄張り」こそ、それではなかったのか。

あまり優秀とも思われない連中が、大学などにその巣を営んで、大した研究もせずに、停年まで安全なのも、実はこの「縄張り」のためである。諸君が、この封建的なギルド性を打破せんとするところの、革新的な研究統制を恐れるのも、当然のことかも知れない。

しかし本来からいえば、諸君のような人達こそ、今日の危機を認識した上で、自らの才能を反省し、国家の現実にふさわしい研究に、最善の努力を以て奉公すべきものである。

それを、諸君が今日に及んでも、なお「研究の自由」などを唱えるならば、それは単に自己擁護のためか、あるいは縄張り擁護のための仮名に過ぎない、と考えられても、致し方があるまい。――再び言おう。諸君は菊池教授の言葉を聴いても、反省するところがないのか。国家のこういう時機に臨んでも、諸君はやはり縄張り主義で通るつもりなのか。元来「研究の自由」とか、「科学のための科学」とかいう、崇高な言葉は、そんな低級な意味のものでは、なかったはずである。

この激しい時代に際し、学術××会のような機関から、多額の研究費を頂いて、かえってその始末に困っている科学者（？）さえもあると、私は仄かに聞いている。私はこの噂の真実ならざることを、心から祈るものであるが、しかしかような噂の起こるだけでも、良心の持主ならば、自らの才能を自覚して、その地位を若い優秀な研究者に譲るべきである。かような場合に、強いてその地位を固執するならば、国家の名において、更迭させてよいと思う。生なかな人情論は、今日の場合、国家の革新、科学の振興を、阻害する役割を演ずるものである。

六

私はこれまで科学統制の急務を説いてきた。それは最も本質的な部面ではあったが、しかし、ただそれだけでは、実はあまりにも門が狭すぎるのである。

人間には種々の異なる素質があり、科学の中にもきわめて特殊な部門があり得る。現にたとえば、世の中には、ごく特殊な、狭い事柄についての、きわめて深遠な研究に没頭して、一生を捧げている真摯な学者がいる。また科学者の中には、最も抽象的な、最も理論的な研究を長所とし、具体的な実用方面に対して、全然興味を持たない人々が存在するのである。

かような人達の研究は、あるいは、現実の日本が直接に要求している問題からは、遠いかも知れない。けれども、それが良心的な研究である限り、私達は十分にその意義を認めなければならない。それは統制の範囲を超越している。

深刻な危機についての認識を持ちながら、十分にその認識の上に立って、しかも敢然として、純粋理論の研究を継続し、死を以て学問の純粋性を固守せんとする人々が居るなら、それは確かに尊敬すべき士であると、いわなければならない。実際、今日わが科学の第一線に立って活動しつつある優秀な人達は、これだけの覚悟を持っても、毫も差支えないと思う。

国家としては、いかに苦難の時代とはいえ、かような国宝的な科学者に対しては、出来る限り豊富な研究費を供給して、出来る限り研究の自由に任せるがよい。これこそ科学振興への堂々たる一つの道である。

もしかような優秀な科学者をも、本人の希望ならばいざ知らず、本人の意志に反してまでも、彼らの長所とするところを捨てて、他の不慣れな場面に逐い込むことは、科学日本の恥辱であるだろう。高い優れた芸術が、国家の保護を要すると同様に、かけ替えの出来ない良心的な科学者もまた擁護されなければならない。

私をして率直に語らせるなら、菊池教授のような良心的な人達こそは、従来の専門的立場を固守して貫いたいものだと思う。

このことは、ひとり完成された学者ばかりではなく、若い青年科学者についても、当嵌るのである。現に今日、優秀な大学卒業生が、先を争って殷賑工業に走り去る現状を、人は何と見るのか。実は施設や資材にもまして大切なのは、研究者の素質のはずなのに。

現実の日本が切実に要求しているところのものは、断じて眼先きの問題ばかりではないのである。われわれは日本の使命について、深く思いを致さなければならない。

＊2 『戦時下の数学』（一九四四年）収録論文では、この「学問の純粋性を固守せんとする人々」という部分が、「わ

が日本の純粋科学を擁護せんとする人々」とかえられている〔編注〕。

七

思えば科学の歴史こそは、先人の屍を踏み越えては倒れ、倒れては進んだところの、執拗・根気・苦闘の連続であった。

いかに現下の急務なればとて、日本の科学は、門外漢が想像するように、ただ一片の号令や訓辞などによって、——実質的には——容易に革新されるものではないのである。憂国の士は、何より先ずこの点について、深厚の用意を凝らさなければならないと思う。

かつては、日本精神の名において、科学の振興を抑えんとした、不幸なことさえも行なわれた。日本精神と科学的精神とは、どんなことがあっても、対立的な形で考えられてはならないのである。日本精神を失っては、決して科学日本が建設されないのと同様に、科学的精神の高揚がなければ、日本は前進し得ないのである。

わが日本の進むべき道は、今や、高度国防国家・東亜共栄圏の建設のために、革新の一路を邁進するよりほかにはない。

一切の科学は、政治、経済、教育等々と相俟って、国家の最高目的を目指し、その全体をあげて、ここに集中されなければならぬ。

逞しい実証的精神によって、日本の現実を凝視し、科学への道を、合理的に力強く開拓することこそは、われわれに課せられた最高の責務である。

（一九四一・三・八）

（『中央公論』一九四一年四月号所載）

〔論文集『戦時下の数学』に収録するに当たっての追記〕　大東亜戦争前に公にしたこの一文を、ほとんど何らの改訂をも加えずに、そのままここに再録することにした。深刻なる決戦下の今日にあっては、すでに強力なる戦時研究員規定が確立され、いかなる国民も、すでにこの小篇の屍を踏み超えて、はるかに前進しているのである。読者諸君は必ず別項「日本数学の建設」を一読された後、批判的に、この小篇に臨まれることを切望する。

（『戦時下の数学』一九四四年、創元社、収載）

疎開先より

Hさん。

今日はまだ十月の末なのに、ここはまるで冬空です。この寒そうな空に聳え立つ、雪の降った鳥海山を眺めていますと、なぜか妙にあなたのことが気になりますので、久しぶりで便りを差し上げることにいたします。

私は疎開以来どちらにもご無沙汰ばかり申していますので、東京に残っておられる諸先生の消息をほとんど存じませんでした。ところが、たしか八月の初めでしたか、山形新聞紙上に、「自炊もまた楽し」といった、壕生活についてのご感想を見出したのです。それによりまして、私はあなたが戦災にお逢いなされたことを知り、誠にお気の毒に存じました。けれども、あの文章からは、蔵書などをお焼きになった憾みのようなものは、少しもうかがい得ませんで、かえって自炊もまた楽しといった、雄々しい、日本男児の教訓とでもいうような感じを味わったのでした。

Hさん。

あなたは終戦後の今日でも、矢張りあの通りのお考えをお持ちなのでしょうか。率直に申しますと、どうもあれは、私には幾分か不自然に思われました。いくら江戸児にせよ、あれは多少負け惜しみではなかったでしょうか。

負け惜しみの心理には十分同情されますが、しかし負け惜しみということは、多くの場合、決して客観的な真理を語るものではありません。それは歪められた見方です。じつは戦時中、わが国の指導者によって語られたものは、負け惜しみが多かった。それはどんなにか国民を錯覚に陥れたかわからないと思います。

習性というものは恐ろしいもので、今日私たちは、事実をありのままに語る能力さえも、どうかしたのではないかと、心配されるくらいなのです。そこで今日は、私の疎開生活をありのままにご報告申上げるつもりですが、及第点を取るかどうか、ご批評を仰ぐ次第であります。

戦局は一昨年ごろからだんだん困難となって参りましたが、私はまた病弱のゆえもあり、一昨年の晩秋から、本当の浪人生活に入ったので、東京には大した用事もなくなったわけでした。そのうえに、がんらい空襲の大きらいな臆病者なので、昨年の春、学童疎開の問題がもち上がるころから、私も疎開を考えるようになりました。そしてアメリカ軍のサイパン上陸を機会とし、老妻と共に、孫三人をかかえて、私の郷里山形県酒田市に疎開と決定、酒田市に到着したのは、忘れもしない八月一五日の午後でした。

海と河と田畑をひかえた東北の一小都市は、東京よりも物資が豊富でしたし、三十四五年ぶりに見る故郷の秋色も、心を慰めるに足りました。やがて何十年ぶりといわれる恐ろしい雪がやってきました。本年三月東京からの戦災者を雪の中に迎えるころから、戦時色がようやく濃厚となり、六月の末、当地の港湾に機雷が投下されるや、市民は大なるショックを受け、たちまちにして千数百戸の強制疎開が断行されましたが、ついに八月一〇日艦載機による爆撃を受け、孫たちの通っていた国民学校などは破壊してしまったのでした。

これより先、七月に入ると急速の間に、市から学童の強制疎開が命令されたので、私たちは孫三人をひき連れて、また移動しなければなりませんでした。そして酒田市から一〇キロばかりの、黒森という農村に落ちついたのです。ここは山と川をひかえた農村で、物資の豊かな土地でしたが、夏から秋にかけての二ヵ月半の間に、孜々《しし》として働く農民の生活から、見聞するところが多かったのです。私のように、幼少のころから都市にのみ育ってきたものは、この齢になるまで、農民の実生活についてほとんど知るところがなかったのですから……。そして私たちが酒田に疎開したちょうど満一年の八月一五日に、黒森であの重大なご放送を拝聴したのでありました。

ところで杉並の拙宅は、幸いにも無事に残りましたので、近い内に東京に帰ろうと考えています。それですから、私たちは一五ヵ月ばかりの間に、

東京――酒田（寺町）――黒森――酒田（北千日堂前）――東京

という、あわただしい移動をつづけることになるわけです。

Hさん。

いったい、疎開生活とは何でしょうか。私たちは軍や官の指導者から疎開の意義や疎開者の責務についてもっともらしい、偉そうな説明を幾たびとなく承わりましたが、しかし私にとっては、それはけっきょく空襲からの逃避にほかなりませんでした。

がんらい、酒田市は戦時の軍需工業によって急激に膨脹した小都市なので、いわゆる産業戦士のために住宅はすでに非常に不足していた。そこへ大都市からの疎開者が押し寄せて参りましたので、ついに恐るべき住宅難をきたしたのでした。三人の腕白小僧を持った私たちは——さらに息子夫婦を迎えて——じつに窮屈な生活をせねばなりませんでした。田舎でゆっくり読書でもしようという考えは、一片の甘い夢想にすぎませんでした。物を書こうとか、何か調べようといった気分は、不思議なほど起こらなかったのであります。

それに文化水準の低い小都市のこととて、私のような老人に適する仕事は、何もあるはずがなかったのです。私に与えられた唯一の仕事らしい仕事は、一人の特志な中学生のための、数回にわたる、函数観念や解析幾何の講義でした。ある夕、国民学校六学年の女生徒数名が、算数の模擬試験問題をたずさえて質問にこられたのには、全く微苦笑を禁じ得ませんでした。

かように考えて参りますと、老妻のために、ときどき飯を焚いたり薪を割ったりした手つだいこそ、私の第一の仕事だったのかもしれません。

それですから私のような人間は、なに一つ有意義な生活に従事しないどころか、むしろネガティヴ・ワークを日々やっていたというべきでしょう。国家が危急存亡の際に、このような無為徒食の人間は、一日も早く死んでしまった方が国家のためになるのかもしれません。それも今になって初めて、そう反省するのではなく、毎日毎日そう思いながら、一年以上もぐうたらに過ごしてしまったのです。

それに、来る日も来る日も、毎日毎日、食物の話と闇の話、そんなことばかり聞かせられてはたまりません。私は一日も早く平和の日の来らんことを願いました。それですから、東京に居残って真剣に働いていた、年若い友人から、「とうてい助からぬと思ったこの戦争にも、無事に生命をながらえまして再び東京でお目にかかれようとは全く夢のような気がいたします」という手紙を貰いました時には、何ともいい知れぬ感激に打たれたのでした。

それにしても私は、東京を離れるころから、現実の問題として、日本が勝てるものとは考えられませんでした。いやしくも科学に志した者ならば、誰でもそうではなかったのかと、心ひそかに推察いたします。また酒田に疎開してからは、東北のこんな小都市が爆撃を受けるようになったら、戦争はもうおしまいなのだと、かたく信ずるようになったのでしたが、奇妙にもそれは全く事実となってあらわれたのでした。私には最初から指導者たちのように、いたちのような原始生活を賛美する気にはなれませんでした。日本精神とは負け惜しみではないはずです。

それにつけても、非常に不思議なことに、八歳と九歳になる二人の孫たちは、日本が負けたことに対して、ほとんどなんらの感じをも持たないような気がするのです。国民学校のある先生にこの話をしますと、先生は「高等一年あたりでも、無関心の子供がいます」と、答えられました。そのくせ、配給などのことになると、子供は実に敏感なのですが……。何だかじつに恐ろしいような気がいたします。

Hさん。

いずれ私も近々に東京に引きあげるつもりですが、私たちはお互いに人一倍虚弱な老人の身なのです。今後はあまり無理をしないで、分相応の仕事をやって行こうではありませんか。いまさら民主主義などと名のらないでも、真に価値のある学問上の仕事なら、大なり小なり、全世界人の財産に相違ないのですから、それは必ず、広義における民主主義にかなうものと信じます。

（一九四五・一〇・二八）

（『文藝春秋』一九四六年一月号所載）

（『一数学者の肖像』一九五六年、社会思想研究会出版部、収載）

Ⅳ

戦後民主主義とともに

一九四五〜一九六二

書庫にて，1959年

自然科学者の反省

一

今日わが新日本の建設に際し、自然科学者の任務はまことに重大である。そこには国民大衆の幸福、健全なる平和産業の再建、等々のために、自然科学者に課せられた、きわめて重い役割があるのである。

それにもかかわらず、終戦以来、研究費の貧困等に直面しつつある、わが自然科学者の大多数は、——いわゆる民主主義科学者にあらざる限り——今日きわめて悲観的である。現に良識ある科学者として知られる藤岡由夫教授(1)（東京文理大）のごときは、一方、戦時中については、

「自然科学者の各個の研究に関する限り、資材や要員の不便といふ様なことを除いて、さうさう圧制を感じたこともなかつたやうだ。」

と述べながらも、今後については、

「これからどうなって行くか。科学振興の声もさう長くは続くまい。明治以来の先輩が内職で生計をたて、欲しい器械も買へずに黙々と努力して来た道へ、我々は今一度戻つて出直す必要があるのではなからうか。」

と嘆じている。

しかし、今日私たちはただいたずらに、今後の研究難を喞《かこ》ちて居ればとて、それは現実の日本が切実に要求しているところの諸問題に対して、一歩だの解決をも与えるものではない。良心的な自然科学者は、この際、何よりも先ず、現下における自らの任務について、深く反省しなければならないだろう。

しかもかかる反省のためには、「日本の自然科学が、どのように育成されて来たか」の過程について、自由な立場から、冷静に客観的に、再検討する必要があると思う。この小篇は、年若き自然科学者諸君を念頭におきながら、上の目標の下に書かれたものである。


さて明治維新に際し、わが国における基本的課題の一つは、日本をいかにして速かに、先進諸国に追いつかせるかの問題であった。それがために政府は、日本の急速なる資本主義化に向かって力を集注し、その一環として、自然科学の移植が奨励され、その育成発達が保護されたのであった。

しかしながら、維新革命の性質上、当初の政府は市民階級の代表者ではなく、強権を背景とした下層武士から成上りの官僚政府だったことを、忘れてはならぬ。しかも明治以来、わが国の資本主義は急速なる発展を示しては来たが、しかしそれは決して、わが生産力の順調なる進展のみによるものではなかった。それは何よりも先ず、内には、いわゆる半封建的と呼ばれる農村を基礎とし、外には、戦争による植民地の獲得を条件として、急激に拍車を加えたところの発展であった。

しかも資本主義(官僚政府の保護の下に促成された)と共に成長した市民階級の代表者は、官僚(および軍部)と決定的な闘争をする代わりに、妥協したのである。それがために、議会政治が行なわれても、わが社会機構の中には、封建的残滓が多分に含まれているし、民主主義・自由主義のごときは、辛うじて微弱な成長を遂げたに過ぎなかった。
かかる経済的・社会的・政治的状勢を反映して、わが国の自然科学は、その発達の上に、先進諸国のそれとは、大いに趣を異にするものであるのである。

（1） 藤岡由夫氏「物理学界の戦後感について」（『大学新聞』昭和二十一年二月十一日号）

二

元来ヨーロッパの自然科学は、思想や哲学の背景の下に、相互に影響し合いながら、その進展の過程において、伝説的宗教や封建的因襲に対し、長年月にわたって、困難な戦いをつづけてきたのである。たとえば『科学と宗教との闘争』の著者、ホワイトは語っている。

「科学の戦場に於て、最も効果的に利用された（神学者の用ひた）武器は、『不信者』及び『無神論者』という二つの渾名であつた。……同胞のために何か新しい貢献をなした者には、殆んど何人に対しても、この武器が用ひられた。不信者及び無神論者として、告発された人々の名簿は、偉大な科学者の殆んどすべて——一般の文学者・発明家・博愛主義者とともに——を含んでゐる。最も謹厳なキリスト教的生活も、最も高貴なキリスト教的人格も、この攻撃者の防禦には役立たなかつた。アイザク・ニウトン、パスカル、ジョン・ロック、ジョン・ハミルトン、ハワードやフェネロンのやうなキリスト教徒も、この武器を投げかけられたのである。(1)……」

しかも、究極において勝ったのは、果たして誰であったか。

「科学が世界のためになし得る貢献は、神学と科学との、美味しい混合物を調合しようと、努める人々によってではなく、——例へばコスマス、トルビア、バーネット、ホイストンのやうな人々によってではなく、真理のために、真理を信ずる戦において、善戦した人々によって——例へばロージャ・ベーコン、ヹサリウス、パリシー、ガリレオのやうな人々によって、示されるのである。」(2)

それはひとり伝説的宗教と闘ったばかりではなかった。自然科学は（社会科学と相まって）、もっと広い意味での、人間解放のための武器であった。

思えばヨーロッパの十五・十六世紀、すなわち商業資本主義時代における生産力の発展は、ようやく自然科学を前線へと押し進ませたのであったが、しかし当時の封建科学の中心だった諸大学では、伝統の擁護のために、自然科学の発展に反抗した。それは、死滅しつつある中世的関係が、生産の新しい進歩的方法に対してなしたと、同じ力を以て、新しい科学と闘争したのであった。(3) 近世の科学的精神は、その反抗を克服しつつ、自然科学それ自身を進展させると同時に、封建制崩壊の武器としての役割を、演じたのである。

この間の消息について、ウェルズは語っている。(4)

「(十七・八世紀の頃、物質的知識の発達は、) 主として少数の裕福な、不羈独立の精神をもつ人々の間で、進行した過程であった。……この時代の哲学的及び科学的思想においては、大学も一役演じたが、しかし主役を演じはしなかった。補助金を給された学問は、独立不羈の人々との接触による刺戟がなければ、創意を欠き、革新に抗する、臆病で保守的な学問となりがちである。」

不幸にして私たち日本人は、かような輝かしい科学の伝統を持たなかった。そればかりか、わが国の後進性のために、わが自然科学は、移植科学として、温室的に育成されたのである。

移植科学の特徴として、模倣性が濃厚であり、何か表面的であり皮相的であって、いわば附焼刃的な、成金的速成を想わせる。科学的既成知識の理解が主となって、創造的分子が少なく、自ら科学するための科学的精神が、十分なる発達を遂げていない。

さらに、われわれは、わが自然科学の育成が、官権――それは自由主義・民主主義などとはきわめて縁遠く、ほとんどその対蹠的ともいうべきほど封建的・官僚的な――の保護の下に行なわれたことを、知らねばならぬ。

その結果として、日本の自然科学といえば、創意を欠き、革新に抗する、臆病で保守的な学問(?)であり、日本の自然科学者といえば、迷信や封建制や官権と戦い得ない、真理のために善戦し得ない、不羈独立の精神を欠いた学者(?)であるのが、特徴的だったのである。

(1) ホワイト『科学と宗教との闘争』森島恒雄氏訳(岩波新書)五一頁。
(2) 同上、一七三頁。
(3) 小倉『数学史研究』(岩波書店、昭和十年)二六頁。その具体的例証については、たとえば、この書中の「階級社会の算術」、その他を見よ。
(4) ウェルズ『世界文化史概観』長谷部文雄氏訳(岩波新書)下巻一七三頁。

三

それのみではなかった。私たちは、わが国における自然科学の研究ないし専門教育が、――イギリスやアメリカとは全く異なり――民間においてはほとんど発達し得なかったことを、特筆しなければならない。

事実、わが国の科学は、明治初年の開成学校、工部大学〔校〕以来、研究設備の関係上、ほとんど全く、官立諸学府の下において、独占的に研究されて来たのである。それは明治時代の末期に、大隈重信撰『開国五十年史』（明治四十年）の中で、桜井錠二が

「東京帝国大学は実に此（数物化学関係の諸科学を指す）発達の中心なり。」[1]

と述べ、箕作佳吉が

「此（博物学関係の諸科学）発達を助成するに与つて最も力ありしものは、即ち東京帝国大学にして、其沿革は日本に於ける、少くとも今日までの日本に於ける科学の歴史なり。」

と語ったのは、かならずしも東大関係者の誇張の言ではなかった。彼らとしては、事実を事実として述べたに過ぎないのである。

しかもこの風――官学による自然科学の独占――は、大正を経て昭和時代に入っても、依然として大なる変化を見なかった。研究設備や人材確保の関係上、民間の学校として有力なものは少なく、研究所といえども、大学系か半官的のものでなければ、学問的にはほとんど発展し得ない状態であった。

かような事実を具体的に明らかにするために、私はここに一つの統計を示そうと思う。「日本数学物理学会」といえば、それは全日本の重な数学者並びに物理学者をほとんど網羅したともいえる専門的学会であるが、その会員名簿（昭和十八年十一月）からの調査によると。二千四百余名の会員中、官学の出身者が約九六％を占め、私学出の者はわずか四％にも足らない状態にある。——日本の自然科学者は、それほどにも官製品なのであった。

したがって今日に及んでも、大学はもちろん、自然科学者の間には、濃厚なる封建的官僚性が漂うている。高邁なる科学的精神——あくまでも真実を追求し、真理に徹底せんとする強烈なる精神が、科学者その人の裡においてさえ涵養され難いのも、当然のことといわねばならぬ(2)。その結果として、わが自然科学界では、科学批判が封鎖されてしまった。どんなに合理的なものであっても、批判といえば、それは全く異端視されたのである。

しかしながら、官僚系といっても、もちろんその間に内部的な摩擦がない訳ではない。それはいろいろの学閥・派閥の対立となって現われたが、それらの閥は、決して正しい意味での学問的系統から来たものではなく、むしろ封建的ギルド性を想わせるものである。彼らの間の闘争は、正しい意味での批判的精神を欠如せる、非科学的感情論に過ぎなかった。

自然科学者の封建的官僚性は、また彼らが社会意識の稀薄となって現われた。もちろん彼らといえども、研究室から一歩を踏み出したことはある。それは主として財閥や軍部から、研究費を獲得するためであった。かくて資本家や将軍の前には、研究室が喜んで開かれたが、しかしその扉は、国民大衆の解放に対しては、閉鎖されたのである。

思えば、民主主義の国（イギリス）にあっては、この度の欧州大戦前の不安時代に、

「今日の自然科学は、人類の幸福を増進するという、自然科学本来の目的に向かって進んではいない。それは、人類の不幸をますます増大させる――戦争、失業、等々によって――ために、利用されている。かような『自然科学の徒労』の原因は、現在の社会機構にある。われわれ自然科学者は、人類の真の幸福を増進するために、社会に対する甚深の関心を持たねばならない。」

と決議した、有力な自然科学者の団体を持っていた。

しかるに、わが国では、自然科学者の方から呼びかけて、社会科学者と握手し、「人類の真の幸福を増進するために」、広い意味での科学全般の進展を企てたことなどが、かつてあったであろうか。[3] それどころか、わが自然科学者の大多数は、科学の大衆化などはもちろんのこと、彼ら自身の職場であるはずの、科学教育の刷新に対してさえ、多くの熱意を持たなかった。――それほどにも彼らは、反社会的だったのである。

それなればこそ、一九三六年（昭和十一年）八月、大戦への危機を前にして、イギリスにあっては英国化学会全員の名において、

「本会は、人類共通の本能に反する戦争を阻止するための、一切の団体的努力――その主要目的を、戦争そのものの廃止に置くところの――を支持する。この目的を達するために、本会は、思想家と自然科学者の側に於ける、不断の勇敢なる活動を激励する。」

との、重要決議が行なわれたが、ちょうどその当時、わが自然科学界では、哲学者田辺元博士が正しくも指摘された通り、[4]

「自己専門の研究に於ては顕著なる業績を挙げて居る人々が、専門以外の一般の事物に就き、全く科学的思考を適用することを知らず、……況んや社会機構の欠陥に注意を向け、其由来を実証的に認識せんとする如き要求を全然欠如し、たゞ自己の研究に必要なる研究費さへ豊富に支給する政府であるならば、他に如何なる不合理を行ふも敢て関知する所でないとする……」

ような状態にあったのである。

(1) 実験施設を要する科学教育機関の設立が、民間ではいかに困難であったかの一例として、東京物理学校の創立時代(明治十四年)を回想しよう。

「当時ノ大学総理加藤弘之先生ヲ始メ副総理浜尾新、又ハ教授ノ職ニ居ラレシ菊池大麓、山川健次郎ノ諸先生等、皆此事業ニ同情賛成セラレ、講義用トシテ大学ノ理学機械ヲ使用スルコトヲ特許セラレシニヨリ、夕刻使丁ヲシテ一橋ノ大学ヨリ機械ヲ釣台ニ載セテ昇来ラシメ、授業後直ニ返納ストイフ有様……。倩又授業料ハ一定シテハ居タレドモ、毎月ノ総収入金四拾銭ヨリ弐円位ナリシカバ一向ニ取立モセズ、又取リタリトテ何ノ補足ニモ為ラザリキ。支出ハ毎月四五拾円ニシテ其ノ主ナルモノハ家賃、点火料及運搬費ナリキ。其ノ点火料ハ夜学ナレバ不得已トシテ、運搬費ヲ多ク要シタルコトハ不可思議ナレドモ、是ハ実ニ最必要ナリシナリ。即チ前ニ述ベタル理学機械ヲ大学ヨリ持来リ持返ル費用ナリ。而シテ此四五拾円ハ創立者ノ負担ナリキ。……。而シテ明治十九年以降ハ会計規則ノ発布ニヨリテ全ク大学ヨリ機械借用ノ便ヲ失ヒ……。」(『東京物理学校五十年小史』)

私は念のために、この学校の創立者が、全部東京大学の出身である上に、創立の時代には、ほとんど全部、官学に職を奉じていた人々だったことを、附加しておこう。

(2) これをヨーロッパの先進諸国が、民主的な科学を戦い取るまでの歴史と、比較するがよい。私はここに、もう一つの実例を附加しておこう。

十七世紀の後半から十九世紀の半ば過ぎまで、およそ二百年に亙って、イギリスの教育機関は、中等学校から大学に至るまで、皆ただ新教派に限るという、烈しい宗教政策のために、圧迫されたのである。

「国教に従はざる教師は、その地位を剥奪され、不信徒の家庭の子弟は、中学から大学から追放された。国教帰依法令によつて、『国民教育は打破された』とド・モンモランシーは断定してゐる。『……人は教師となるを欲しなかつた。……政治並びに宗教的偽善以外の何物をも、教へることを許されなかつた時に、教育は何の意味をも有しなかつた。』……かくの如き状態の下に、国教異端者の学校が、秘密の裡に組織された。……彼等の学校は、寺院及び大学からの放逐者を以て教師とした。彼等は、オックスフォード大学の校庭で焼かれたミルトンの教育論に従つて、近代的課程を作り上げた。……実に潜行的な国教異端者の学校こそ、イギリス中等教育に於ける、近代的教授の先駆者であつたのである。」(小倉『数学教育史』(岩波書店、昭和七年)八〇頁以下)

(3) 小倉「自然科学者の任務」(『中央公論』昭和十一年十二月号)、拙著『科学的精神と数学教育』(岩波書店、昭和十二年)に再録。

(4) 田辺元氏「科学政策の矛盾」(『改造』昭和十一年十月号)、同氏著『哲学と科学との間』(岩波書店、昭和十二年)に再録。

四

やがて太平洋戦争は勃発した。その少し以前から、いわゆる国策としての『科学技術新体制確立要綱』が発表され、「大東亜共栄圏の資源に基づく科学技術の画期的振興――欧米依存の移植的科学技術からの脱却自立」が唱道されてはいたが、戦争の進行につれて、多数の自然科学者が、軍事科学を中心として、動員されるに至った。その結果として、研究隣組などが組織され、また科学と技術の関連のごときも、従来より円滑となったことは、事実である。

しかしながら、その成果は果たしてどうであったか。私はここに、物理学界の第一線にある嵯峨根遼

吉教授（東大）の言葉を、引用したいと思う。(1)

「……戦時自然科学の急速発達を要求せらるゝに当り、成金式速成の欠陥は覆ふことを得ず、殊に指導者の有能人物の僅少なる点は不当なる一部野心家の暗躍を許す結果となり、封建的色彩の残滓か所謂学閥の跋扈といふか御歴々又は御歴々自任者の出現により、縄張主義の勢力争ひを現出し、事務的には益々繁雑となつて研究者の時間を浪費せしめ、……。

かくして日本の戦時科学界の動きたる科学動員は徹底的に失敗し、その実績は殆ど科学動員を行はざるに等しく、強ひてその研究成果を挙ぐるとするも、いづれも断片的小分野に関するものに終始し一貫せる綜合的のものなく如何にもその指導性結束性の貧困を物語るものであつた。……

要するに日本に於ては由来学者研究者の人格上の厳正なる批判を故意に遠慮する悪習慣があり、その為に一部野心家若しくは悪徳学者の跳梁を許したる結果による。……」

かように嵯峨根教授は、自然科学の側から観た敗因として、わが科学の「成金的速成」たる移植科学だったことに加えて、「封建的色彩」、「学閥の跋扈」、「縄張主義」、「批判の欠如」を、指摘しているのである。

しからば、わが自然科学の前途は、どうであろうか。嵯峨根教授は、一方、研究費の不足、人材確保の困難、研究材料の入手難に加うるに、（マックアーサー司令部による）「世界科学界の最尖端的研究の全面的禁止」を考え、他方、「この戦時中に現はれた悪弊に対して早急に是正し得るもの果して幾何なるかを思ふとき」、誠に暗澹たるものがあるとして、次の結論に到達したのである。――

「真の日本自然科学の立直りは現在国民学校在学者程度の次代の後継者により、全然新しき教育、新しき修養、新しき訓練により始めて達成し得るものではなからうか。」

かように、わが自然科学者は、わが国における自然科学の前途について、深い憂慮を持たれている。しかしながら、藤岡・嵯峨根両教授にせよ、またその他の研究家にせよ、私の狭い見聞の範囲内では、——いわゆる「民主主義科学者」を以て自任する人々を除いた——いわば「正統的」な自然科学者たちは、不思議にも、誰一人あって、「自然科学の民主化こそ、わが自然科学を救い得る唯一の道であり、そこにこそ、現下における自然科学者に課せられた、第一の任務がある」ことを、語らないのである。

現に、戦時下の科学界における「封建的色彩」、「学閥の跋扈」、「縄張主義」、「批判の欠如」を、正しくも指摘された嵯峨根教授は、わが科学界に伏在する、かような旧弊を一掃するものこそ、科学の民主化なることを、悟らないのであろうか。それを知りながらも、「正統的」な「科学者」たるものは、「民主化」などの言葉を、口にすべからざるものと、考えているのであろうか。それとも、自然科学の民主化などは、日本の自然科学者の手で実行し得るものではない、（あるいは、それは政治家の領分に属することで、自然科学者の関するところでない）と、考えておられるのであろうか。しかも教授のいわゆる「全然新しき教育、新しき修養、新しき訓練」とは、民主主義的教育そのものを指さないで、何を指すのであろうか。

（1） 嵯峨根遼吉氏「自然科学界の今後」（『大学新聞』昭和二十一年二月十一日号）

五

自然科学者諸君。しばらく研究室の窓を開いて、新鮮なる空気を入れるがよい。諸君の研究室は、諸君が意識すると否とにかかわらず、封建的・官僚的雰囲気によって、あまりにも汚されている。

諸君は諸君の熱愛する自然科学の前途について、はなはだ憂慮されているが、しかし、そこには何よりも先ず第一に、深く反省すべき点が取り残されていると思う。

なぜなら、今日に及んでも、諸君は依然として、官僚ないし財閥に依存する気持があるからだ。諸君が自然科学の前途を憂慮するというのも、それは実質において、諸君の保護者であった官僚・財閥の行方を心配しているのだ。——少なくとも、そういう心が多分に雑っているのだ。……しかし彼ら官僚・財閥は、自然科学——「人類の幸福を増進する」という、正しい意味での自然科学——にとって、果たして味方なのか、それとも敵なのか。諸君の衷なる科学的精神はこれをさえ判定する力がないのであるか。

しかも一方では、ちょうどこの際、平和な民主主義日本の建設のために、わが国民大衆は、衷心から、諸君の協力を熱望しているのである。それは現在、民主主義政権樹立の過程においても、自然科学者の努力に待たねばならぬものが、きわめて多いのであり、また民主政権樹立の後は、自然科学研究の成果を挙げて、全面的に、国民大衆の幸福に当てるために、諸君の研究施設を充実させるだろう。

かくて正しい科学を建設するためには、先ず国民大衆が解放されなければならぬ。正しい科学の建設と国民大衆の解放とは、緊密なる関連に立つ問題であり、決して切り離して考えてはならないのである。諸君。今日は諸君が進んで国民大衆と握手するか、それとも依然として官僚・財閥に依存するかによって、諸君の熱愛する自然科学の興廃が決定される、正にその最後の瞬間なのである。……

今こそお互いに、科学的精神の炬火を高く掲げて、民主戦線への道を照らそうではないか。

（病床にて、一九四六・三・六）

（『世界』一九四六年四月号所載）

（『科学の指標』一九四六年、中央公論社、収載）

わたくしのすきな人

大学者でしかも実行家――人民とともに生きぬいたモンジュ

学者というものは、学問の研究に一生をささげるのが当然ですが、また人民のために、一身をぎせいにする覚悟も必要なはずです。けれども、そういう大学者というものは、ごくまれでした。大学者は実行家でないのが多く、ほんとうに人民のために、人民のひとりとなって、戦うべき時に戦った人は少ないのです。こういう中にモンジュがいます。

ガスパール・モンジュは、今から二百年ばかり前、一七四六年に、フランスの小さな田舎町ボーヌという所に生まれました。町から町へと物を売り歩く、貧しい行商人の子供なので、普通の親ならとても出来ないことですが、モシジュのお父さんは、貧しいくらしの中から、モンジュをボーヌの中学校に入れてくれたのです。モンジュは理科や算数がすきで、十五歳の時自分で火消しポンプを考えましたが、十七歳になると、角をはかる器械を発明し、それを用いて、ボーヌ町の地図を作りました。こんなことが評判になって、すぐにリオンの中学校から、物理の先生になってくれと頼まれたのですが、ちょうどその時、ボーヌの町役場にかかげてあるモンジュの地図を、ある工兵将校が見て大そう感服し、モンジュのお父さんに、「むすこさんをメジエール町の兵学校に入れてはどうか。」と、すすめましたので、親子とも、その気になったのです。

このメジエールの兵学校というのは、名高い学校で数学と物理のりっぱな先生がいましたが、貴族か身分ある人の子供でなければ入学を、許さなかったので、残念ながらモンジュは、その学校にはいることは出来ません。やむを得ず、その学校の付属の土木技師養成所にはいりました。そのころ城や要塞を作る工事には、めんどうな計算をしなければならなかったのを、あるときモンジュは、ただ図をかいて簡単に求める方法を、考え出しました。

それはみなさんが、新制中学校一学年で学ぶ投影図なのですが、あれをモンジュが二十歳のころに発明したのでした。ところが、物のわからない人たちから、さんざんに悪口をいわれたので、モンジュは、上官たちの前でくわしくその方法を説明しました。上官たちは、ただモンジュの発明に感嘆するばかり、彼は一躍してメジエール兵学校の数学の授業を持たせられ、二十三歳になると、数学の一番上の先生にされたのでした。

ちょうどその一七六八年のころには、投影図を用いて画法幾何という新しい学問が、大体出来あがっていたのです。そして、このころからおよそ二十年の間、モンジュは数学者として、色々のすぐれた研究をする一方、たくさんのすぐれた人物を養成しました。後に海軍兵学校の先生になりましたが、間もなく始まったのが一七八九年からのフランス革命で、それは四十四歳の時でした。

みなさんはフランス革命が、どんなものかを知っていますか。それは国王や貴族の政治をやめて、人民の政治にするために、人間の「自由、博愛、平等」を得るために戦った、民主主義のためのはげしい革命なのです。しかしなんといっても、はげしい革命のことですから、国の中でも色々と悲惨なことの起きたのも、やむを得ないのですが、一層困ったことに、革命に反対な貴族たちの、味方になった外国の帝王たちは、この民主主義革命をおさえつけようとして、連合軍を作って、フランスに攻め寄せて来たのです。それで革命をなしとげようとする人民の方では、内と外と両方の敵を防がなければならないし、武器や弾薬の原料日常生活に必要な物資器具なども、全く外国から来なくなったので、それは大変なことになってしまったのでした。

こうなると、多くの学者たちは、田舎の安全な地方に逃げたり隠れて、人民の味方となる学者は、少なかったのです。モンジュが、人民の友として、進んで革命のために一身をささげて働いたのは、この時でした。そして外国との戦争が始まると、まもなく海軍大臣となり、後にフランスの一番危うかった時には、火薬や大砲を作るために、心血をそそいで、研究と指導の中心人物となって働き、外国軍を撃退することが出来ました。民主主義の革命をなしとげる上に、すばらしい仕事をしたわけです。

永久に輝く名

そこで国の内もいくぶんおだやかになって来た時、今度はフランスの工業を、急に発達させるため、りっぱな科学者、技術家を作ろうとして、パリに理工科学校《エコール・ポリテクニク》という学校が建てられました。それはモンジュが四十九歳の時で、彼はそれから十数年の間、この学校の中心人物として一身をささげつくすのです。どんな身分の青年でも、実力さえあれば入学を許し、月謝なしに、学問の深いりっぱな先生達の手で、すぐれた科学者や技術家に育てあげ、世界で初めてのりっぱな科学教育を行ったのでした。モンジュは、一八一八年七十三歳で死にましたが、この学校の卒業生たちは、今日でもモンジュのことを「ぼくらのお父さん」と呼んでいます。

私はここで、皆さんによくわかるように、モンジュの研究した学問について、くわしく説明することは出来ません。それは皆さんが、もっと大きくなってから、勉強すればよいのです。モンジュの名は数学の上に、永久に輝いていますから。なんといってもモンジュは、実力を発揮することによって、一歩ずつ自分の運命を切り開いて行った人です。しかもモンジュの学問はただ机の上や頭の中の学問ではなく、実際に役立つものであったと同時に、すぐれた理論があったのでした。彼は人民の味方であり、青年の友でした。

彼こそは民主主義革命のために一身をささげた、ほんとうの愛国者なのでした。今日でも彼の記念として、パリには「モンジュ町」、「モンジュ広場」がありますし、郷里のボーヌ町には、十七歳の時描いた地図が、図書館に保存されています。

（『毎日小学生新聞』一九四八年一月二十一日所載）

学問と言論の自由をめぐって

I君

長い間ごぶさたして済まなかった。僕は昨年の大患で一時はどうかと思ったが、今年の初夏のころからかなり順調になったので、この頃になって、老人の繰言めいた回想録を、ようやく四百枚近くも書き上げて見たが、しかし人間も、昔のことを筆にするようになっては、もはやおしまいなのだろう。

それにしても君はこの歳になって、よくもまだ国立の大学に勤めているなあ。噂によると、学問と研究の危機をはらんだ嵐が、またもや吹きだして来たというではないか。それは厄介なことになったものだ。尤もかような事件が起きるまでには、ある教職員たちの行動の中で、保守政治家の目にあまるといったものが、しばしばあったのかも知れない。そういうことについては、現職の君の方がよく知っている筈だ（面倒でも、どうぞ詳しくその実情を教えてくれたまえ。実はそれを目的に、僕はこの手紙を書いているのだから……）。

しかし民主主義文化国家を目指して進むべき日本政府として、こういう問題に対処するには、よほど慎重な態度を取らなければならないものだと僕は思う。現についこのごろの全国新聞大会に寄せた吉田首相の祝辞にもあった通り、「民主主義を真に国民のものとして確固不動のものにするには、国民が論議をつくし、お互いに納得して物事を決めるようにしなければならない」のだ。だから今度の問題にしても、せめて議会でなりと、十分に論議し尽すべきものではなかったのか。僕は当局者に向って、こう注意してやりたいのだ。

「あなたがたがこの問題を処理するのは、赤ん坊の腕を折るように容易なことかも知れませんが、それにはその後に来るものを、よくお考えにならなくてはいけませんよ。その後には、真理の怒り――ドイツ・ナチスや軍閥日本を滅ぼしてしまった、あの真理の怒りが、きっとやって来るんですよ。」

I君

僕は二・二六事件のあった年に、次のような言葉を書きつけたことがあつたのだ。――

「科学的精神は、過去の科学的遺産を謙虚に学びながら、しかも絶えずこれを検討して、より新たなる、より精緻なる事実を発見し、より完全なる理論を創造する精神である。それは偏見とは凡そ対蹠的のものである。それ故に科学者自身にとっては、精神の自由な状態に置かれなければならぬ。……かくて吾々の科学者は、この意味に於て、本能的に精神の自由を愛する。吾々の科学者は真理を追求し、真理を語るの勇気がある。吾々の科学者は、この意味に於て、本来ラジカリストである。」

こういった、わかり切った言葉を、十三年後の今日、もう一度繰り返さなければならないとは。……お互に年はとりたくないものだ。

そういえばI君。おなじ中学時代に、ガリレオの「それでも地球は動く」と呟いたという伝説や「われに自由を与えよ、然らざれば死を」というパトリック・ヘンリーの演説を読んで、惑激し合ってから、もう既に半世紀になった。その間にわが国も、科学の方では原子物理学のようなものを研究し得るほどまで進んだのに、政治の方はまた何という貧困さなのであろう。……

（一九四九・一〇・五）

（『日本読書新聞』一九四九年十月十二日所載）

〔追記〕この短文が書かれた一九四九年は、戦後の日本が、はっきりと反動化しはじめた時期であった。九月には、公務員の攻治活動を制限する人事院規則の発表があり十一月には、総司令部顧問イールズ氏が岡山大学で、はじめて赤い教授の追放を論じている〔七月の新潟大学開校式での講演がはじめてである＝編注〕。

（『数学の窓から』一九五三年、角川書店、収載）

科学する心

一九五一年を迎えて、私たちは二十世紀の後半期に一歩ふみいることになりました。内外の情勢は実に深刻な危機に面しておりますが、しかし私たちはこの際、目前のことばかりに気を取られないで、少し長い間のことを考えてみることが、何よりも大切であると思います。

今より半世紀前の一九〇一年は、私は中学生でした。またその半世紀前の一八五一年というのは、アメリカのペリー提督が浦賀に来たより二年も前なのです。長崎に設けられた海軍伝習所で、オランダの士官から、西洋の数学を学びはじめたのは一八五五年でこれが日本人が西洋の数学を公然と学んだ最初でした。

ところがそれより凡そ半世紀の後に、私は中学校で数学を学んだわけですが、ちようどそのころこそ日本では数学教育の統制が文部省の手できびしく行われましたし他方欧米先進諸国では、数学教育の活ぱつな改造運動がはじまった時期なのでした。そしてかような世界的運動が大きな一つの動機となって結局わが国の教学教育も、その後半世紀の間に非常な進歩をしたことは皆さんが今日御承知の通りです。数学の研究そのものについても、ほぼ同様のことがいえるのです。一八五五年にはじめて公然と移植された西洋数学が、半世紀の後には、一応日本における近代的数学の確立というところまで成長しました。さらに半世紀後の今日ではいくら控え目に見ても、ほぼ世界的水準に近いところまで、確かに到達したと、いってい〻と思います。

こう考えてきますと、これまでよく識者たちから「わが国民は数理の観念に乏しく」などと批評されていた日本人が——半封建的・非民主的などといった、教育上にも研究上にも、極めて悪い条件の下で——わずか一世紀の間に、こんなにも進むことが出来たのだということが、よく判るのです。それは一体誰の力によるのでしょうか？　指導的地位にあった数学者や教育家などの功績はもちろんですが、しかしその最も大きな力となったものは、何といっても、小学校から大学に至るまでの、大多数の数学教師と研究者の熱心な協力でした。この人たちこそは、多少の相違こそあれ日本の、数学建設史の上に、皆それぞれ重要な役割を果しているのだ——こういったことを私は半世紀の間、眼のあたり眺めて来たのでした。

皆さん。わが国の再建は、どの方面においても決して容易ではないのですが、ただ徒らにあせっていても仕方がありません。特に年若い諸君はこの際いくぶん心に余裕を持って、少し長い目で物事を見られたい。そして「明日の日本の歴史といっても、それは自分たちが作り上げるもの以外には、どこにも何もありはしないのだ」と、強く自覚して頂きたい。日本の運命はただ諸君と共にあるのですから……

（『夕刊伊勢』一九五一年一月七日所載）

私の公開状
――最近の言論界について――

長谷川如是閑先生、津田左右吉先生。

私は永い間、両先生から、直接間接に教えを受けてきたものです。不偏不党の確固たる精神の下に、節操ある長い生活を貫きとおされた両先生こそは、立派な学者として思想家として、私の尊敬してやまない方々です。

ところが戦後における両先生の論調には、以前と異った、何か私などの頷けないものが現われ、それは講和問題などをめぐって、一層はっきりして参りました。先生方のこのような傾向を喜ぶものは、まじめな勤労者や良心的な知識人などではなく、それは権力政治につながる連中ではないのでしょうか。私は只今でも世界の平和を守ろうという点では、両先生はきわめて強固な信念をもつ方々だと、かたく信じて疑わないものです。ただ先生方の平和にたいするお考えは、私の見ますところでは、いかにも自由党に近いものだと、あえて申上げたいのです。

両先生。今日は平和を守ろうという強い念願を持つ人なら、戦争を防止するために、個人的な考え方や政治的見解の相違を超えて、友誼的に協力しあわなければならないほど、さしせまった危機なのです。現にアメリカをはじめ海外諸国でも、またわが国でも、真剣な平和運動がいろ〳〵な形で行われていま す。両先生にはかような運動の精神とするところを、よく御了解下さいますように、そして出来ますことなら、一歩なりともその線に沿うて歩みよられますように、とくにお願い申上げたいのであります。数十年来わが国民の幸福のためにお尽し下さった両先生が及ぼす社会的影響を考えますとき私は意見の相違などとして、沈黙していることが出来ません。

数年来の病弱のために親しくお目にかかる機会をえませんので、あえて病床からこの一文を差上げまして、衷心から御協力をお願いする次第であります。

（『図書新聞』一九五一年十一月五日所載）

こういう人間になりたい

今さら改めてこういう題を出されてみますと、私は今までかような問題について、充分意識的に考えたことのない人間だったことが判りました。それといいますのも、私は子供の時分に、私の家庭の事情と境遇から、完全に抜け出すことが絶対に不可能なことと考えていましたので、将来の遠大な理想や希望を抱かないで、ただ一歩一歩現在の境遇から解放されるにはどうしたらよいか、そういった実際的な具体的な問題を解決するために、私の青少年時代を全部費やしてしまったようなわけなのです。

それで、子供の時分から偉人の伝記とか、立志編とかいったものを読むことが、くわず嫌いと申しましょうか、それは自分とは縁遠い世界の出来事であるかのように考えて、ほとんど注意もしませんでした。また、中学の修身以外には、特に思想的あるいは修養的な意味で、人生の諸問題について考えることはありませんでした。もっとも少年時代に学んだ『論語』の、たとえば「子川の上《ほとり》に在まして曰く、逝くものは斯の如きか、昼夜を捨《す》てず」――こういった言葉などは、何か非常に深い思想を含んでいるかのように、半世紀後の今日でも時々思い出されるくらいです。

かようなわけで、私にとって人生の第一歩は、いわば自分の家庭や職業という生活環境に対しての反抗の精神によって養われました。自分の生涯の仕事として学問を選ぶようになったのも、たしかにこの精神の一つの現われであったと思います。

私が今日まで経て来た道をふりかえってみますと、まず第一にそれは反抗的な生涯であったといえるかもしれません。じっさい学問上の問題におきましても、戦前の半封建的な日本の科学界では、まじめな科学批判等は禁物であったのであります。私はしばしば意識的にこのタブーを冒さなければならなかったのです。私の科学史研究に対する態度には、かような反抗精神にもとづくものがきわめて多いのであります。

そして今の日本の現状におきましては、頑迷固陋な考え方や、反動的な態度に対しては充分批判を加え、力強く抵抗しなければならない時だと考えるのであります。私が今日生きていることに意味があるとすれば、第一に私の反抗性、抵抗性にあるのかも知れません。それなら私は寛容の精神に乏しいのかと申しますと、必ずしもそうとは思いません。私は社会人に対しては、必要のためには反抗の精神を主張し、正義のためには、一歩も退かないつもりでありますが、その人個人を憎むことはできない人間なのです。わが国の知識人（政治家、学者、芸術家、実業家をも含めた）は、一般に、正義のため、真理のためにあくまで闘うという正しい意味のヒューマニティに欠けているように見えます。かような政治家、学者、芸術家、実業家は、たとえ専門家として立派な職人ではあっても、アーティストとはいえないと思います。もっとも専門職人にも値しないような、しかも何の実行力もないような口先ばかりのヒューマニストでは一番困るのですが……。

それで正しいヒューマニストであるためには、特に強く逞しい実践的批判的精神を必要とするのですが、それと同時に、きびしい自己反省が行なわれなければなりません。ところで自己反省というのははなはだむずかしいことなのですが、私の場合には、幸か不幸か長い病床生活にある間に行なわれてきたのです。私は幼少の時代から健康に恵まれませんでした。ことに四十歳の頃から二、三年――胸の病気のために療養生活をやった頃――から以後は全体的に衰えてしまい、特に終戦後は毎年三分の二を病床に送っている次第なのです。したがって、病弱のために、実行もできないでしまったことが多々あるので、これは何といっても私の一大弱点であります。けれども一方私が、専門の数学の研究から数学史への研究へと転換したのは、ほかにも種々の理由があるにせよ、長い病床における反省が主なものであったのであります。

これまで私は、主として私はこういう人間だったということについて語ったのでした。しかし既にもう老弱で、前途いくばくもない身ですから、今さら改めてこういう人間になりたいと、特に申し上げるものは別に何もないのです。ただもっと強い人間になって、できる限りの実行性を持った人間として死にたい、これだけが私の念願であります。

考えてみますと、今日は何の批判も抵抗の精神もなく、ただ寛容な従順の精神を専ら必要とするような、そんな時代ではないのです。少し強くいいますなら、そんなものは封建性の遺物であって、奴隷の態度に過ぎません。わが国民は男女を問わずかような奴隷的態度をふり捨てて、強い批判的精神、抵抗の精神によって、自主的態度に出なければなりません。それなくして何の民主主義かといいたくなります。

今日のきびしい世界の現状を顧みます時、また最近のアジアの状勢を考えます時に、孔子でなくとも「昼夜を捨てず」激しい変遷の中にある時代だと思われます。かような時代において、何の勇気もなく抵抗の精神をも失ったような善人は、結局のところ、ただの悪人と五十歩百歩だと思います。私はどんなことがあろうともこのような人間にはなりたくないのです。
内村鑑三の言葉に「善人必ずしも我が理想の人にあらず、我が理想の人は勇者たるを要す、真理と正義のために情と闘ひ、欲と闘ひ、家と闘ひ、国と闘ひ世と闘ふ者たるを要す、我は我が眼を以て多くの善人を見たり、されども勇者はこれを見しこと甚だ稀れなり、我は完全なる紳士を求めず、峻厳なる戦士を求む」

（『ＰＨＰ』一九五二年二月号所載）

真実と文学との力

本誌十月号の「世にも不思議な物語」(宇野浩二)と、『中央公論』十月号の「真実は訴える」(廣津和郎)という二つの作品を読んで、私はいろいろの感慨に打たれた。

廣津、宇野の両氏はこれらの作品で、まず新聞記事によって松川事件に対し、どういう見解を抱かされたか。その見解は『世界』(二月号)や、『真実は壁を通して』という被告らの文集によって、如何に見事に覆されて、「これはひどい事件である。私は慄然とし、且つ烈しい憤りを感じ」るに至ったか。進んで二人は第二審の公判を傍聴に仙台に出掛け、現場でいろいろの事実を見聞した結果、「私は大きな声で今こそ、彼等が無実だといふ事をはつきり世の中に向つて云つても好い」と確信するに至った過程をよく納得できるような形で、ひろく一般国民に呼びかけているのである。

ところで両氏の文章の有力な根拠となった『世界』二月号は、当時病床にあって読むことが出来なかったので、私は廣津氏の文章に教えられて、はじめて一読した。それは「松川事件をめぐって」という四十頁を越える堂々たる記事で、心ある人々を強く動かしただけでも、既に立派な役割を果したのであったが、遺憾なことにこの文章はひろく一般人に訴えることが出来なかったらしい。それは多分、この雑誌の読者の性格が、かなり限定されているためかと思われるが、またこういった長い報告書は、よほど書き方に注意しない限り、直接一般人に呼びかけることが困難なのではあるまいか。

『改造』九月号には、仙台の公判に両氏を案内した吉岡達夫氏の「暗い裁判」が載っている。私は当時、事件そのものに対して必要な予備知識をもっていなかったので、このリポートを十分理解することが出来ず、むしろただ廣津・宇野両氏の熱心さに打たれたのであった。いま再びこれを読んでみると、両氏の作品を補足するところもあって、中々有益だと思われる。たとえば「(第一審の)長尾裁判長が判決に当って、一般の予想を裏切り、大量の極刑を下したために、それまでかかさず公判を傍聴していた長尾裁判長の娘さんが、『お父さんはひどい!』と悲憤のあまり家出をした」という記事などは、じつに感銘のふかいものである。

さて今日、何かといえば、一歩一歩退却しつつあるかのような日本の現状にあって、どうして両氏の文章がひろく多くの人々に受入れられたのか。それはまず一応、政治的に無色な作家として認められている両氏の作品が、〝党派性をもたないから〟という信頼感によって、中立的なひろい読者を納得させ、彼等の間に受入れられたためであろう。しかしもちろんそれのみではなかった。物語風な宇野氏のもの、報告文学風な廣津氏のもの、それぞれその特徴を異にしながら、ともに説得力が大きかった。あれだけの大きな力は、もとより両氏の文学的手腕によるには相違ないが、しかしその根底にはヒューマニスティックなあの烈しい情熱と、わざわざ公判を聴きに仙台まで出掛けて、被告たちの無罪を確信するをえた具体的根拠——真実の力が横わっているからだと思われる。

だから、たとえ第二審の判決がどうきまるにせよ、(私はいま十月二日にこの文を書いている)、「松川事件で起訴された人たちは、あの列車顚覆を実行したらしい、と、実《まこと》しやかに書き立てた……『新聞』に対して、大いに腹が立つた。」「誰かがやつたに違いない列車顚覆のために、極悪の災難に遭つた人たちが、まつたく縁も由縁《ゆかり》もない人であるけれど、私は気の毒で気の毒で、たまらなくなつた。」「この三つの出来事（下山・三鷹・松川）が起きた場合、直ぐそれが共産党だと国民一般に思い込ませようとするための、何者かの策謀に拠る下準備だつたのではないかと、解釈する人達の意見を否定するわけに行かなくなる。」――こういった言葉は、ふかくわれわれ国民の胸の中に食い込んで、いつまでもいつまでも、忘れ得ないであろう。

このような文学こそは、現代日本の現実と意識とを正しく表現したものであり、それは日本社会の発展に重要な意義をもつものであり、ひろく国民全体に対して説得力をもつ文章なのだ。

こういう文章が明治二十四年（一八九一年）生れのふたりの老作家――特にこれまでは殆ど全く純文学の世界に閉じこもっていた宇野氏によって書かれたということは、いわゆる〝国民文学〟運動を推しすすめて行く上にも、いろいろの意味で、重要な暗示を与えるに違いない。

（『文藝春秋』一九五三年十二月号所載）

ルソーをめぐる思い出

「若し私が年金を受けたなら、真理、自由よ、勇気よ、皆おさらばである。」
堺利彦訳『ルソー自伝』

これまであまり気がつかずにいたのであるが、何かのおりに自分の半生をふりかえってみると、私はジャン・ジャック・ルソーのことを、よく知りもしないのに、思いがけないほど、彼の影響を受けているのであるまいか。――こういう疑問が、最近しきりに浮かぶようになってきた。

私がはっきりとルソーの名に接したのは、一九〇〇年ごろ中学生の時分に、早稲田のある学生から、革命的政論家としてのルソーの話を聞いたときである。けれどもそれはただ〝フランス革命・ルソーの民約論・中江篤介（兆民）さんの逸話〞といった形の、ちょっとした話に過ぎなかったようにおもう。ルソーの全貌にわたって、幾分なりとも、くわしく知るようになったのは、それから十年以上もたって、堺利彦（枯川）さんの『ルソー自伝』を読んでからである。

堺さんの名が私の心に深く植えつけられたのは、日露の戦雲がだんだん急を告げてきたころ、内村鑑三さん・幸徳伝次郎（秋水）さんと共に、『万朝報』で非戦論をとなえ、最後に悲痛な「退社の辞」をかかげて、三人で万朝報社を去ったとき（一九〇三年の秋）であった。そのころの私には、非戦論が正しいかどうかについて、よく分らなかったが、しかし権力に屈服することなく、断乎として進まれた堺さんたちの態度には、感激したのであった。

そのとき私は学生として東京にいたのだが、一九〇六年の春には学校をやめ、郷里にかえって家業につき、その初夏には、幼少のおりから私の家でいっしょに育ってきた許嫁《いいなづけ》と結婚した。しかも依然としてその家に住んで、今までどおりの生活をつづけたのである。ちょうどその頃、堺さんの新著で『家庭の新風味』と題する、五、六冊の小冊子が現われた。それはかなり文学趣味の濃厚なものであったが、その中で堺さんは家族制度や夫婦関係について、新しい進歩的見解を示された。私たちの結婚や家庭は、もっとも封建的な旧式なもので、せっかく『新風味』を読んでも、何一つ実行しえなかったように覚えている。しかし、とにかくこの本は、家族制度や家庭生活について、新鮮な人間的・社会的感覚を植えつけてくれ、堺さんといえば、何かやさしいおじさんのような好感を、私に与えてくれたのである。

〝赤旗事件〟というのは、たしかその翌年あたりの出来事で、有力な社会主義者としての堺さんを、そのときはじめて知ったのであった。けれども『新風味』から受けた柔かい印象のためであろうか、私は〝怖い人〟といった感じを少しも受けなかった。

それからおよそ四年の後に、私は大学の助手として仙台にいた。そのときである、堺さんの『ルソー自伝・赤裸の人』(一九一二)が出版されたのは。私はさっそくそれに飛びついて、再読三読した。序文によると、そのころ日本では、民約論が行なわれているばかり、『エミール抄』はあるが広く読まれず、自伝も雑誌でときどき紹介される程度だとある。自分は獄中で『懺悔録』の英訳を読んで、大胆率直な告白に敬服し、「人間の真相を知る」に有益なものとして、昨年九月から『二六新報』に連載したのを、まとめたのだとある。自分は「可なり忠実な、可なり細密な注意をした積り」だが、「とにかく此書は『ルソー自伝』其者ではない、堺利彦の反訳した『ルソー自伝』である」ともある。

まったくこの本は面白かった。けれども私はルソーの著述の内容について、ほとんど何も知らないばかりでなく、十八世紀ヨーロッパ社会の状態や、中に出てくる人々についても、予備知識が足らないので、実質的にはよく理解しえなかった。非常に面白かったというのは、いわば読物としての小説的興味からであったと見るのが、本当のところであろう。しかしそれにもかかわらず、この書物はきわめて大切なことを、私に教えてくれた。じっさいルソーこそは、彼の全生涯を通じて、既成概念に捕われず、自分で見、自分で考えることの重要さを、はっきりと身を以て示してくれたのだ。それのみではなかった。かれは自由・独立の精神が、人間にとっていかに尊いことかを教えてくれた。かようなことは、町人の子として生まれ、官僚的階級制度に対して、ひそかに本能的反感を抱いていた官学の助手にとって、何よりも大きな教訓であったと思っている。

抄訳というものの、それは四三二字詰で三八一頁、ほかに年譜を添えてある、相当詳しい本で、それが平易練達の文で書かれているのだ。つい最近も通読してみたのであるが、堺さんの文章はさすがにえらいものだと思った。大衆向きの伝記としては、固有名詞と他にちょっと手を加えるなら、(1)今日でも立派に通用する。

堺さんの序文の終わりには、「左の諸氏に対し、謹んで敬意を表す」として、その中に〃此書の英訳書を貸して呉れし幸徳秋水〃が挙げられている。堺さんの書物は一九一二年一月二八日発行であるが、堺さんが抄訳した英訳本の所有者の幸徳さんは、いわゆる〃大逆事件〃のために、そのすぐ前の一九一一年一月二四日、死刑になっていたのである。堺さんとしては、親友であり同志でもあった、幸徳さんの記念の意味をも含めて、この革命児の自伝を出版されたのかも知れない。

それなら私がどうしてそんなに、『ルソー自伝』に飛びついたのか。それは、二年ほど前に、島崎藤村の感想集『新片町より』（一九〇九）を読んでいたからだ。この感想集の中には、「ルウソオの『懺悔』中に見出したる自己」という一篇がある。それによると、島崎さんは二十三歳のとき（それは大体一八九四年、雑誌『文学界』が生まれた翌年あたりのことであろう）、石川角次郎という人が、アメリカから持って来たルソーの英訳を借りて読んだという。——

「私はその頃、いろ〳〵と艱難をしてゐた時であつた。心も暗かつた。で、偶然にもルウソオの書を手にして、熱心に読んで行くうちに、今迄意識せずに居た自分といふものを引出されるやうな気がした。……此書を通して、近代人の考へ方といふものが、私の頭に解るやうになつて来て、直接に自然を観ることを教へられ、自分等の行くべき道が多少理解されたやうな気がした。……これはずつと以前の話だが、その後……私はギョエテの所謂『芸術の国』を離れて、復た〳〵ルウソオに帰つた。そして更にルウソオから出発した。[2]」

「私がルウソオに就て面白く思ふことは、……唯『人』として進んで行つた処にある。あの一生煩悶を続けた処にある。ルウソオは人の一生に革命を起した。その結果として、新らしい文学者を生み、教育家を生み、法学者を生んだ。ルウソオは『自由に考へる人』の父であった。」

「ルウソオの『懺悔』を読むと、所謂英雄豪傑の伝記を読むやうな気がしない。……彼の一生は近づくべからざる修養とも見えない。吾儕は彼の『懺悔』を開いて、到る処に自己を発見することが出来る。」

島崎さんのかような見方については、もとより議論の余地があるだろう。だが、当時ルソーについて何一つ知らなかった年わかい私――そのころ家族制度と学問との矛盾になやんでいた私――は、この文章を読んで強く打たれた。私は近代的自由思想家としてのルソーに、あこがれてしまったのである。ことにこの感想集の序文にある、「吾儕は『人』としてこの世に生れて来たものである。ある専門家として生れて来たものではない」という言葉は、多分ルソーの一生を島崎さん流に解釈して、さらにそれを一般化した規定であろうが、それは私の人生観や学問に対する態度の上に、大きな影響を与えてくれた言葉であった。だからこそ、私は一日も早く人間ルソーの全貌を知りたくて、『ルソー自伝』に飛びついていったのである。

ところでルソーを詳しく知るためには、抄訳ではどうも物足らなかった。そのうちに生田長江さんと大杉栄さん共訳の『懺悔録』(一九一五)が出た。これは全文六号活字で、少し読みにくい書物であったが、何しろほんとうの全訳で、それに訳文もよかったし、――堺さんの本と全く同じ理由で、よく理解はできなかったにせよ――私にとっては感激の書であった。私はこの書物を、遊びに来る学生たちにも薦めた。また〝現代青年に読ませたしと思う書籍〟という、ある雑誌のアンケートに答えて、(トルストイの『戦争と平和』などと共に)、私はこの『懺悔録』をあげたこともある。ただそのころの私は、ずいぶん専門の仕事に追われがちだったので、ルソーの本を実際どれだけ読みとることができたのか、何だか怪しいように思われる。

それにしても大杉さんは私と同じ年だから、あの訳を出されたのは三十歳のときだ。それも忙しい運動やら編集やらの片手間に、ああいった立派な反訳を平気で仕上げている。何といっても、よほどすぐれた人であったに相違ない。それに『民約論』が中江さんによって（漢）訳されたのは当然としても、『懺悔録』が堺さん・大杉さんという、社会主義者の手によって伝えられたのは、非常に意味深いことで、日本文化にとっては、まったく皮肉な一つの象徴であったといえるだろう（後になって、この二人が、それぞれ自叙伝を書かれたことも面白い。それは共に『改造』に連載された）。

大杉さんに関連して思いだされるのは、伊藤野枝さんのことである。平塚明子さんの論集『円窓より』（一九一三）を開くと、「欧洲に於ける婦人運動は、かのルソーの自由平等の天賦人権説に刺戟せられ、個人主義的思想の発展に伴ふ婦人の自覚に基く」とあるし、また一方、日本婦人運動に指導的な影響を及ぼしたエレン・ケーは、ルソーの大きな影響を受けた婦人であるから、野枝さんもルソーと無関係とはいえないような気がする。私は一九一五年のころ、野枝さんと文通をしたことがあった。

そのころの私は、平塚さんを中心としたグループの雑誌『青鞜』の読者であった。その雑誌に野上弥生子さんの訳で、「ソニヤ・コヴァレウスカヤ」(3)が連載されたが、中に出てくる数学関係の専門語について、ちょっと注意してあげたい個所があった。私には野上さんの住所が分らなかったので、雑誌の編集責任者である伊藤さんに手紙をやることにした。それというのも、私もそのころ野枝さんの訳した『婦人解放の悲劇』（一九一四）――エレン・ケー女史の「恋愛と道徳」のほかに、無政府主義者エンマ・ゴルドマン女史の「結婚と恋愛」ほか二篇を収めた論文集――を読んで、野枝さんの若々しい仕事ぶりに関心を寄せていたからであった。野枝さんからは長文の手紙が来た。ただの礼状ではなく、それは主として『青鞜』に対する男性知識人の無理解と、進歩的な婦人雑誌の経営難を訴えられた、興味のふかい手紙であった（惜しいことに、いつの間にかこの手紙は紛失してしまった）。

それにしても大杉さん・野枝さんの一生こそは、あらゆる意味で、日本における一種の典型的な、まことに痛ましい〝人間解放・婦人解放の悲劇〟であった。

それから五年ばかりたって、第一次世界大戦の直後、一九二〇年の一月下旬に、私はパリのパンテオン広場に面した宿にいた。宿のすぐ前には、誰かの立像がたっていたが、間もなくそれがルソーだと、わかったときには、何か嬉しいような懐かしいような気がした。こうして私は自分の室から、毎日毎日ルソーの像を、二年間も見下ろして暮らしたのである。昼の間は観光客や外国の青年らしい人たちが、ときどき像の前に立っている——なかには沈思黙考しているような人もあったが、夕方になると、像のあたりは、いつもきまって、幼児をつれた、子守りのような娘さんたちの遊び場になるのであった。

こんなにも私はルソーの像と、身近く親しくなったのに、いま考えると不思議なほど、ルソーその人に対しては無関心に過ぎた。彼の著作を買いもしなければ、彼に関する書物を読みもしなかった、いま私の手許にあるガルニエ版の『エミール』は、同じ宿にいた東ヨーロッパ（？）のある学生が、この宿を去るとき置いていったのを、私が宿の娘さんから貰ったもので、いまも書物の中に、その学生が残した、フランス語とルーマニア語か何かの対訳表が、一枚はさまれている。しかも私はついこの間まで、この書物のはじめの方、五頁ぐらいしか読んだことがなかったのである。

しかし、とにかく二年間もフランスに住んだということは、間接ながらも、ルソーを理解するのに相当役立ったものらしい。ルソーが持ついろんな面の中でも、特に〝自然に帰れ〟という面は、いつの間にか、私の心に深く染みこんだものと見える。日本に帰った直後（一九二二）の講演で、アインシュタインの相対性理論に現われた、新しい幾何学について語りながら、私はこう述べている。「〝自然を認識せんとする希望が、数学の発達に最も永久的で而も有効な影響を及ぼした〃と、二十年前にポアンカレは申しました。〃自然に帰れ〃といふジャン・ジャック・ルソーの叫びは、文字通りの意味に於て、幾何学者への忠告でなければなりません。」（もっとも私は一九一三年ごろから、大体こういった考えをも採入れて、仕事をしていたのであったが）

そればかりではなかった。かような考えは、そのころだんだん構成されてきた私の数学教育論(4)の上にも、大きな影響を及ぼしてきた。私は初歩の段階にあっては、『ユークリッド』の代わりに、まず直接に大自然から学ぶべきだと説いた。子供の立場の尊重といい、直観や実測・作業の重視、その他いろいろの点において、私の主張とルソーとの間には、本質的な問題について、共通点が多かったのである。それも私がまだ『エミール』を読まないうちだから、不思議なようでもあるが、事実それは私が二、三のありふれた教育書のなかから、断片的に抜き出して適当にまとめたのが、そういう結果になったのだと思う。なぜなら、評伝『ジャン・ジャック・ルソー』の著者アルテュール・シューケが述べたように、「『エミール』ほど反響を与えた作はない。人は到るところで、その模倣をしたり、修正をしたり、批評をしたり」しているのだから。

間もなく私は病気になって、大正の末から昭和のはじめにかけ、二、三年の間静養した。その病臥中に、平林初之輔さんと柳田泉さん共訳の『エミール』（一九二四）を半分ばかり読んでみた。訳はかなり解りよくできているのだが、何といってもこれは、もともと寝ころんで読むべき書物ではないのだ。私は面倒なところを飛ばしながら、はじめから第三篇の中ほどまでと、第四篇の一部（あの名高いサヴォア僧侶の信条告白）を、ざっと読んだに過ぎない。そして自分の数学教育論の中で、ルソーの精神をあまり誤解していなかったのに、安心もし感謝もしたのであった。

その後私は平林さんと、妙なことから交渉をもつようになった。まず平林さんが訳された、ポアンカレの『科学者と詩人』（一九二八）の原書は、岩波茂雄さんを通じて私がお貸ししたものだ。〃いよいよ「岩波文庫」を出すから〃といって、（大阪の近郊に住んでいた）私のところにやって来られた岩波さんは、〃何か訳して面白そうな本はありませんか〃といいながら、この原書を他の本といっしょに持っていったので、平林さんが訳されたことは、訳が出てから知ったのである。

そういう縁故もあって、その翌年（一九二九）の夏、私が〃数学（算術）の階級性〃に関する論文を『思想』に寄せたとき、平林さんはさっそくこれを、『東京朝日新聞』の文芸欄で取上げて、きわめて好意ある批評をしてくれた。平林さんはその直前に、〃文学の政治的価値と芸術的価値〃について、活発な論争をやっていたのであるが、私の論文が、『文学理論の諸問題』（一九二九）の著者によって、ひろく世の中に紹介されたことは、全く意外なことでもあり、感謝すべきことでもあった。平林さんはやがてフランスに留学され、パリに着いて間もなく、いよいよこれからというところで病没されたのは、何といっても惜しいことであった。たしか一九三一年の秋だったと思う。講義のために広島にいた私が、川に臨んだ閑静な旅館――それは今度の原爆の中心のすぐ近くである――から、東京の未亡人にあてて、追悼の電報を送ったのを記憶している。

そのときの広島の講義の一部を基にして、私は『数学教育史』（一九三二）を書きあげ、その中に『懺悔録』と『エミール』から、少しばかり抜き書をした。少年の数学教育に対するルソーの考えは、きわめて進歩的な、価値高いものであった。それは〃二十世紀のはじめにおける、ジョン・ペリーたちの数学教育論と、まっすぐに結びつくものだ〃と、私はそのころそう考えたし、今でもそう思っている。

それから二十年たった。

今年の春になって、私はある必要から、『懺悔録』をゆっくりと丁寧に読み、ことに後篇は二度も読みかえした。つづいて『エミール』の第五篇を、ところどころガルニエ版と対照しながら、終りまで読みとおした。これまで十分に会得されなかったことが、この老年になって、かなりよく解るようになった気もするし、またこんな面白いものを、今まで気がつかなかったり、知らずにいて、ずいぶん損をしたという感じもする。もし幸いにして健康がゆるすなら、今度は『新エロイーズ』をゆっくりと読んでみたいと思っている。

世の中には、一度も会ったことがないのに、妙に忘れられない人があるものだ。ルソーの訳者であった堺利彦さん・大杉栄さん・平林初之輔さん。それに幸徳秋水さん、伊藤野枝さん。こういう人たちの名は、私の胸にふかく刻みつけられて、何かのおりには、きっと蘇ってくるのである。

（1） この書物の中で、いちばん気にかかる錯誤は、ルソーが熱烈な片恋をよせた女性として、彼の生活および作品に大きな影響をあたえた Mme d'Houdetot が、ただ一個所にフーデトー夫人と書かれてあるほかは、全部ホルバッハ夫人になっていることだ、この女性は d'Holbach（この本ではホルバッハ）の夫人でないばかりか、本物の Mme d'Holbach が一度出て来るのだから、まことに困るのである（年表にも同じ錯誤がある）。

（2） 今この文章を読みかえしてみて気がついたのは、島崎さんは自然の描写におけるルソーを認めたが、抒情・告白におけるドゥ・スタール夫人やラマルティーヌ等々の父と見ないで、専らフローベールやモーパッサン等々の先駆者として、ルソーを見ていることだ。今日の文学常識からみると、ちょっと意外に思われるが、それというのも、自然主義時代の島崎さんは、多分ルソーを専ら『懺悔録』ばかりによって見ていたからであろうと思う。このような見解は、〃何故告白といふことが、自然主義小説の主要なテーマとなつたか〃という、中村光夫さんの課題（『文芸』一九五二年六月号）に対して、何らかの暗示を与えないであろうか。

（3）ソニヤ・コヴァレウスカヤは、婦人解放問題の立場から見ても、はなはだ注意すべき代表的な女性数学者であるが、私はまだこのような問題を研究している科学史家がいるかどうかを知らない。

（4）たとえば『数学教育の根本問題』（一九二四）を見よ。この書物の中扉には、さきに述べた島崎さんの言葉が掲げられている。

（一九五二・七・一〇）

（『改造』一九五二年九月号所載）

（『一数学者の回想』一九六七年、筑摩書房、収載）

解説

阿部博行

一

最初に本書を刊行するまでの事情を述べてみたい。

二〇〇二（平成一四）年四月、小倉金之助の異父妹小倉泰《たい》さんが老衰で亡くなった。数え年一〇七歳だった。泰さんとは二〇年近く前に三度ほど会い、小倉について聞き取りをしたが、明治の女性らしく端正な和服姿で、姿勢を崩さず、張りのある声で質問に答えてくれた。面差しが小倉と一番似ており、それがいやだったとはにかみながら話した。私は泰さんからさまざまな励ましをうけ小倉を調べることができたのである。

葬儀で小倉の令孫小倉欣一早稲田大学教授と会い、岩波新書『日本の数学』を除いて、『小倉金之助著作集』をはじめとする一九六〇、七〇年代に刊行した単行本が、絶版・品切れとなっていることを知った。そして、小倉の多岐にわたる業績を概観でき、現代を生きる人たちに共感と励ましを与えるようなコンパクトな本が欲しいという話になった。

小倉は一九五〇年代に何冊かの新書・文庫を出版しているが、これらも図書館・古書店で手にすることが難しく、これにのみ収載されている文章も多い。また、雑誌・新聞に掲載しただけで単行本未収録の文章もかなりあった。これらも収めて編集し、小倉の生涯をたどる書物を刊行したいと考えた。

しかし、当時も出版事情が悪く、刊行してくれる出版社のめどが立たないまま時が過ぎた。企画から三年以上たった二〇〇五（平成一七）年秋、法政大学出版局に話を持ち込み、その好意によってようやく刊行の運びとなったのである。

本書は小倉の文章で生涯をたどる形式をとったが、特に冒頭に「**われ科学者たるを恥ず**」（以下、ゴシック体は本書所収文章）を掲げ、これを本書の題名とした。小倉は一九五二（昭和二七）年、史論風の「資本主義時代の科学」を書くため、日本近代史の書籍を読んだ。調べているうちに、「『明治以来、日本の科学は非常な進歩をとげた』などとはげしい恥辱なしには書けぬ」との感を深くした。なぜそのように感じられるかの答えを感想風に述べたのが、「**われ科学者たるを恥ず**」である。

この二つの論文が書かれた年は、七年におよぶ占領が終わったが、憲法・教育基本法による戦後民主教育への攻撃が強まり、破壊活動防止法が成立した。憲法改正と再武装問題が総選挙の争点となり、左右社会党が躍進した。しかし、これらの論文に徹底的に批判を加える人もいなければ、それをさらに発展させてくれる科学史家も現れなかった。

論文にこめられた小倉の思想が今は古くて通用しないものなのかどうかを、まず問うてみたかったのである。

二

次に、長くなるが小倉の生涯と仕事を概観し、それと関連して収載の文章にもふれてみたい。

小倉金之助は一八八五（明治一八）年三月、山形県酒田町に回漕問屋の長男として生まれた。当時の酒田は米の積み出し、北前船の停泊する港として繁栄した。小倉家のルーツは青森の津軽である。天保年間、回漕問屋の船長だった曾祖父が酒田に住みつき開業した。代々子供に恵まれず、養子・養女をとってきた。小倉は曾祖父が酒田に来て五〇年後にはじめて生まれた男子だったのである。

しかし、父が死に、母に夫を迎えたが、祖父母との折り合いが悪く分家に出された。小倉は一人、祖父母のもとに残された。以後小倉が成長するまでのつなぎとして、養子・養女が出たり入ったりしている。小倉の妻しまも五歳で祖父母の養女となり、小倉の許嫁のように育てられた（「二十年代」）。裕福な小倉家は、家庭的には複雑な境遇だったのである。厳しく躾けられるが、一〇歳くらいになるまで教科書以外書物らしい書物を読まず、学問には無縁な環境だった。

当時の酒田には学区はなく、小倉は近所の子供たちとは別の、名門の子弟が通う小学校に入った。登校拒否的傾向で、店の小僧に背負われての通学が多かった。高等科での担任和島与之助の薫陶と祖母から買ってもらった一冊の書物『化学新書』の影響をうけ、自学自習を体得していくのである（「小学生のころ」）。和島は祖父に中学進学をすすめるが、北海道に番頭見習いに出すことに決めていた祖父は、頑として聞き入れなかった。小倉は祖父の上方参りのすきに祖母の許可を得て、酒田から二〇キロメートル離れた鶴岡町にある荘内中学校（現山形県立鶴岡南高等学校）を受験、祖父が帰らないうちに寄宿舎に入った。

明治の青少年の学問・学校に対する一般的な考え方は、勉強することにより立身出世していくということだった。将来家業を継ぐことを運命づけられていた小倉にとって、上級学校に進みたいというのは、勉強したいという望みだけだった。当時としては珍しい生き方だったといえる。

山形県庄内地方には、城下町鶴岡と港町酒田という対照的な二つの都市がある。小倉が入学した頃はまだ士農工商の名残があり、鶴岡士族の子弟は酒田商人の子弟を軽蔑し、対立的な雰囲気があった。小倉は入学早々、この違いに直面することになった。二級上に阿部次郎、一級下に大川周明、三級下に石原莞爾がいた。創立から一〇年たらずの荘内中学校には、小倉が最も学びたかった化学の実験室もなく、授業もつまらなかった。二年生の夏、ひどい赤痢にかかり数ヵ月療養中、祖父が退学届を出した。それを知り復学の手続きをとり、学年試験に合格すればとの条件で登校、進級している。

ここでも独自の時間割を作り、化学と物理を学ぶ場合に必要な数学と、英文の科学書を読むための英語に力を入れる勉強をした。また、『東洋学芸雑誌』に投稿したりして毎日を過ごした（「中学生のころ」）。四年生頃には祖父の健康が衰え、最後の養子夫婦が家を去り、すぐにでも家業を継がねばならない状況となった。しかし、向学心断ち難く、三年勉強したら必ず帰ると祖母を説得、中学を中退し上京した。一九〇二（明治三五）年春である。

小倉が入学手続をしてその日のうちに授業をうけた東京物理学校は、施設設備が悪く化学の程度が一番低い状態だった。夜学なため、東京帝大卒の新進気鋭の若い物理の講師が何人かいた。小倉が特に人格的感化をうけたのは桑木彧雄《あやお》である。小倉は桑木に中学校だけは卒業してはどうかとすすめられ、私立大成中学校五年生に編入した。卒業間近の小倉は、日露戦争中に山形の連隊で隊務についていた桑木に、ひんぱんに葉書を出している。桑木と出会い、高論・薫陶をうけたことが一生にとって非常な利益であると感謝している（早稲田大学図書館蔵「桑木彧雄関係資料」）。

酒田の実家との話し合いで、もう少し勉強してもいいことになり、東京帝大選科への入学を希望した。物理の長岡半太郎教授からは断られるが、化学の池田菊苗教授の配慮で、試験をうけ化学選科に入学した。小倉は帝大の図書室の蔵書や実験室の設備にふれ、はじめて学問的な欲求が満たされる雰囲気に浸ることができた。しかし、悪性の感冒にかかったり、祖父の病気や家業の不振のため、酒田に帰ることになった。東京帝大選科時代はわずか半年間である。

小学校を卒業後に番頭見習いに出されるはずだった小倉は、祖母の庇護をうけた八年間の猶予期間を終え、回漕問屋の若主人となるのである。

一九〇七（明治四〇）年当時の酒田港は、奥羽本線の敷設で内陸部の物資が集まらず、回漕業は衰退した。小倉は仕事をほとんど番頭に任せ、読書や勉強をしていた。行きつけの本屋の飯米分は小倉の買う本で出、丸善では大学の先生が買う前に酒田の商人から注文がきて驚くほどだったという。

実験施設のない小倉の勉強は、数学にならざるを得なかった。しかし、物理・化学の準備として数学を学んだにすぎないため、果たしてものになるかと悩んだ。新進気鋭の数学者林鶴一に相談し、安全策をとって家の仕事をしながら数学を学べとの忠告をうけた。勉強を続けるなかで、家業と学問との矛盾が大きくなっていった。この悩みを解決するのに大きな役割を果したのが、永井荷風の自然主義文学であった。小倉は荷風の反逆性に励まされ、家業を捨てる決心をした（「荷風文学と私」）。一九一〇（明治四三）年、妻子を連れて上京し、東京物理学校の講師となったのである。

小倉は酒田町で刊行されていた月刊総合雑誌『木鐸』に、九編の文章を寄せている。数学・教育・文学に関するもので、批判的精神が強く表れている。『木鐸』は個人主義・自由主義を基調とし、酒田の大正デモクラシーの推進役となった。マルクスの『賃労働と資本』の本邦初訳が載るなど、水準の高い雑誌だった。本書には東京物理学校講師時代に書き、『木鐸』に寄せた最後の文章である「**一二の教育問題に就て**」を載せた。

小倉は、パスカルが人間形成にとって必要なものは「幾何学的精神」と「繊細の精神」であると強調しているが、「幾何学的精神」を「科学的精神」、「繊細の精神」を「芸術的（文学的）精神」といいかえ、これに「社会的精神」をつけ加える必要がある、と書いている（「回想の半世紀」『思想』一九五六年十二月号所収）。そして、自分が四年間実務に就いていたことは、学問の専門的研究という立場から考えればマイナスだが、実生活から芸術的精神を学び、人間形成ということではプラスだと述べている。

小倉欣一は次のような文章を書いている（「祖父金之助の一面」『数学セミナー』一九六三年二月号所収）。

明治の中期、東北の回漕問屋という当時の新興ブルジョアジーの家庭に生まれ、数年間その実務にたずさわったということが、一生を決定したとまで考えている。……ここで何よりも進取の意気と独立心と行動力とを学び、同時に明治人の反骨精神をも体得したのである。

小倉の最初の障害である封建的な家族制度の壁はこのような形で克服されていくが、二年後に祖父が死んで回漕業を廃業、祖母を仙台に引き取った。小倉の二七歳の時、家業の問題はすべて解決することになった。

東北帝国大学は東京・京都両帝大とは違い、旧制高等学校卒業でなくとも同等程度の学力があれば中学校・物理学校卒でも入学でき、女性の入学も許可するなど画期的な入学制度をもっていた。これは澤柳政太郎初代総長の見識によるところが大きかった。「澤柳は人間の資質を重んじ、出身階級や性別や出身学校による差別を非とし、これらの差別を次第に消滅させていこうとしていた。彼が政治家や財界人のみならず多くの官僚や大学教授などと決定的に異なっていたのは、まさにこの点であると言ってよ」かったのである（新田義之『澤柳政太郎』）。

小倉は一九一一（明治四四）年、東北帝大に理科大学が創設されると、林鶴一教授に誘われ数学科助手として勤めることになった。校舎は狭く設備も貧弱だったが、自由で活力に満ちた大学だった。澤柳は小倉の業績を評価し激励した。京都帝国大学総長に転出してからも、たびたび手紙をもらっている。澤柳は小倉に大きな影響を与えた一人だった。

林は私費で日本最初の数学専門誌『東北数学雑誌』を刊行した。日本人・外国人の区別なく独創的な研究論文を掲載したので、国際的専門誌として高く評価された。小倉も共編者の一人として編集を手伝った（「林鶴一先生のことども」）。「すべてものの歴史というものは自分たちが作っていくものであることを、なによりもよくこの雑誌の創刊によって学んだ」（「林鶴一先生に語る」『数学セミナー』一九七〇年九月号所収）。

小倉は第三臨時教員養成所の講師として教壇に立った。さかんに論文を書き、一九一五（大正四）年には帝大では珍しく助手のまま授業をもち、私学出身者として最初の理学博士の学位を得た。しかし、帝大卒の学歴がなかったためポスト・給与で優遇されず、同年齢の同僚が助教授でも、助手のままだった。官僚的階級制度の根強い帝大は、小倉の長く我慢のできる世界ではなかった。

時あたかも第一次世界大戦中で、日本は大戦景気に湧いていた。亜鉛事業で成功した大阪の実業家塩見政次が、死ぬ前に寄付した資金で設立された塩見理化学研究所の所員に招聘された。推挙したのは理化学研究所設立に参与していた長岡半太郎東京帝大教授である。小倉は東京に出て小さな数学研究所を作ろうと考えていたが、塩見研究所が私立の機関であることから、大阪に赴く決心をした。一九一七(大正六)年の春である。

仙台時代は小倉の学問の土台を築いた重要な時期で、自伝『数学者の回想』に「あらゆる意味において、生の夜明けであった」と書いている。

小倉は塩見研究所員と大阪医科大学教授を兼務した。大学予科の授業で、学生に数学の学力がないのに驚いた。それで数学の専門家を養成する帝大のやり方ではなく、グラフや統計法など実用的なものを取り入れた授業をすることにした。当時読まれていた河上肇『貧乏物語』なども参考にした。当時の数学界は理論数学が主流で、実用数学は重視されていなかった(「理論数学と実用数学との交渉」)。

小倉が研究所に入る時の約束の一つに外国留学があった。三四歳の小倉にはフランス語習得が大変なため気乗りがしなかったが、今までゆっくり読めなかった数学の古典でも読もうかと承諾した。パリでは最初はフランス語に没頭、勉強かたがたモーパッサンやロマン・ロランなどの小説を読んだ。ある程度の語学力がついてから、大学に通った。当初はフランスに一年半、ドイツに一年半の予定だったが、祖母の病状がよくないとの知らせをうけ二年で切りあげ帰国した。

留学中、フランスの文化の高さに接し、学者ばかり勉強するのではなくて、大勢の人々が科学を学ぶことにより科学の水準を高めること、科学の大衆化を図ることの大切さを痛感した。小倉にとって大きな意味をもった二年間だったのである。

帰国後は、科学の大衆化を実現するには読みやすくわかりやすい文章でなければならぬと、口語体で書いた。日露戦争前夜、日本の数学教育は国際的な数学教育改造の流れとは反対に、国家的強制のもとに統制された。大正デモクラシーの風潮の中で、日本でも改造運動がすすむようになった。『数学教育の根本問題』は、日本の数学教育を痛烈に批判した啓蒙書として、小学校教師に大きな影響を与えた（『数学教育の根本問題』「一九五三年版に寄せて」）。以後小倉は実用性と論理性の統一を掲げる数学教育論に発展させ、世に問うことになる。

「科学的精神」という言葉をはじめて使った（「科学思想の普及に関する二三の感想」）。小倉は「科学的精神」を、事実を認識しその事実の間から諸法則を見つけていく行為ととらえている。この語が一般知識人の口にのぼるのは、ファシズムに抗して使用された一九三六（昭和一一）年頃である。この時期、力を注いで研究した領域に統計法がある。小倉を訪れて教示をうけたのが、京都帝大経済学部の大学院生蜷川虎三（後に京都府知事）である。

一九二五（大正一四）年から三年間は、体をこわしほとんど公的活動ができなかった。以後冬から早春にかけての季節は、床についての生活になった。病床では数学の面倒な計算をすることができず、研究の対象を純粋な数学から数学史の研究に転換することになった。生来病弱な小倉の活動は、病気の壁に大きく制約されるのである。

普通選挙法成立後、合法的な無産政党が結成され、総選挙で当選者を出すなど、労働組合・農民組合を基盤とする社会主義運動が高まった。政府は日本共産党員の一斉検挙、治安維持法の改正、警察への特別高等警察の設置など弾圧を強化した。

小倉は算術・数学に社会性・階級性があることを、文献を用い実証的に証明する論文を書いた。ルネサンス時代の算術、植民地時代の南北アメリカの算術、フランスの階級社会における数学を、一九二九（昭和四）年に再刊された『思想』に載せている。この雑誌は和辻哲郎・谷川徹三・林達夫が編集した。「**算術の社会性**」は研究論文というより一般向けにわかりやすく書かれたものである。これが三木清・羽仁五郎などの哲学者・歴史家に評価され、以後親密な関係をもっていった。広島文理大学での集中講義でも、数学の社会性・階級性を話した。

一九三一（昭和六）年、大阪帝国大学が創設された。小倉が所長を務める塩見理化学研究所が多くの寄付をしたため、大学と研究所が研究所の管理運営問題を話し合った。人事面では所員が理学部の教官となった。東京帝大出身者四名が教授・助教授に、四八歳の小倉をはじめ他の所員は講師となった。小倉は長岡半太郎初代総長に呼ばれ、君は林鶴一の弟子だから駄目だ、といわれた。林は数学教育改造運動を推進し、数学界の大御所藤沢利喜太郎と対立していたのである。

小倉は『数学者の回想』で、「私自身にとりましては、教授にされなかったことは、これまで自分のやっているような性質の研究を続けるものには、かえって好都合だと思った」と書いているが、東北帝大に続き、ここでも官学の学歴の壁を痛感することになった。

一九三二（昭和七）年、戸坂潤が中心となり唯物論研究会が結成された。小倉は請われて七人の世話人の中に入り、創立大会で幹事に就いた。唯研は官憲に厳しくマークされた。一九三三（昭和八）年、本郷通りを歩いていた一高三年生の丸山眞男が、創立第二回公開講習会の貼り紙を目にし、弁士に父の友人である長谷川如是閑の名があったため、会場に足を運んだ。長谷川会長の開会の挨拶も終わらないうちに、壇上に臨席していた警察署長が「弁士中止」といい渡し、解散を命じた。聴衆の中で大物と見なされた人たちが逮捕され、制服を着た丸山も活動家と疑われ、留置場に連行された。大阪にいた小倉は例会などにほとんど参加できなかったので、この時の公開講習会に参加したかどうかは不明である。丸山は東京帝大法学部助手時代まで毎年二回は、特高刑事・憲兵の訪問をうけることになった。

一九三二（昭和七）年、岩波書店刊行の『日本資本主義発達史講座』への寄稿を依頼された。小倉の論文には伏字はほとんどなかったが、他の執筆者に伏字が多く、結局その第四回配本はすべて発禁となった。一九三三（昭和八）年、ドイツでヒトラーが実権を掌握し、危険とみなした書籍を焼却した。この文化弾圧に、日本の知識人が抗議した。その中心となった三木清から小倉へ発起人に加わるよう依頼されている。

一九三六（昭和一一）年、小倉は放送局に依頼され、ラジオで数学教育について講演した。約三分の二まですすんだ時、政府の政策にふれないようにとの注意をうけた。塩見研究所の中にも陸軍の御用をつとめるような学者もあらわれてきた。小倉は自然科学者に呼びかけ、自分たちの態度を明らかにしなければならないことを痛感した。それがファシズムに対する対決姿勢を示す代表的論文「**自然科学者の任務**」である。小倉は社会科学者との共感的握手の必要性を説き、「科学的精神」を、「過去の科学的遺産を謙虚に学びながら、しかも絶えずこれを検討して、より新たなる、より精緻な事実を発見し、より完全なる理論を創造する精神」と定義した。

このように小倉はファシズムに抵抗した稀有な自然科学者だったのである。

早稲田大学図書館所蔵の「小倉金之助伝記資料」にある、一九三〇年代から一九四〇（昭和一五）年までの小倉宛書簡・葉書の差出人をみると、三木清・三枝博音・羽仁五郎・山田盛太郎・戸坂潤・中井正一・平野義太郎・大森義太郎・清沢洌などの名前がある。当時の小倉の交友関係をうかがい知ることができる。

一九三七（昭和一二）年、二〇年間の大阪生活を終え、東京に移住した。小倉の著書を刊行していた岩波書店は、一九三八（昭和一三）年、日中戦争に対する抵抗を示す一つの試みとして、岩波新書を刊行した。初回の二〇点の配本中に小倉の『家計の数学』がある。一九四〇（昭和一五）年には、『日本の数学』が刊行された。

東京移住後に力を注いだ分野に、和算研究がある。自由な精神が抑圧されていた封建制の下で、生産技術・自然科学との交渉が薄く、哲学的・思想的方面との関連も乏しかった和算が、道楽として、芸として発展していったことを明らかにした（「日本数学の特殊性」）。『日本の数学』は、和算のたどった道を、一般向けに著述したもので、社会科学者にも影響を与えた。

東京に移住した小倉を待っていたのに、母校東京物理学校での仕事もあった。一九四〇（昭和一五）年には経営を担う理事長に再選され、校長代理である幹事も兼任した。校長不在の時は卒業式の訓辞をし、一切の知識を傾注し国家に捧げることが最高の奉公であると激励した。大詔奉戴日には宣戦の詔勅を読んだ。学校を存続させるには文部省の命に従わなければならなかった。小倉の考えが大きく変わったことを示す論文が、科学者の専門的才能と知識の一切を国家に捧げることを主張した「現時局下に於ける科学者の任務」である。また、大政翼賛会が結成されると「大政翼賛促進の会」に加入した。小倉は後年、「屈伏」したと自己批判している。

一九四一（昭和一六）年、小学校にかわり国民学校が設立されることに感想を求められ、国民学校の成績を向上させるには教師の給料をあげるのが大切であると書いた。これが陸軍の目にふれ、ブラックリストに載りジャーナリズムからも排除されることになった。物理学校の役職も辞め、原稿依頼もなくなって事実上執筆禁止になっていた小倉は、一九四四（昭和一九）年、激しくなった空襲を避けるため、妻と三人の孫をつれ酒田に疎開した。酒田から友人の平田寛への葉書には、「疎開生活を『生活』する体験も、必ず活かしたいものと存じます」と書いている。知り合いと会うたびに、この戦争は負けると口癖のようにいっていたという。一人の熱心な中学生に独自の講義計画をたて教えたのが、小倉の酒田でのただ一つの仕事らしい仕事だった。

酒田は山形県で最も空襲の被害があった都市である。それで近郊の村に再疎開した。小倉が農村の実生活を目のあたりにするのは初めてで、同年齢くらいの老農と懇意になった。一緒に山や畑に行き、農村のことを尋ねた（「疎開先より」）。こんなにも人と親しくなるのは、珍しいことだった。その村には鶴岡に住んでいた石原莞爾中将が、特高・憲兵の監視を避けるため時々きていた。敗戦の日、石原が村の寺で行った講演を小倉も聴いている。

一年余の疎開期間、当初予定していた読書はすすまず、妻を手伝い孫を育てるのに専念した。一九四五（昭和二〇）年十二月、小倉一家は戦災を免れた東京の自宅に帰った。以後酒田を訪れることはなかった。

小倉は戦時中の言動を恥じ、表面に出ず静かに勉強しようと決心した。しかし、雑誌への寄稿依頼が多かった。ジャーナリズムは小倉の言動に期待と関心を抱いていたのである（「自然科学者の反省」）。また、小倉の戦前のファシズム批判を評価していた学者たちは、戦後すぐに結成された学者の民間組織「民主主義科学者協会」（民科）の初代会長に小倉を強く推した。病弱の小倉は名義だけでよければとの条件で承諾した。

日本放送協会は戦前、国策の推進に重要な役割を担った。ＧＨＱは協会を民主的な組織に再編成させようとし、顧問委員会がつくられた。岩波茂雄・宮本百合子・荒畑寒村・滝川幸辰ら一七名のメンバーだった。初代会長の人選がすすめられ、小倉が推薦された。しかし、岩波が差し向けた武見太郎医師から、衰弱がひどく激務に耐えられないとの診断をうけ辞退した。会長には高野岩三郎が就任した。

一九四五（昭和二〇）年十一月、閣議決定により敗戦の原因および実相を明らかにするため、首相直属の部局「戦争調査会」が設置された。総裁幣原喜重郎、副総裁芦田均である。あらゆる部門で六八項目を徹底調査することとし、五部会を置いた。翌年七月、小倉は学識経験者として内閣から、一級官吏待遇の「事務局参与」に委嘱された。小倉の肩書は民主主義科学者協会会長である。病床にあった小倉は名ばかりの参与だったのではなかろうか。小倉の文章・年譜などに「戦争調査会」の記述はない。

一九四七（昭和二二）年、民主的な学術体制をつくるために設置された「学術体制刷新委員会」の委員に当選した。審議の結果、「日本学術会議」の成案が決定された。

これらは民主化運動での小倉の役割への期待が大きかったことを示している。しかし、この時期は病気で寝たきりの日々が多かった。文章のほとんどが口述筆記で、小説を読むのが日課だった。

一九五一（昭和二六）年頃になると健康が幾分回復した。世の中はだんだんいつか来た道のような状況となった。中華人民共和国を除外しての単独講和には義憤を感じた。「私の公開状」で長谷川如是閑と津田左右吉の戦後の論調、特に講和問題をめぐる考え方を批判した。戦後民主教育への攻撃、憲法改正問題、再軍備問題などをファシズムの復活の動きととらえ、平和・憲法・民主主義を擁護する文章を雑誌に発表した。

晩年には病床にあることが多かった。その中で数学史・数学教育方面の改訳や著述をすすめ、短歌を詠み、元気が出ると蔵書整理を行った。

一九五九（昭和三四）年、政府の日米安全保障条約改定方針に、小倉を含め二八名の文化人が反対声明書を発表した。翌六〇（昭和三五）年は条約改定をめぐり激しい闘争があった。「小倉金之助伝記資料」に「安保条約非承認請願書草稿」が収められている。四月十五日付で衆・参両議院議長に宛て、日本科学史学会会長の肩書である。条約は憲法の立場に違反し、平和を愛する国民の意志を踏みにじり、日中国交を阻害するもので、その結果増大する軍事費が国民生活を圧迫し、民主的な諸権利に対する反動的な抑圧が強化されることになる、というのが請願内容である。この文面のままで請願されたかは明らかでないが、晩年の小倉が平和と民主主義を擁護する立場を貫いたことを示している。

一九六二（昭和三七）年、日本数学史学会会長に就任したが、胃癌の病状がすすみ、十一月、七七歳で病没した。酒田にある小倉家の菩提寺善称寺の墓所に納骨された。法名も本名の「小倉金之助」である。

私たちが小倉の生き方から学びたいことをいくつか書いてみたい。

一つは批判的精神である。小倉は「こういう人間になりたい」の中で、日本の知識人は正義のため真理のために、あくまで戦うという正しいヒューマニズムに欠けていること、正しいヒューマニストであるためには、強く逞しい実践的批判精神が必要であり、同時に厳しい自己反省が行われなければならないと述べている。一九五八（昭和三三）年にはインタビューに答え、「科学で一番、いや、科学でなしに学問で一番――学問だけでなくすべてのことで一番大事なのは、批判的精神ですよ」と話している（「科学・人間・社会――小倉金之助氏との一時間」『週刊読書人』一九五八年十一月三日）。小倉の生き方には批判的精神が貫かれている。

二つ目は広い視野に立つ総合力である。小倉は数学者であるが、小説や経済関係の本なども丹念に読んでいる。これは彼が単なる学者ではなく、商人生活をしてきたことともかかわっている。

三つ目はヒューマニズムである。弥永昌吉東京大学教授が「小倉博士の歩まれた道」（小倉金之助先生古稀記念出版編集委員会編『科学史と科学教育』所収）で、「博士は、いろいろのところを遍歴されたようであるが、実は一本の道を歩いて来られたのであった。それは要するにヒューマニズムの道であったということができよう」と述べている。

小倉が死ぬとさまざまな人が追悼文を書いている。数学者の遠山啓は「人間らしい人間」（『毎日新聞』一九六二年十月二十五日）で、小倉の多彩な活動には民主主義という一本の太い線が貫かれており、「先生の民主主義は頭だけの民主主義ではなかった。先生は足のつま先までのデモクラットであり」、「すぐれた科学者であったが、しかし、何にもまして人間らしい人間であった」とその死を悼んだ。

四つ目は自己反省である。戦前の自分の言動を反省することなく、手のひらを返すように民主主義を唱えた人はたくさんいたが、小倉は深く反省して活動する。それが逆コースに抗しての平和憲法の擁護だったのである。

三

早稲田大学図書館には、小倉が生前に譲渡した和算書・中国算書などが、「小倉文庫」として収蔵されている。『塵劫記』およびその異版が多いこと、中国算書では同一書の明版・清版・朝鮮版があり、日本覆刻本との比較ができること、科学史・技術史・度量衡史などの研究に資する文献が多いことなど、貴重なコレクションという。前述したが、同図書館には他に、小倉の令孫小倉欣一文学部教授が寄贈した書簡・葉書・文書類が、「小倉金之助伝記資料」として所蔵されている。小倉の人となりを知る得難い資料である。

東京理科大学の市ヶ谷寄りに「東京理科大学近代科学資料館」がある。一九〇六（明治三九）年に神楽坂に建設された東京物理学校校舎（木造二階建）を復元したものである。白亜の瀟洒な建物で、北原白秋の詩「物理学校裏」はこの校舎である。小倉が在学の頃は神田小川町の校舎で、講師時代はこの新校舎だった。計算機の歴史・エジソン・物理学校記念・和算古書などの各コーナーがあり、記念コーナーには創立維持同盟者の写真・大学沿革とともに、記念品の中に小倉のデスマスク・眼鏡・愛用の硯などが展示されている。また、小倉の遺贈書が和装本を中心に「小倉文庫」として所蔵されている。他に小倉欣一先生によって、小倉がヨーロッパ留学時代に購入した洋書や算術・数学の社会性・階級性を研究するため、ヨーロッパから取り寄せた書籍なども寄贈されている。

「小倉金之助伝記資料」の中にある、小倉家のアルバムには土門拳撮影の三枚が貼付されている。うち一枚は『婦人公論』一九四一（昭和一六）年十月号に、「爽秋」の題で梅原龍三郎・安倍能成・仁科芳雄・小倉金之助が取りあげられた時に使われ、小倉は書きものをしている座机の前で、顔をカメラに向け写っている。各人の文章が添えられ、小倉の文章は次の通りである。

文学芸術などばかりを主とした婦人の教養は、もはや時代遅れであると思います。実際、婦人の持つ科学的教養の如何が、家庭の教育を通じて、どんなにか大なる影響をわが日本の将来に及ぼすかを考えますなら、小説など読む暇があっても科学書には見向きもしない女性、生活の科学などについて何一つ真剣に考えたこともない主婦。――こう云った婦人は、勿論のこと、婦人雑誌そのものが深く反省すべきであります。

何と申しましても、日本の科学的水準を高めますことは、男女の別なく、全日本人の上に課せられた、重大な国民的義務なのですから。

この文章は小倉が権力に屈伏したと自己批判した時期のものであるが、国民の科学的水準を高めることを力説している点では一貫しているといっていいだろう。

本書では、土門の全作品が収納されている酒田市の「土門拳記念館」の許可を得て、三枚の中から上半身をクローズ・アップした肖像写真を口絵に使った。

本書の刊行を許可し、さまざまな助言をいただいた小倉欣一先生、序文を寄せてくれた酒田出身で私が大学時代に住んだ寮「荘内館」の先輩の佐高信さん、資料の閲覧の便宜をはかっていただいた早稲田大学資料センターの久保尾俊郎氏、東京理科大学近代科学資料館の増田和彦係長、写真の掲載を許可いただいた土門拳記念館、出版に尽力いただいた法政大学出版局編集部の平川俊彦・松永辰郎・秋田公士各氏に御礼申し上げたい。

著　者

小倉金之助（おぐら きんのすけ）

1885年，山形県酒田町に生まれる。東京物理学校，東京帝国大学化学選科に学ぶ。東京物理学校（現東京理科大学）講師，東北帝国大学数学科助手として教鞭を執り，理学博士の学位を得る。その後，塩見理化学研究所の所員に招聘されて大阪に赴き，大阪医科大学教授を兼務する。二年間のフランス留学の後，1932年より大阪帝国大学講師。1937年東京に移住し，戦後，民主主義科学者協会会長等を務めた。1962年，日本数学史学会会長に就任したが，その年，77歳で病没した。著作の多くは『小倉金之助著作集』全8巻（勁草書房，1973～75）にまとめられている。

編　者

阿部博行（あべ ひろゆき）

1948年，山形県鶴岡市に生まれる。早稲田大学教育学部卒業，山形県立庄内農業高等学校教諭。著書：『石原莞爾』上下（2005），『土門拳』（1997），『小倉金之助』（1992）。いずれも法政大学出版局刊。『小倉金之助』で第8回「真壁仁・野の文化賞」受賞。

われ科学者たるを恥ず

2007年7月17日　初版第1刷発行

編　者　阿部博行

発行所　財団法人 法政大学出版局

〒102-0073 東京都千代田区九段北3-2-7

電話03（5214）5540／振替00160-6-95814

組版・印刷：三和印刷，製本：鈴木製本所

ISBN978-4-588-31618-0

Printed in Japan